OEUVRES

POÉTIQUES

DE BOILEAU

ILLUSTRÉES

PAR BERTALL.

PRIX : **90** CENTIMES.

PARIS

PUBLIÉ PAR GEORGES BARBA, LIBRAIRE-ÉDITEUR

8, RUE CASSETTE, 8

Toute traduction ou contrefaçon est interdite en France et à l'Etranger. (Propriété de l'Editeur.

1864

BOILEAU

ILLUSTRÉ

PAR BERTALL

ŒUVRES POÉTIQUES

NOTICE
SUR
BOILEAU.

Ta..t que vivra la langue française, et puisse-t-elle vivre éternellement! on admirera dans les œuvres de Boileau l'élégance de la forme, l'enchaînement logique des idées, la propriété des termes, la raison alliée à l'esprit.

En publiant une édition nouvelle de cet immortel écrivain, nous croyons devoir la faire précéder de renseignements utiles à l'intelligence du texte. A la biographie de l'auteur nous ajouterons la table chronologique de ses ouvrages avec des détails sur les circonstances qui les ont inspirés, et sans la connaissance desquelles ils perdent une partie de leur intérêt. Nous y joindrons des notes sur les personnages, aujourd'hui oubliés, dont ses éloges ou ses critiques ont seuls conservé les noms à la postérité.

Nicolas Boileau, sieur des Préaux, était né à Paris le 1er novembre 1635. C'était le onzième fils de Gilles Boileau, greffier de la grand'-

Un valet le porta t, marchant à p a compté.. (ac iii)

chambre du parlement de Paris. Deux de ses frères ont mérité les éloges de leurs contemporains : l'un, Charles Boileau, abbé de Beaulieu, par ses *Homélies* et ses *Sermons*; l'autre, Jacques Boileau, grand vicaire de Sens, par son *Histoire des Flagellants*.

Nicolas fit ses études au collége d'Harcourt, rue de la Harpe, en face de la Sorbonne. Il y achevait sa quatrième, lorsqu'il fut attaqué de la pierre. Il subit l'opération dangereuse de la taille, qui le sauva, mais qui le laissa toute sa vie dans un état valétudinaire. Une fois guéri, il rentra au collége de Beauvais, rue Saint-Jacques, et y reprit avec ardeur l'étude de l'antiquité, sous la direction d'un savant professeur, François Sevin, qui reconnut et cultiva dans le jeune homme le goût de la poésie. A l'âge de quinze ans, Boileau débuta par un sonnet sur la mort d'une de ses nièces, mademoiselle Dongeois; et, pendant sa philosophie, il composa une chanson bachique, dont le refrain était :

On est savant quand on boit bien :
Qui ne sait boire ne sait rien.

Ces essais ne l'empêchè-

1

rent pas de se mettre en état de remplacer son père. Il fit son droit, et fut reçu avocat à vingt ans, le 4 décembre 1656; mais il ne tarda pas à renoncer complètement à la chicane. Après avoir lu ses premières satires dans quelques réunions de gens de lettres, où elles furent unanimement applaudies, il les publia en 1666. Il devint dès lors le collègue et l'ami de Molière, de Racine et de tous les grands écrivains du règne de Louis XIV. Il fut reçu membre de l'Académie française le 3 juillet 1684, à l'âge de quarante-huit ans, et mourut d'une hydropisie de poitrine le 13 mars 1711.

Nous abrégeons à dessein la biographie de Boileau, afin de réserver plus d'espace à la nomenclature raisonnée de ses ouvrages, qui rappellent d'ailleurs toutes les particularités essentielles de son existence.

1656. *Ode contre les Anglais*, ébauche médiocre, inspirée à Boileau par le bruit qui courait que Cromwell allait déclarer la guerre à la France.

1658. *Satire I*. Boileau avait vingt-quatre ans lorsqu'il composa cette première satire, de laquelle il détacha plus tard, pour en faire une œuvre séparée, la description des embarras de Paris. La satire I resta longtemps manuscrite, et l'impression en confirma le succès.

1661. *Satire VI*.

1662. *Satire VII*.

— *Stances sur l'École des femmes*. Elles sont adressées à Molière, et débutent ainsi :

> En vain mille jaloux esprits,
> Molière, iront avec mépris
> Censurer ton plus bel ouvrage;
> Sa charmante naïveté
> S'en va pour jamais d'âge en âge
> Divertir la postérité.

1663. *Satires II, III, IV et V*.

1664. *Discours au Roi*. Il parut à la fin de l'année 1666 en tête d'une édition des sept premières satires.

M. Géruzez, dans une notice sur Boileau, publiée par le *Moniteur officiel* du 20 octobre 1860, a dit de ce discours : « C'est une première note, un peu criarde encore, jetée par le poëte dans ce prodigieux concert de louanges qui charma si longtemps les oreilles de Louis XIV. Ce discours, médiocre dans son ensemble, est une satire et un panégyrique; l'éloge du roi y est un prétexte pour attaquer les méchants écrivains. Nous y trouvons un témoignage en faveur de Molière et un encouragement au jeune roi, qui n'osait laisser continuer les représentations du *Tartuffe*. »

Même année. *Les héros de roman*, dialogues en prose, à la manière de Lucien. Boileau y rassemble, dans le royaume de Pluton, Mandane, Cyrus, Tomyris, Horatius Coclès, Clélie, Pharamond, et autres personnages des romans de la Calprenède et de Scudéry.

1666. *Discours sur la satire*. Boileau, en invoquant l'exemple des poëtes latins, se justifie dans cette dissertation des attaques qu'il a dirigées nominativement contre certains écrivains.

Même année. *Épître II*.

— Première édition des sept premières satires.

Après cette publication, Louis XIV accorda à l'auteur une pension de 200 pistoles. Boileau alla la toucher au trésor royal, et remit son ordonnance à un commis, qui trouva ces mots : « La pension que nous avons donnée à Despréaux, à cause de la satisfaction que nous ont causée ses ouvrages. » De quelle nature sont ces ouvrages? demanda le commis ignorant. — De maçonnerie, répondit Boileau; je suis architecte.

1667. *Satires VIII et IX, Épître I*.

1670. *Épître III*.

1672. *L'Art poétique*. « L'Art poétique, dit M. Géruzez, comprend tous les préceptes de composition littéraire consacrés par l'expérience et légitimés par la raison. C'est le code du bon goût. »

1673. *Épître IX. Le Lutrin*.

Il y avait dans le chœur de la Sainte-Chapelle de Paris un lutrin qui cachait le chantre presque en entier dans sa stalle. Le fonctionnaire de l'Église le fit enlever; le trésorier en ordonna le rétablissement. De là une discussion qui servit de prétexte au poëme héroïcomique de Boileau.

Le chantre était Jacques Barrin, fils de M. de la Galissonnière, maître des requêtes. Le trésorier se nommait Claude Auvry, ancien évêque de Coutances. Le magistrat qui intervint pour mettre un terme à la querelle fut le président Lamoignon.

Boileau a fait encore figurer dans son poëme quelques personnages réels : les uns Sidrac, chapelain-clerc et basse-taille distingué; Didier L'Amour; François Sirude, sacristain; le sous-marguillier Frontin, prêtre du diocèse de Chartres; le sonneur Girard, le libraire Barbin; le Febvre du Fabri, conseiller-clerc au parlement; le chantre D'Odillon, etc.

1674. *Traité du Sublime*, traduit du grec de Longin.

1675. *Arrêt burlesque donné en la grand' chambre du Parnasse, en faveur des maîtres ès arts, médecins et professeurs de l'université de Stagyre au pays des chimères, pour le maintien de la doctrine d'Aristote*.

Cette facétie a pour but de soutenir les opinions de Descartes, de Malebranche et de Gassendi contre la vieille philosophie d'Aristote.

L'université se proposait de présenter au parlement une requête pour demander que *Descartes* ne fût point enseigné dans les collèges. On en causait chez le premier président Lamoignon, qui prétendait que la cour ne pourrait se dispenser de rendre un arrêt conforme. Ce fut à la suite de cette conversation que Boileau imagina l'arrêt burlesque qu'il fit en collaboration avec Racine et le voyageur Bernier. Dongeois le revêtit des formes de la procédure, et le joignit à quelques expéditions qu'il devait soumettre au premier président. A peine celui-ci en eut-il lu les premiers mots qu'il s'écria : « Voilà un tour de Despréaux! » L'arrêt burlesque prévint une sentence plus sérieuse qui aurait déshonoré l'université et la magistrature.

1676. *Épîtres V et VI*.

1677. *Épîtres VII et VIII*.

1684. *Remercîments à l'Académie française*. Boileau fut admis en remplacement de Claude Bazin de Bezons, conseiller d'État, intendant du Languedoc. Il prononça, le 3 juillet 1684, son discours de réception, où règne un ton d'excessive modestie. « L'honneur que je reçois, disait-il, est quelque chose pour moi de si grand, de si extraordinaire, de si peu attendu, et tant de sortes de raisons semblaient devoir pour jamais m'en exclure, que, dans le moment même où je vous en fais mes remercîments, je ne sais encore ce que je dois croire. Est-il possible, est-il bien vrai que notre auteur m'ayez en effet jugé digne d'être admis dans cette illustre compagnie, dont le fameux établissement ne fait guère moins d'honneur à la mémoire du cardinal de Richelieu, que tant de choses merveilleuses qui ont été exécutées sous son ministère ! »

1692. *Satire X*, contre les femmes; elle provoqua une *apologie* des *femmes*, par Perrault, et une lettre dans laquelle Antoine Arnauld, docteur de Sorbonne, prenait la défense de Boileau.

Ode sur la prise de Namur. Cette ville, assiégée par l'armée française le 26 mai 1692, fut prise le 5 juin. L'ode de Boileau, en vers durs et prosaïques, prouve qu'il n'était pas fait pour le genre lyrique.

1693. *Épître X*.

1694. *Épître XI. Réflexions sur Longin*.

1695. *Épître XII. Sur l'amour de Dieu*. Elle est adressée à Eusèbe Renaudot, prieur de Froslay en Bretagne, membre de l'Académie française, et auteur de nombreux ouvrages de théologie et de linguistique. Elle fut composée pendant le carême de 1695, à la suite de conversations qu'avait eues Boileau avec le père Cheminais, jésuite, chez le président Lamoignon. Tous les disciples de Loyola furent irrités de retrouver en vers la thèse que notre auteur avait soutenue sur l'attrition et la contrition. Il fut dénigré dans le journal publié à Trévoux, sous le titre de *Mémoire pour servir à l'histoire des sciences et des beaux-arts*. Il répondit par cette épigramme :

> Mes révérends pères en Dieu,
> Et mes confrères en satire,
> Dans vos écrits, en plus d'un lieu,
> Je vois qu'à mes dépens vous affectez de rire.
> Mais ne craignez-vous point que, pour rire de vous,
> Rehsant Juvénal, refeuilletant Horace,
> Je ne ranime encor ma satirique audace?
> Grands Aristarques de Trévoux,
> N'allez point de nouveau faire courir aux armes
> Un athlète tout prêt à prendre son congé.,
> Qui par vos traits malin au combat rengagé,
> Peut encore aux rieurs faire verser des larmes.
> Apprenez un mot de Regnier,
> Notre célèbre devancier:
> Corsaires attaquant corsaires,
> Ne font pas, dit-il, leurs affaires.

Les jésuites ripostèrent : le père Ducerceau, le père Bouhours furent chargés de décocher à l'ennemi des épigrammes. Un professeur de l'université, nommé Machuel, prit la défense de Boileau dans une épître, et un rimeur inconnu fabriqua une *Réponse générale de M. Despréaux aux révérends pères jésuites*. Des amis communs intervinrent et réconcilièrent le satirique avec l'ordre puissant qu'il avait soulevé contre lui. Les détails de cette querelle assez puérile, mais qui aurait pu avoir de graves conséquences, sont longuement consignés dans une brochure publiée au mois de juin 1706, et intitulée : *Boileau aux prises avec les jésuites*.

1705. *Satire XI, sur l'équivoque*.

Ce fut la dernière pièce de vers de Nicolas Boileau, qui ne composa plus que quelques lettres ou quelques dissertations littéraires. Elle lui coûta onze mois de travail, et il ne la publia qu'après trois ans de correction. Elle mécontenta les dévots, et lorsqu'en 1710 l'auteur voulut donner une édition complète de ses œuvres, il reçut du roi la défense d'y insérer cette satire. Il en fut tellement affligé, qu'il renonça à son projet de publication. Après sa mort, l'abbé Renaudot et M. de Valincourt firent paraître ses œuvres; mais ils ne purent obtenir la permission d'y joindre la satire déjà condamnée.

LISTE BIOGRAPHIQUE DES PRINCIPAUX PERSONNAGES MENTIONNÉS
DANS LES ŒUVRES DE BOILEAU.

L'AMOUR (Didier), perruquier. Sa boutique était située sous l'escalier de la Sainte-Chapelle. Il s'était chargé de maintenir l'ordre dans la cour du palais, d'où il chassait à coups de fouet et de bâton les enfants, les brelteurs et les chiens. Il mourut le 1er mai 1697. Sa femme, Anne du Buisson, ne put lui survivre qu'une année.

ARNAULD (Antoine), docteur de la maison et société de Sorbonne, naquit à Paris le 6 février 1612. Il était le vingtième des enfants d'Antoine Arnauld, avocat au parlement de Paris. Deux ans après qu'il eut pris le bonnet de docteur, Arnauld fit imprimer son livre sur les abus de la fréquente communion. Les disputes sur la grâce offrirent un nouvel aliment à son génie polémique; ses écrits violents à un sujet le firent exclure de la faculté de théologie. Mais, après quelques années de retraite, il tourna ses armes contre les protestants, et donna la Perpétuité de la Foi, et plusieurs autres livres de controverse. Au moment où un nouvel orage allait fondre sur sa tête, il se retira volontairement dans les Pays-Bas. En 1683, il eut un démêlé avec Malebranche, à l'occasion du Traité de la Nature et de la Grâce, et l'attaqua sur le système que l'on voit tout en Dieu, système qu'il avait autrefois vanté. Cette lutte ne finit qu'avec ses jours. Il mourut à Bruxelles, en 1694, dans les bras du P. Quesnel. Il ne s'est guère trouvé de génie d'une étendue pareille à celui de ce docteur. Grammaire, belles-lettres, géométrie, logique, physique, métaphysique, théologie, droit civil et canonique; en un mot toutes les sciences étaient de son ressort. On a de lui environ 140 volumes, dont il existe une édition complète en 42 volumes in-4°, Lausanne et Paris, 1775-79. Ses productions les plus remarquables sont : la Grammaire générale et raisonnée, faite avec Lancelot; l'Art de Penser, fait avec Nicole. Plusieurs volumes de la Morale pratique des Jésuites, 1669-1694, 8 vol. in-12; Apologie pour les catholiques, contre Jurieu, 1681, 2 vol. in-12.

AUBERI, chanoine de la Sainte-Chapelle, confesseur du premier président Lamoignon, désigné dans le Lutrin sous le nom d'Alain.

AUZANET (Barthélemi), jurisconsulte, né à Paris en 1591, et mort le 17 avril 1673. Il était extrêmement versé dans la connaissance du droit français, et les principales affaires se réglaient ordinairement par ses conseils. Le roi l'honora d'un brevet de conseiller d'État quelques années avant sa mort, qui arriva à l'âge de 82 ans. Il a laissé des notes sur la coutume de Paris, des mémoires, des recueils d'arrêts.

BARBIER (Louis), abbé de La Rivière. Successivement régent au collége du Plessis, aumônier de l'évêque de Cahors, et premier aumônier de Gaston d'Orléans, il fut nommé en 1655 évêque de Langres, duc et pair de France. C'est à lui que font allusion les vers 63 et 64 de la satire I :

Et que le sort burlesque, en ce siècle de fer,
D'un pédant, quand il veut, sait faire un duc et pair.

BENSERADE (Isaac de), né en 1612, mort en 1691. Il avait une prodigieuse facilité de versification, et mit en rondeaux les Métamorphoses d'Ovide. Cet ouvrage, imprimé au Louvre avec le plus grand luxe typographique, trouva à la cour des partisans, entre autres le duc d'Enghien, qui disait un jour à Boileau : « Vous n'aimez pas les vers de Benserade; cependant ils sont clairs, ils sont parfaitement rimés, et disent bien ce qu'ils veulent dire. — Monseigneur, répliqua Boileau, j'ai vu il y a quelque temps une estampe qui représentait un soldat mangé par des poules. On lisait au bas ce distique :

Le soldat qui craint le danger
Aux poules se laisse manger.

Cela est clair, cela est bien rimé, cela dit ce que cela veut dire, cela ne laisse pas que d'être le plus plat du monde. »

BOUCINGO, fameux marchand de vin.

CALEPIN (Ambroise), religieux augustin, né au village de Calepio près Bergame, et connu par un dictionnaire en onze langues, imprimé pour la première fois en 1502.

CASSAGNE (Jacques, abbé), né à Nîmes en 1636, mort à Paris, docteur en théologie, prieur de Saint-Étienne, et garde la Bibliothèque du Roi. Il fut reçu à l'Académie française en l'année 1661, à la place de Saint-Amand. Il a écrit des sermons, des traductions et des poésies. Les épigrammes de Boileau l'inquiétèrent au point qu'il en devint fou, et qu'on fut obligé de l'enfermer à Saint-Lazare, où il mourut au mois de mai 1679.

CASSANDRE (François), désigné dans la satire sous le nom de Damon, auteur d'une excellente traduction de la Rhétorique d'Aristote, et d'un ouvrage intitulé : Parallèle historique, 1660, in-12. Ce savant peu sociable vécut et mourut dans la misère. À l'heure de son agonie, il disait au confesseur qui lui prêchait l'amour de Dieu : « Ah! oui, je lui ai de grandes obligations; il m'a fait jouer ici-bas un joli personnage! Vous savez comme il m'a fait vivre; voyez comme il me fait mourir. » Et en disant ces mots il montrait le grabat sur lequel il était couché.

CHAPELAIN (Jean), né à Paris le 4 décembre 1595. « Sans la Pucelle, dit Voltaire, il aurait eu de la réputation parmi les gens de lettres. » Ses premiers essais, et surtout son ode au cardinal de Richelieu, l'avaient fait admettre à l'Académie française. Il était considéré par tous les poëtes comme un juge presque infaillible, lorsqu'en 1656 il publia son poëme de la Pucelle, qui lui avait coûté trente années de travail. Cette œuvre eut six éditions en dix-huit mois, tant elle avait été

prônée par anticipation; mais elle ne tarda pas à tomber sous les brocards.

Chapelain était d'une avarice sordide, qui fut la cause accidentelle de sa mort. Surpris par un orage en se rendant à l'Académie, il aima mieux traverser le ruisseau à gué que de donner un liard pour le passer sur une planche, et il fut atteint d'une pleurésie qui l'emporta le 22 février 1674.

CLAUDE (Jean), célèbre ministre protestant, né en 1619 à la Sauvetat dans l'Agénois, étudia la philosophie et la théologie à Montauban, et fut reçu ministre en 1645. Après avoir gouverné les églises de la Teyne et de Sainte-Affrique, et exercé les fonctions de pasteur à Nîmes pendant huit années, Claude fut frappé d'interdiction sous prétexte qu'il s'opposait à la réunion projetée des calvinistes à l'Église catholique. Il vint à Paris et fut attaché au consistoire de Charenton depuis 1666 jusqu'à la révocation de l'édit de Nantes en 1685, époque à laquelle il fut forcé de se retirer en Hollande. Claude a été sans contredit le plus subtil et le plus éloquent théologien de son temps. Ses controverses avec Bossuet, avec Nicole et avec Arnauld prouvent une grande facilité d'élocution et une force de raisonnement digne de tels adversaires. Il mourut à la Haye en 1687. On a de lui un grand nombre d'ouvrages de controverse, et traités de théologie et de sermons.

COLLETET (François), auteur de : Noëls nouveaux, Paris, 1660, in-8°; Abrégé des Annales ou Antiquités de Paris, 1660, 2 volumes in-12; la Muse coquette, Paris, 1605, 4 volumes in-12.

CONRART (Valentin) était né à Paris en 1603, et fut nommé Valentin parce que ses ancêtres et son père étant de Valenciennes en Flandres, voulurent conserver le souvenir du lieu de leur origine. Il était secrétaire du roi; et c'est chez lui que commencèrent les assemblées qui donnèrent naissance à l'Académie française, dont il fut le premier secrétaire. On le consultait sur les ouvrages d'esprit, et il passait pour un critique sûr. Il mourut âgé de soixante-douze ans, le 21 septembre 1675. On a de lui des satires, des lettres, des psaumes.

CORBIN (Jacques), littérateur français, né en Berry en 1580, fut avocat au parlement de Paris, puis conseiller du roi et maître des requêtes ordinaires de la reine Anne d'Autriche, et mort en 1653. Boileau le cite encore dans son Art poétique avec les auteurs les plus obscurs. Ses ouvrages sont : les Amours de Philocaste, la Vie et miracles de sainte Geneviève, poëme; la Sainte Franciade ou Vie de saint François, poëme; la Vie de saint Bruno, l'Histoire des Chartreux; le Triomphe de Jésus-Christ au très-saint sacrement, une traduction de la Bible.

COTIN (Charles, abbé), Parisien, aumônier du roi, né en 1604, fut reçu à l'Académie française en 1656, et mourut au mois de janvier 1682. Ses ouvrages sont : la Pastorale sacrée, Salomon ou Politique royale, un Recueil d'énigmes, des Rondeaux, des Poésies chrétiennes et des Œuvres galantes en prose et en vers.

CRENET, fameux marchand de vins qui tenait le cabaret de la Pomme de Pin, vis-à-vis l'église de la Madeleine, près du pont Notre-Dame. Ce cabaret était déjà renommé du temps de Regnier, qui en parle ainsi dans sa sixième satire :

Où maints rubis balais tout rougissants de vin
Montroient un bâc itur à la pomme de pin;

et même du temps de Rabelais, qui dit : « Puis cauponisions ès tabernes méritoires de la Pomme de Pin, de Castel, de la Magdelaine et de la Mule. » — (Pantagr., liv. 11, ch. 6.)

DANSE (Louis Roger), désigné dans le Lutrin sous le nom du chanoine Evrard, mort à Ivry en 1689.

HUOT, mauvais avocat, opposé à Patru dans la satire I, ainsi que son collègue Le Mazier.

LAMBERT (Michel), fameux musicien, fort bon homme, qui promettait à tout le monde et manquait presque toujours de parole. Il était souhaité partout; il chantait très-bien, et on le regardait comme l'inventeur du beau chant. Il mourut à Paris au mois de juin 1696, âgé de quatre-vingt-sept ans. Son corps a été mis dans le tombeau de Jean-Baptiste Lulli, son gendre.

L'ANGÉLY, valet d'écurie du prince de Condé, qui fut ensuite fou, en titre d'office, du roi Louis XIII. Il gagna à ce métier 25,000 écus, mais ses railleries finirent par le faire chasser de la cour.

LINIÈRE (François Payot de), poëte satirique, né à Paris en 1628. Sa prodigalité et ses débauches le réduisirent en un état voisin de l'indigence. Il mourut en 1704 laissant beaucoup d'épigrammes et de chansons dans les recueils du temps. Boileau l'avait nommé honorablement dans la satire IX, vers 236; mais Linière s'avisa de faire une critique très-offensante de l'épître IV, qui avait paru avant celle-ci. Pour toute vengeance, Boileau railla ce poëte en divers endroits de ses ouvrages.

LOUET (Georges), conseiller au parlement de Paris, composa, en 1602, un Recueil d'arrêts notables, sur lequel Julien Brodeau, avocat, a composé deux gros volumes de notes.

MIGNOT (Jacques), pâtissier-traiteur, demeurait dans la rue de la Harpe, vis-à-vis la rue Percée. Il avait la charge de maître-queux de la maison du roi, et celle d'écuyer de la bouche de la reine. Il fut d'abord très-irrité des vers qui le concernaient, et, pour s'en venger, il enveloppait ses biscuits dans une satire que Cotin avait composée contre Boileau. Il se radoucit en voyant que la satire du festin l'avait mis à la mode, et il avoua plus tard qu'il devait sa fortune à Boileau.

MONTMAUR (Pierre de), professeur de grec au collége de Cambrai. Quoiqu'il eût une fortune indépendante, il vivait à la table des grands seigneurs, qu'il divertissait en médisant de ses confrères. Ceux-ci s'en vengèrent par des épigrammes en latin et en français, dont le recueil ne forme pas moins de deux volumes in-8°.

LE PAÏS (René, sieur du Plessis-Villeneuve). Il était originaire de Nantes. On le nomma directeur général des gabelles de Dauphiné et de Provence. Il composait en vers et en prose avec facilité. En 1664 il publia des lettres et des poésies médiocres sous le titre d'*Amitiés, Amours et Amourettes*. Les railleurs l'appelèrent le singe de Voiture, parce que Le Païs se flattait d'imiter l'enjouement et la délicatesse de cet auteur. Il mourut à Paris dans la rue du Bouloi le dernier jour d'avril 1690, et fut enterré à Saint-Eustache à côté de Vincent Voiture.

MOREL (Claude), docteur de Sorbonne, doyen de la faculté de théologie et chanoine théologal de Paris, mort à Châlons-sur-Marne, mort à Paris le 30 avril 1679. Il n'était remarquable que par sa haine contre les jansénistes et par son menton proéminent, qui l'avait fait surnommer la mâchoire d'âne.

PATRU (Olivier), avocat au parlement de Paris. Ses discours, plaidoyers, mémoires et dissertations ont été recueillis en deux volumes in-4°. Il n'avait pas trouvé moyen de s'enrichir, malgré ses succès oratoires; et pour apaiser ses créanciers, il fut obligé de vendre sa bibliothèque. Ce fut Boileau qui l'acheta; et il lui en laissa généreusement la jouissance. Né en 1604, Patru mourut en 1681.

PAVILLON (Nicolas), évêque d'Aleth, né en 1597, mort le 8 décembre 1677. Le vers 189 du chant Ier du *Lutrin* est une allusion délicate aux vertus de ce prélat.

PÉ FOURNIER (Pierre), procureur au parlement, signait P. Fournier pour se distinguer de quelques-uns de ses confrères qui portaient aussi le nom de Fournier. C'est pourquoi on l'appelait ordinairement Pé Fournier.

PELLETIER (Pierre). C'était le fils d'un épicier de Paris, où il mourut en 1680. Sa principale occupation était de composer des sonnets en l'honneur de ceux qu'il savait en état de les payer.

PURE (Michel de), abbé et homme de lettres, né à Lyon en 1634, mort à Paris en 1680. Il publia en 1663 une *traduction* de *Quintilien*. Dans la suite, il traduisit encore l'*Histoire des Indes*, écrite en latin par le P. Massée; l'*Histoire africaine*, écrite en italien par J.-B. Birago, et la *Vie de Léon X*, de Paul Jove. Il a écrit un roman qui a pour titre les *Précieuses*, et la *Vie du maréchal de Gassion*, 1673, 3 vol. in-12.

QUINAULT (Philippe), né en 1635, mort en 1688. Il débuta par des comédies, puis il passa au genre tragique et donna, le 15 décembre 1664, *Astrate, roi de Tyr*, dont le succès fut tel, que les comédiens de l'hôtel de Bourgogne en profitèrent pour doubler le prix des places. Après la fondation de l'Opéra, Quinault s'y consacra entièrement et obtint d'éclatants succès sur cette nouvelle scène.

RIBOU (Jean), libraire dont la boutique était vis-à-vis la porte de la Sainte-Chapelle.

RIQUIÉ (Antoine), jardinier de Boileau. Outre la petite terre des Préaux, près de Crosne, dont il portait le nom, notre auteur possédait à Auteuil une maison de campagne, qu'il acheta en 1685. Il y trouva Antoine Riquié, et le garda toujours à son service. « Maître Antoine, disait un jour le père Bouhours, jésuite, au jardinier, l'épître que votre maître vous a adressée n'est-elle pas la plus belle de ses pièces? — Nenni, répondit malicieusement Antoine, c'est celle de l'*amour de Dieu*. »

ROLET (Charles), procureur au parlement, condamné au bannissement pour ses friponneries, par arrêt du 10 août 1681. Il obtint sa grâce et une place de garde au château de Vincennes, où il mourut.

ROBERVAL (Gilles Person, sieur de), né en 1602, mort en 1675, professeur de mathématiques au Collége royal, membre de l'Académie des sciences.

SAINT-AMAND (Marc-Antoine Gérard de), fils d'un gentilhomme verrier de Rouen, membre de l'Académie française. Il est l'auteur d'un poëme de *Moïse* et d'un poëme de *la Lune*, dans lequel il célébrait les louanges de Louis XIV. Le chagrin de n'en être pas récompensé le conduisit au tombeau en 1660.

SAINT-PAVIN (Sanguin de) était un fameux libertin. Saint-Pavin a fait lui-même la peinture de ses sentiments et de ses mœurs dans les vers suivants :

> Je n'ai l'esprit embarrassé
> De l'avenir ni du passé;
> Ce qu'on dit de moi peu me choque;
> De force choses je me moque;
> Et sans contraindre mes désirs
> Je me donne entier aux plaisirs.

SAINT-SORLIN (Jean-Desmarets de). Il écrivit d'abord pour le théâtre, puis, en 1665, il publia un écrit contre les religieuses de Port-Royal, qui étaient accusées de jansénisme.

SAUVEUR (Joseph), géomètre, né à La Flèche en 1653, mort le 9 juillet 1716. Ses mémoires et dissertations sur l'acoustique musicale se trouvent dans le recueil de l'Académie des sciences.

SCUDÉRI (Georges de), né au Havre en 1601, mort en 1667. Il faisait partie de l'Académie française. Ils ne laissaient pas d'être débités à mesure le *Ilustre Bassa*, le *Caloandre fidèle*, etc., le poëme d'*Alaric* et un grand nombre de pièces de théâtre.

LA SERRE (Puget de), misérable écrivain, qui a publié quantité d'ouvrages en prose et en vers. Ils ne laissaient pas d'être débités à mesure qu'ils paraissaient; mais l'auteur les ayant fait imprimer en un corps, personne ne voulut plus les acheter. Du reste, il convenait lui-même que ses écrits étaient un galimatias continuel : disant qu'il avait trouvé un secret inconnu aux autres auteurs.

SOUVRÉ (Jacques de), commandeur de Saint-Jean-de-Latran, était surtout célèbre par sa table somptueuse. Il avait pour concurrents en ce genre le duc de Mortemart et le marquis de Sillery, qu'on appelait les profès dans l'ordre des coteaux, parce qu'ils préféraient à tous les vins le champagne des trois coteaux d'Aï, de Hautvilliers et d'Avenay.

TERMES (Royer de Pardaillan de Gondrin, marquis de), dont Boileau vante le bon goût dans son épître XI. Il mourut au mois de mars 1704.

VALINCOUR (Jean-Baptiste-Henri Du Trousset de), conseiller du roi, secrétaire général de la marine. Il était de l'Académie de Prusse, de Florence, et, en 1699, il remplaça Racine à l'Académie française.

VIAUD (Théophile) naquit à Boussères-Sainte-Radegonde, village de l'Agénois, en 1590; fut lié avec Balzac, avec lequel il se brouilla en 1612.

Théophile se fit d'abord connaître par des poésies et des impromptus fort heureux. Puis il se lança dans la satire, et reçut du roi l'ordre de sortir de France en 1619. Il était calviniste; il abjura sa religion, et obtint de Louis XIII son retour en France, après quelques années d'exil. Son penchant pour la satire le reprit, les jésuites l'attaquèrent, et, sans le duc de Montmorenci, il eût été brûlé vif. Il mourut en 1626, à l'âge de trente-six ans.

VILLANDRI (de) était fils de Balthazar Le Breton, seigneur de Villandri, conseiller d'État, gentilhomme de la chambre du roi.

VOITURE (Vincent), né en 1598, fils d'un riche marchand de vins d'Amiens, académicien en 1634, mort en 1648. Ses *Lettres* et ses *Poésies* lui firent une immense réputation; elles n'en étaient pas dignes, quoiqu'on y rencontre quelques traits ingénieux noyés au milieu de prétentieuses trivialités.

WENDROCK. Ce nom, qu'on trouve dans la satire XII, vers 325, est le pseudonyme qu'avait pris Pierre Nicole, théologien de Port-Royal, pour traduire en latin les *Lettres* PROVINCIALES de Pascal.

Les renseignements que nous avons recueillis ci-dessus nous semblent suffisants pour donner au lecteur une idée de la société au milieu de laquelle vivait Boileau. Ceux qui ils disent préférables aux observations que nous aurions pu faire sur le mérite de l'écrivain. Que n'a-t-on pas dit de Boileau? que de commentateurs ont relevé les passages qu'il a empruntés aux anciens, et mis en relief les qualités éminentes de son style! Cet examen tant de fois renouvelé, chaque lecteur est à même de l'entreprendre lui-même; mais, pour qu'il apprécie sainement les Satires, les Épîtres, l'Art poétique ou le Lutrin, il importe d'avoir la clef de certaines particularités, de certaines allusions devenues obscures aujourd'hui. Nous ne nous sommes point permis de juger Boileau; nous avons essayé de le faire comprendre dans les moindres détails.

ÉMILE DE LA BÉDOLLIÈRE.

DISCOURS AU ROI.

Jeune et vaillant héros dont la haute sagesse
N'est point le fruit tardif d'une lente vieillesse,
Et qui seul, sans ministre, à l'exemple des dieux,
Soutiens tout par toi-même et vois tout par tes yeux,
Grand roi, si jusqu'ici, par un trait de prudence,
J'ai demeuré pour toi dans un humble silence,
Ce n'est pas que mon cœur, vainement suspendu,
Balance pour t'offrir un encens qui t'est dû :
Mais je sais peu louer ; et ma muse tremblante
Fuit d'un si grand fardeau la charge trop pesante,
Et, dans ce haut éclat où tu te viens offrir,
Touchant à tes lauriers, craindrait de les flétrir.
  Ainsi, sans m'aveugler d'une vaine manie,
Je mesure mon vol à mon faible génie :
Plus sage en mon respect que ces hardis mortels
Qui d'un indigne encens profanent tes autels ;
Qui, dans ce champ d'honneur où le gain les amène,
Osent chanter ton nom sans force et sans haleine ;
Et qui vont tous les jours, d'une importune voix,
T'ennuyer du récit de tes propres exploits.
  L'un, en style pompeux babillant une églogue [1],
De ses rares vertus te fait un long prologue,
Et mêle, en se vantant soi-même à tout propos,
Les louanges d'un fat à celles d'un héros.
  L'autre, en vain se lassant à polir une rime,
Et reprenant vingt fois le rabot et la lime,
Grand et nouvel effort d'un esprit sans pareil !
Dans la fin d'un sonnet te compare au soleil.
  Sur le haut Hélicon leur veine méprisée
Fut toujours des neuf sœurs la fable et la risée.
Calliope jamais ne daigna leur parler,
Et Pégase pour eux refuse de voler.
Cependant à les voir, enflés de tant d'audace,
Te promettre en leur nom les faveurs du Parnasse,
On dirait qu'ils ont seuls l'oreille d'Apollon,
Qu'ils disposent de tout dans le sacré vallon :
C'est à leurs doctes mains, si l'on veut les en croire,
Que Phébus a commis tout le soin de ta gloire ;
Et ton nom du midi jusqu'à l'Ourse vanté,
Ne devra qu'à leurs vers son immortalité.
Mais plutôt, sans ce nom dont la vive lumière
Donne un lustre éclatant à leur veine grossière,
Ils verraient leurs écrits, honte de l'univers,
Pourrir dans la poussière à la merci des vers.
A l'ombre de ton nom ils trouvent leur asile,
Comme on voit dans les champs un arbrisseau débile,
Qui, sans l'heureux appui qui le tient attaché,
Languirait tristement sur la terre couché.
  Ce n'est pas que ma plume, injuste et téméraire,
Veuille blâmer en eux le dessein de te plaire ;
Et, parmi tant d'auteurs, je veux bien l'avouer,
Apollon en connaît qui te peuvent louer :
Oui, je sais qu'entre ceux qui t'adressent leurs veilles,
Parmi les Pelletiers on compte des Corneilles.
Mais je ne puis souffrir qu'un esprit de travers,
Qui, pour rimer des mots, pense faire des vers,
Se donne en te louant une gêne inutile ;
Pour chanter un Auguste, il faut être un Virgile ;
Et j'approuve les soins du monarque [2] guerrier
Qui ne pouvait souffrir qu'un artisan grossier
Entreprît de tracer, d'une main criminelle,
Un portrait réservé pour le pinceau d'Apelle.
  Moi donc, qui connais peu Phébus et ses douceurs,
Qui suis nouveau sevré sur le mont des neuf sœurs,
Attendant que pour toi l'âge ait mûri ma muse,
Sur de moindres sujets je l'exerce et l'amuse :
Et tandis que ton bras, des peuples redouté,
Va, la foudre à la main, rétablir l'équité,
Et retient les méchants par la peur des supplices,
Moi, la plume à la main, je gourmande les vices,
Et, gardant pour moi-même une juste rigueur,
Je confie au papier les secrets de mon cœur.

[1] Charpentier avait fait en ce temps-là une églogue pour le roi en vers magnifiques, intitulée : *Églogue royale.*
[2] Alexandre le Grand.

Ainsi, dès qu'une fois ma verve se réveille,
Comme on voit au printemps la diligente abeille
Qui du butin des fleurs va composer son miel,
Des sottises du temps je compose mon fiel :
Je vais de toutes parts où me guide ma veine
Sans tenir en marchant une route certaine ;
Et sans gêner ma plume en ce libre métier,
Je la laisse au hasard courir sur le papier.
  Le mal est qu'en rimant ma muse un peu légère
Nomme tout par son nom et ne saurait rien taire.
C'est là ce qui fait peur aux esprits de ce temps,
Qui, tout blancs au dehors, sont tout noirs au dedans :
Ils tremblent qu'un censeur que sa verve encourage
Ne vienne en ses écrits démasquer leur visage,
Et, fouillant dans leurs mœurs en toute liberté,
N'aille du fond du puits tirer la Vérité [1].
Tous ces gens, éperdus au seul nom de satire,
Font d'abord le procès à quiconque ose rire :
Ce sont eux que l'on voit, d'un discours insensé,
Publier dans Paris que tout est renversé,
Au moindre bruit qui court qu'un auteur les menace
De jouer des bigots [2] la trompeuse grimace ;
Pour eux un tel ouvrage est un monstre odieux,
C'est offenser les lois, c'est s'attaquer aux cieux.
Mais, bien que d'un faux zèle ils masquent leur faiblesse,
Chacun voit qu'en effet la vérité les blesse :
En vain d'un lâche orgueil leur esprit revêtu
Se couvre du manteau d'une austère vertu ;
Leur cœur, qui se connaît et qui fuit la lumière,
S'il se moque de Dieu, craint Tartuffe et Molière.
  Mais pourquoi sur ce point sans raison m'écarter ?
Grand roi, c'est mon défaut, je ne saurais flatter :
Je ne sais point au ciel placer un ridicule,
D'un nain faire un Atlas, ou d'un lâche un Hercule,
Et, sans cesse en esclave à la suite des grands,
A des dieux sans vertu prodiguer mon encens :
On ne me verra point d'une veine forcée,
Même pour te louer, déguiser ma pensée ;
Et, quelque grand que soit ton pouvoir souverain,
Si mon cœur en ces vers ne parlait par ma main,
Il n'est espoir de biens, ni raison, ni maxime,
Qui pût en ta faveur m'arracher une rime.
  Mais lorsque je te vois, d'une si noble ardeur,
T'appliquer sans relâche aux soins de ta grandeur,
Faire honte à ces rois que le travail étonne,
Et qui sont accablés du faix de leur couronne ;
Quand je vois ta sagesse, en ses justes projets,
D'une heureuse abondance enrichir tes sujets,
Fouler aux pieds l'orgueil et du Tage et du Tibre,
Nous faire de la mer une campagne libre,
Et tes braves guerriers, secondant ton grand cœur,
Rendre à l'Aigle éperdu sa première vigueur [3] ;
La France sous tes lois maîtriser les États,
Et nos vaisseaux, domptant l'un et l'autre Neptune,
Nous aller chercher l'or, malgré l'onde et le vent,
Aux lieux où le soleil le forme en se levant :
Alors, sans consulter si Phébus l'en avoue,
Ma muse tout en feu me prévient et te loue.
  Mais bientôt la raison, arrivant au secours,
Vient d'un si beau projet interrompre le cours,
Et me fait concevoir, quelque ardeur qui m'emporte,
Que je n'ai ni le ton, ni la voix assez forte.
Aussitôt je m'effraie, et mon esprit troublé
Laisse là le fardeau dont il est accablé,
Et, sans passer plus loin, finissant mon ouvrage,
Comme un pilote en mer qu'épouvante l'orage,
Dès que le bord paraît, sans songer où je suis,
Je me sauve à la nage, et j'aborde où je puis.

[1] Démocrite disait que la Vérité était au fond d'un puits, et que personne ne l'en avait pu tirer.
[2] Molière, vers ce temps-là, fit jouer son *Tartuffe.*
[3] Le roi se fit faire satisfaction dans ce temps-là des deux insultes faites à ses ambassadeurs à Rome et à Londres ; et ses troupes envoyées au secours de l'empereur défirent les Turcs sur les bords du Raab.

SATIRES.

DISCOURS SUR LA SATIRE[1].

Quand je donnai la première fois mes satires au public, je m'étais bien préparé au tumulte que l'impression de mon livre a excité sur le Parnasse. Je savais que la nation des poëtes, et surtout des mauvais poëtes[2], est une nation farouche qui prend feu aisément, et que ces esprits avides de louanges ne digéreraient pas facilement une raillerie, quelque douce qu'elle pût être. Aussi oserai-je dire, à mon avantage, que j'ai regardé avec des yeux assez stoïques les libelles diffamatoires qu'on a publiés contre moi. Quelques calomnies dont on ait voulu me noircir, quelques faux bruits qu'on ait semés de ma personne, j'ai pardonné sans peine ces petites vengeances au déplaisir d'un auteur irrité qui se voyait attaqué par l'endroit le plus sensible d'un poëte, je veux dire par ses ouvrages.

Mais j'avoue que j'ai été un peu surpris du chagrin bizarre de certains lecteurs, qui, au lieu de se divertir d'une querelle du Parnasse dont ils pouvaient être spectateurs indifférents, ont mieux aimé prendre parti et s'affliger avec les ridicules que se réjouir avec les honnêtes gens. C'est pour les consoler que j'ai composé ma neuvième satire, où je pense avoir montré assez clairement que, sans blesser l'État ni sa conscience, on peut trouver de méchants vers méchants, et s'ennuyer de plein droit à la lecture d'un sot livre. Mais puisque ces messieurs ont parlé de la liberté que je me suis donnée de nommer, comme d'un attentat inouï et sans exemples, et que les exemples ne se peuvent pas mettre en rimes, il est bon d'en dire ici un mot, pour les instruire d'une chose qu'eux seuls veulent ignorer, et leur faire voir qu'en comparaison de tous mes confrères les satiriques j'ai été par ses fort retenu.

Et pour commencer par Lucilius, inventeur de la satire, quelle liberté ou plutôt quelle licence ne s'est-il pas donnée dans ses ouvrages? Ce n'étaient point seulement des poëtes et des auteurs qu'il attaquait, c'étaient des gens de la première qualité de Rome, c'étaient des personnes consulaires. Cependant Scipion et Lélius ne jugèrent pas ce poëte, tout destructeur rieur qu'il était, indigne de leur amitié : et vraisemblablement, dans les occasions, ils ne lui refusèrent pas leurs conseils sur ses écrits, non plus qu'à Térence. Ils ne s'avisèrent point de prendre le parti de Lupus et de Métellus, qu'il avait joués dans ses satires ; et ils ne crurent pas lui donner rien du leur en lui abandonnant tous les ridicules de la république :

Num Lælius, et qui
Duxit ab oppressa meritum Carthagine nomen,
Ingenio offensi, aut laso doluere Metello,
Famosisve Lupo cooperto versibus?
Horat., *Sat.* I, lib. II, *v.* 65.

En effet, Lucilius n'épargnait ni petits ni grands, et souvent des nobles et des patriciens il descendait jusqu'à la lie du peuple :

Primores populi arripuit, populumque tributim.
Ibidem.

On me dira que Lucilius vivait dans une république, où ces sortes de libertés peuvent être permises. Voyons donc Horace, qui vivait sous un empereur, dans les commencements d'une monarchie, où il est bien plus dangereux de rire qu'en un autre temps. Qui ne nomme-t-il point dans ses satires? et Fabius le grand causeur, et Tigellius le fantasque, et Nasidiénus le ridicule, et Nomentanus le débauché, et tout ce qui vient au bout de sa plume. On me répondra que ce sont des noms supposés. Oh la belle réponse! comme si ceux qu'il attaquait n'étaient pas des gens connus d'ailleurs; comme si l'on ne savait pas que Fabius était un chevalier romain qui avait composé un livre de droit, que Tigellius était un musicien chéri d'Auguste, que Nasidiénus Rufus était un ridicule célèbre dans Rome, que Cassius Nomentanus était un des plus fameux débauchés de l'Italie. Certainement tout ce que ceux qui parlent de la sorte n'aient pas fort lu les anciens et ne soient pas fort instruits des affaires de la cour d'Auguste. Horace ne se contente pas d'appeler les gens par leur nom ; il a si peur qu'on ne les méconnaisse, qu'il a soin de rapporter jusqu'à leur surnom, jusqu'au métier qu'ils faisaient, jusqu'aux charges qu'ils avaient exercées. Voyez, par exemple, comme il parle d'Aufidius Luscus, préteur de Fondi :

Fundos, Aufidio Lusco prætore, libenter
Linquimus, insani ridentes præmia scribæ,
Prætextam, et latum clavum, etc.
Sat. V, lib. I, *v.* 33.

« Nous abandonnâmes, dit-il, avec joie le bourg de Fondi, dont

[1] Ce discours parut pour la première fois en 1666, avec la satire IX.
[2] Ceci regarde particulièrement Cotin, qui avait publié une satire contre l'auteur.

» était préteur un certain Aufidius Luscus; mais ce ne fut pas sans » avoir bien ri de la folie de ce préteur, auparavant commis, qui fai- » sait le sénateur et l'homme de qualité. »

Peut-on désigner un homme plus précisément, et les circonstances seules ne suffisaient-elles pas pour le faire reconnaître? On me dira peut-être qu'Aufidius était mort alors : mais Horace parle là d'un voyage fait depuis peu. Et puis, comment mes censeurs répondront-ils à cet autre passage :

Turgidus Alpinus jugulat dum Memnona, dumque
Diffingit Rheni luteum caput, hæc ego ludo.
Sat. X, lib. I, *v.* 36.

« Pendant, dit Horace, que ce poëte enflé d'Alpinus égorge Mem- » non dans son poëme et s'embourbe dans la description du Rhin, je » me joue en ces satires. »

Alpinus vivait donc du temps qu'Horace se jouait en ces satires; et si Alpinus en cet endroit est un nom supposé, l'auteur du poëme de *Memnon* pouvait-il s'y méconnaître? Horace, dira-t-on, vivait sous le règne du plus poli de tous les empereurs : mais vivons-nous sous un règne moins poli, et veut-on qu'un prince qui a tant de qualités communes avec Auguste soit moins dégoûté que lui des méchants livres et plus rigoureux envers ceux qui les blâment?

Examinons pourtant Perse, qui écrivait sous le règne de Néron. Il ne raille pas simplement les ouvrages des poëtes de son temps, il attaque les vers de Néron même. Car enfin tout le monde sait, et toute la cour de Néron le savait, que ces quatre vers : *Torva Mimalloneis,* etc., dont Perse fait une raillerie si amère dans sa première satire, étaient des vers de Néron. Cependant on ne remarque point que Néron, tout Néron qu'il était, ait fait punir Perse; et ce tyran, ennemi de la raison et amoureux, comme on sait, de ses ouvrages, n'eut pas même assez bon homme pour entendre raillerie sur ses vers, et ne crut pas que l'empereur en cette occasion dût prendre les intérêts du poëte.

Pour Juvénal, qui florissait sous Trajan, il est un peu plus respectueux envers les grands seigneurs de son siècle. Il se contente de répandre l'amertume de ses satires sur ceux du règne précédent : mais, à l'égard des auteurs, il ne les va point chercher hors de son siècle. À peine est-il entré en matière qu'on le voilà en mauvaise humeur contre tous les écrivains de son temps. Demandez à Juvénal ce qui l'oblige de prendre la plume. C'est qu'il est las d'entendre et la *Théséide* de Codrus, et l'*Oreste* de celui-ci, et le *Téléphe* de cet autre, et tous les poëtes enfin, comme il dit ailleurs, qui récitaient leurs vers au mois d'août, *et augusto recitantes mense poetas:* Tant il est vrai que le droit de blâmer les auteurs est un droit ancien, passé en coutume parmi tous les satiriques, et souffert dans tous les siècles.

Que s'il faut venir des anciens aux modernes, Régnier, qui est presque seul notre poëte satirique, et est véritablement un peu plus discret que les autres. Cela n'empêche pas néanmoins qu'il ne parle hardiment de Gallet, ce célèbre joueur, *qui assignait ses créanciers sur sept et quatorze;* et du sieur de Provins, *qui avait changé son balandran*[1] *en manteau court;* et du Cousin, *qui abandonnait sa maison de peur de la réparer;* et de Pierre Dupuis, et de plusieurs autres.

Que répondront à cela mes censeurs? Pour peu qu'on les presse, ils chasseront de la république des lettres tous les satiriques, comme autant de perturbateurs du repos public. Mais que diront-ils de Virgile, le sage, le discret Virgile, qui, dans une églogue[2], où il n'est pas question de satire, tourne d'un seul trait deux poëtes de son temps en ridicule?

Qui Bavium non odit, amet tua carmina, Mævi,

dit un sage satirique dans cette églogue. Et qu'on ne me dise point que Bavius et Mævius en cet endroit sont des noms supposés, puisque ce serait donner un trop cruel démenti au docte Servius, qui assure positivement le contraire. En un mot, qu'ordonneront mes censeurs de Catulle, de Martial, et de tous les poëtes de l'antiquité, qui n'en ont pas usé avec plus de discrétion que Virgile? Que penseront-ils de Voiture, qui n'a point fait conscience de rire aux dépens du célèbre Neuf-Germain, quoique également recommandable par l'antiquité de sa barbe et par la nouveauté de sa poésie? Le banniront-ils du Parnasse, lui et tous les poëtes de l'antiquité, pour établir la sûreté des sots et des ridicules? Si cela est, je me consolerai aisément de mon exil : il y aura du plaisir à être relégué en si bonne compagnie. Raillerie à part, ces messieurs veulent-ils être plus sages que Scipion et Lélius, plus délicats qu'Auguste, plus cruels que Néron? Mais eux qui sont si rigoureux envers les critiques, d'où vient cette clémence qu'ils affectent pour les méchants auteurs? Je vois bien ce qui les afflige; ils ne veulent pas être détrompés. Il leur fâche d'avoir admiré sérieuse-

[1] Casaque de campagne. — [2] Églog. III, v. 90.

ment des ouvrages que mes satires exposent à la risée de tout le monde, et de se voir condamnés à oublier dans leur vieillesse ces mêmes vers qu'ils ont autrefois appris par cœur comme des chefs-d'œuvre de l'art. Je les plains sans doute : mais quel remède? Faudra-t-il, pour s'accommoder à leur goût particulier, renoncer au sens commun? Faudra-t-il applaudir indifféremment à toutes les impertinences qu'un ridicule aura répandues sur le papier? Et au lieu qu'en certains pays [1] on con-

damnait les méchants poëtes à effacer leurs écrits avec la langue, les livres deviendront-ils désormais un asile inviolable où toutes les sottises auront droit de bourgeoisie, où l'on n'osera toucher sans profanation?

J'aurais bien d'autres choses à dire sur ce sujet; mais comme j'ai déjà traité de cette matière dans ma neuvième satire, il est bon d'y renvoyer le lecteur.

SATIRE I.

Damon [2], ce grand auteur dont la muse fertile
Amusa si longtemps et la cour et la ville;
Mais qui, n'étant vêtu que de simple bureau,
Passe l'été sans linge et l'hiver sans manteau;
Et de qui le corps sec et la mine affamée
N'en sont pas mieux refaits pour tant de renommée;
Las de perdre en rimant et sa peine et son bien,
D'emprunter en tous lieux et de ne gagner rien,
Sans habits, sans argent, ne sachant plus que faire,
Vient de s'enfuir, chargé de sa seule misère,
Et, bien loin des sergents, des clercs et du palais,
Va chercher un repos qu'il ne trouva jamais;
Sans attendre qu'ici la justice ennemie
L'enferme dans un cachot le reste de sa vie,
Ou que d'un bonnet vert [3] le salutaire affront
Flétrisse les lauriers qui lui couvrent le front.
Mais le jour qu'il partit, plus défait et plus blême
Que n'est un pénitent sur la fin du carême,
La colère dans l'âme et le feu dans les yeux,
Il distilla sa rage en ces tristes adieux :
Puisqu'en ce lieu, jadis aux muses si commode,
Le mérite et l'esprit ne sont plus à la mode,
Qu'un poëte, dit-il, s'y voit maudit de Dieu,
Et qu'ici la vertu n'a plus ni feu ni lieu;
Allons du moins chercher quelque antre ou quelque roche
D'où jamais ni l'huissier ni le sergent n'approche;
Et, sans lasser le ciel par des vœux impuissants,
Mettons-nous à l'abri des injures du temps,
Tandis que, libre encor malgré les destinées,
Mon corps n'est point courbé sous le faix des années,
Qu'on ne voit point mes pas sous l'âge chanceler,
Et qu'il reste à la Parque encor de quoi filer :
C'est là dans mon malheur le seul conseil à suivre.
Que George vive ici, puisque George y sait vivre,
Qu'un million comptant, par ses fourbes acquis,
De clerc, jadis laquais, a fait comte et marquis;
Que Jaquin vive ici, dont l'adresse funeste
A plus causé de maux que la guerre ou la peste;
Qui de ses revenus écrits par alphabet
Peut fournir aisément un Calepin complet;
Qu'il règne dans ces lieux; il a droit de s'y plaire.
Mais moi, vivre à Paris! Eh! qu'y voudrais-je faire?
Je ne sais ni tromper, ni feindre, ni mentir;
Et, quand je le pourrais, je n'y puis consentir.
Je ne sais point en lâche essuyer les outrages
D'un faquin orgueilleux qui vous tient à ses gages,
De mes sonnets flatteurs lasser tout l'univers,
Et vendre au plus offrant mon encens et mes vers;
Pour un si bas emploi ma muse est trop altière.
Je suis rustique et fier, et j'ai l'âme grossière :
Je ne puis rien nommer, si ce n'est par son nom;
J'appelle un chat un chat, et Rolet [4] un fripon.
De servir un amant, je n'en ai pas l'adresse;
J'ignore ce grand art qui gagne une maîtresse;
Et je suis, à Paris, triste, pauvre et reclus,
Ainsi qu'un corps sans âme, ou devenu perclus.
Mais pourquoi, dira-t-on, cette vertu sauvage
Qui court à l'hôpital, et n'est plus en usage?
La richesse permet une juste fierté;
Mais il faut être souple avec la pauvreté.
C'est à qu'un auteur que presse l'indigence
Peut des astres malins corriger l'influence,
Et que le sort burlesque, en ce siècle de fer,

D'un pédant, quand il veut, sait faire un duc et pair [1].
Ainsi de la vertu la fortune se joue :
Tel aujourd'hui triomphe au plus haut de sa roue
Qu'on verrait, de couleurs bizarrement orné,
Conduire le carrosse où l'on le voit traîné,
Si dans les droits du roi sa funeste science
Par deux ou trois avis n'eût ravagé la France.
Je sais qu'un juste effroi l'éloignant de ces lieux
L'a fait pour quelques mois disparaître à nos yeux :
Mais en vain pour un temps une taxe l'exile;
On le verra bientôt pompeux en cette ville
Marcher encor chargé des dépouilles d'autrui,
Et jouir du ciel même irrité contre lui;
Tandis que Colletet [2], crotté jusqu'à l'échine,
S'en va chercher son pain de cuisine en cuisine,
Savant en ce métier, si cher aux beaux esprits,
Dont Montmaur [3] autrefois fit leçon dans Paris.
Il est vrai que du roi la bonté secourable
Jette enfin sur la muse un regard favorable,
Et, réparant du sort l'aveuglement fatal,
Va tirer désormais Phébus de l'hôpital [4].
On doit tout espérer d'un monarque si juste :
Mais, sans un Mécénas, à quoi sert un Auguste?
Et fait comme je suis, au siècle d'aujourd'hui,
Qui voudra s'abaisser à me servir d'appui?
Et puis, comment percer cette foule effroyable
De rimeurs affamés dont le nombre l'accable;
Qui, dès que sa main s'ouvre, y courant les premiers,
Et ravissent un bien qu'on devait aux derniers,
Comme on voit les frelons, troupe lâche et stérile,
Aller piller le miel que l'abeille distille?
Cessons donc d'aspirer à ce prix tant vanté
Que donne la faveur à l'importunité.
Saint-Amand [5] n'eut du ciel que sa veine en partage :
L'habit qu'il eut sur lui fut son seul héritage;
Un lit et deux placets composaient tout son bien;
Ou, pour en mieux parler, Saint-Amand n'avait rien.
Mais quoi! las de traîner une vie importune,
Il engagea ce rien pour chercher la fortune,
Et, tout chargé de vers qu'il devait mettre au jour,
Conduit d'un vain espoir, il parut à la cour [6].
Qu'arriva-t-il enfin de sa muse abusée?
Il en revint couvert de honte et de risée;
Et la fièvre, au retour, terminant son destin,
Fit par avance en lui ce qu'aurait fait la faim.
Un poëte à la cour fut jadis à la mode;
Mais des fous aujourd'hui c'est le plus incommode :
Et l'esprit le plus beau, l'auteur le plus poli,
N'y parviendra jamais au sort de l'Angéli [7].
Faut-il donc désormais jouer un nouveau rôle?
Dois-je, las d'Apollon, recourir à Barthole?
Et, feuilletant Loüet allongé par Brodeau [8],
D'une robe à longs plis balayer le barreau?
Mais à ce seul penser je sens que je m'égare.
Moi! que j'aille crier dans ce pays barbare,
Où l'on voit tous les jours l'innocence aux abois
Errer dans les détours d'un dédale de lois,
Et, dans ces sombres confus des chicanes énormes,
Ce qui fut blanc au fond rendu noir par les formes,
Où Patru gagne moins qu'Huot et le Mazier,

---

[1] Dans le temple qui est aujourd'hui l'abbaye d'Ainay, à Lyon.

[2] J'ai eu en vue Cassandre, celui qui a traduit la *Rhétorique* d'Aristote.

[3] Du temps que cette satire fut faite, un débiteur insolvable pouvait sortir de prison en faisant cession, c'est-à-dire en souffrant qu'on lui mît en pleine rue un bonnet vert sur la tête.

[4] Procureur très-décrié, qui a été dans la suite condamné à faire amende honorable, et banni à perpétuité.

[1] L'abbé de la Rivière, dans ce temps-là, fut fait évêque de Langres. Il avait été régent dans un collège.

[2] Fameux poëte fort gueux, dont on a encore plusieurs ouvrages.

[3] Célèbre parasite, dont Ménage a écrit la vie.

[4] Le roi, en ce temps-là, à la sollicitation de M. Colbert, donna plusieurs pensions aux gens de lettres.

[5] On a plusieurs ouvrages de lui où il y a beaucoup de génie. Il ne savait pas le latin, et c'était fort pauvre.

[6] Le poëme qu'il y porta était intitulé le *Poëme de la Lune*, et il y louait le roi surtout de savoir bien nager.

[7] Célèbre fou que M. le Prince avait amené avec lui des Pays-Bas, et qu'il donna au roi.

[8] Brodeau a commenté Loüet.

Et dont les Cicérons se font chez Pé-Fournier.[1]
Avant qu'un tel dessein m'entre dans la pensée,
On pourra voir la Seine à la Saint-Jean glacée;
Arnaud à Charenton devenir huguenot,
Saint-Sorlin janséniste, et Saint-Pavin bigot.

    Quittons donc pour jamais une ville importune
Où l'honneur a toujours guerre avec la fortune;
Où le vice orgueilleux s'érige en souverain,
Et va la mitre en tête et la crosse à la main;
Où la science, triste, affreuse, délaissée,
Est partout des bons lieux comme infâme chassée;
Où le seul art en vogue est l'art de bien voler;
Où tout me choque; enfin, où... Je n'ose parler.
Et quel homme si froid ne serait plein de bile
A l'aspect odieux des mœurs de cette ville?
Qui pourrait les souffrir? et qui, pour les blâmer,
Malgré Muse et Phébus n'apprendrait à rimer?

SATIRE I.

Tandis que Colletet, crotté jusqu'à l'échine,
S'en va chercher son pain de cuisine en cuisine.

    Non, non, sur ce sujet pour écrire avec grâce
Il ne faut point monter au sommet du Parnasse;
Et, sans aller rêver dans le double vallon,
La colère suffit, et vaut un Apollon.
    Tout beau, dira quelqu'un, vous entrez en furie.
A quoi bon ces grands mots? doucement; je vous prie:
Ou bien montez en chaire; et là, comme un docteur,
Allez de vos sermons endormir l'auditeur:
C'est là que bien ou mal on a droit de tout dire.
    Ainsi parle un esprit qu'irrite la satire,
Qui contre ses défauts croit être en sûreté
En raillant d'un censeur la triste austérité;
Qui fait l'homme intrépide, et, tremblant de faiblesse,
Attend pour croire en Dieu que la fièvre le presse;
Et, toujours dans l'orage au ciel levant les mains,
Dès que l'air est calmé, rit des faibles humains.
Car de penser alors qu'un Dieu tourne le monde,
Et règle les ressorts de la machine ronde,
Ou qu'il est une vie au delà du trépas,
C'est là, tout haut du moins, ce qu'il n'avouera pas.
    Pour moi, qu'en santé même un autre monde étonne,
Qui crois l'âme immortelle, et que c'est Dieu qui tonne,
Il vaut mieux pour jamais me bannir de ce lieu.
Je me retire donc. Adieu, Paris, adieu.

[1] Célèbre procureur. Il s'appelait Pierre Fournier; mais les gens de palais, pour abréger, l'appelaient Pé-Fournier.

SATIRE II.

A M. DE MOLIÈRE.

Rare et fameux esprit, dont la fertile veine
Ignore en écrivant le travail et la peine;
Pour qui tient Apollon tous ses trésors ouverts,
Et qui sais à quel coin se marquent les bons vers;
Dans les combats d'esprit savant maître d'escrime,
Enseigne-moi, Molière, où tu trouves la rime.
On dirait, quand tu veux, qu'elle te vient chercher:
Jamais au bout du vers on ne te voit broncher;
Et, sans qu'un long détour t'arrête ou t'embarrasse,
A peine as-tu parlé qu'elle-même s'y place.
Mais moi, qu'un vain caprice, une bizarre humeur,
Pour mes péchés, je crois, fit devenir rimeur,
Dans ce rude métier où mon esprit se tue,
En vain, pour la trouver, je travaille et je sue.
Souvent j'ai beau rêver du matin jusqu'au soir;
Quand je veux dire blanc, la quinteuse dit noir;
Si je veux d'un galant dépeindre la figure,
Ma plume pour rimer trouve l'abbé de Pure;
Si je pense exprimer un auteur sans défaut,
La raison dit Virgile, et la rime Quinaut:
Enfin, quoi que je fasse ou que je veuille faire,
La bizarre toujours vient m'offrir le contraire.
De rage quelquefois, ne pouvant la trouver,
Triste, las et confus, je cesse d'y rêver;
Et, maudissant vingt fois le démon qui m'inspire,
Je fais mille serments de ne jamais écrire.
Mais, quand j'ai bien maudit et Muses et Phébus,
Je la vois qui paraît quand je n'y pense plus:
Aussitôt, malgré moi, tout mon feu se rallume;
Je reprends sur-le-champ le papier et la plume,
Et, de mes vains serments perdant le souvenir,
J'attends de vers en vers qu'elle daigne venir.
Encor si pour rimer, dans sa verve indiscrète,
Ma muse au moins souffrait une froide épithète,
Je ferais comme un autre; et, sans chercher si loin,
J'aurais toujours des mots pour les coudre au besoin:
Si je louais Philis EN MIRACLES FÉCONDE,
Je trouverais bientôt, A NULLE AUTRE SECONDE;
Si je voulais vanter un objet NONPAREIL,
Je mettrais à l'instant, PLUS BEAU QUE LE SOLEIL;
Enfin, parlant toujours d'ASTRES et de MERVEILLES,
De CHEFS-D'ŒUVRE DES CIEUX, de BEAUTÉS SANS PAREILLES;
Avec tous ces beaux mots, souvent mis au hasard,
Je pourrais aisément, sans génie et sans art,
Et transposant cent fois et le nom et le verbe,
Dans mes vers recousus mettre en pièces Malherbe.
Mais mon esprit, tremblant sur le choix de ses mots,
N'en dira jamais un, s'il ne tombe à propos,
Et ne saurait souffrir qu'une phrase insipide
Vienne à la fin d'un vers remplir la place vide:
Ainsi, recommençant un ouvrage vingt fois,
Si j'écris quatre mots, j'en effacerai trois.
Maudit soit le premier dont la verve insensée
Dans les bornes d'un vers renferma sa pensée,
Et, donnant à ses mots une étroite prison,
Voulut avec la rime enchaîner la raison!
Sans ce métier fatal au repos de ma vie,
Mes jours pleins de loisir couleraient sans envie:
Je n'aurais qu'à chanter, rire, boire d'autant,
Et, comme un gras chanoine, à mon aise et content,
Passer tranquillement, sans souci, sans affaire,
La nuit à bien dormir, et le jour à bien faire.
Mon cœur exempt de soins, libre de passion,
Sait donner une borne à son ambition;
Et, fuyant des grandeurs la présence importune,
Je ne vais point au Louvre adorer la fortune:
Et je serais heureux si, pour me consumer,
Un destin envieux ne m'avait fait rimer.
    Mais depuis le moment que cette frénésie
De ses noires vapeurs troubla ma fantaisie,
Et qu'un démon jaloux de mon contentement
M'inspira le dessein d'écrire poliment,
Tous les jours, malgré moi, cloué sur un ouvrage,
Retouchant un endroit, effaçant une page,
Enfin passant ma vie en ce triste métier,
J'envie, en écrivant, le sort de Pelletier[1].
    Bienheureux Scuderi[2], dont la fertile plume

[1] Poète du dernier ordre, qui faisait tous les jours un sonnet.
[2] C'est le fameux Scuderi, auteur de beaucoup de romans, et frère de la fameuse mademoiselle de Scuderi.

Peut tous les mois sans peine enfanter-un volume!
Tes écrits, il est vrai, sans art et languissants,
Semblent être formés en dépit du bon sens :
Mais ils trouvent pourtant, quoi qu'on en puisse dire,
Un marchand pour les vendre, et des sots pour les lire.
Et quand la rime enfin se trouve au bout des vers,
Qu'importe que le reste y soit mis de travers?
Malheureux mille fois celui dont la manie
Veut aux règles de l'art asservir son génie!
Un sot, en écrivant, fait tout avec plaisir :
Il n'a point en ses vers l'embarras de choisir;
Et, toujours amoureux de ce qu'il vient d'écrire,
Ravi d'étonnement, en soi-même il s'admire.

SATIRE VI.
L'un me heurte d'un ais dont je suis tout froissé;
Je vois d'un autre coup mon chapeau renversé.

Mais un esprit sublime en vain veut s'élever
A ce degré parfait qu'il tâche de trouver;
Et, toujours mécontent de ce qu'il vient de faire,
Il plaît à tout le monde, et ne saurait se plaire :
Et tel, dont en tous lieux chacun vante l'esprit,
Voudrait pour son repos n'avoir jamais écrit.
    Toi donc, qui vois les maux où ma muse s'abîme,
De grâce, enseigne-moi l'art de trouver la rime :
Ou, puisqu'enfin tes soins y seraient superflus,
Molière, enseigne-moi l'art de ne rimer plus.

SATIRE III.

Quel sujet inconnu vous trouble et vous altère?
D'où vous vient aujourd'hui cet air sombre et sévère,
Et ce visage enfin plus pâle qu'un rentier
A l'aspect d'un arrêt [1] qui retranche un quartier?
Qu'est devenu ce teint dont la couleur fleurie
Semblait d'ortolans seuls et de bisques nourrie,
Où la joie en son lustre attirait les regards,
Et le vin en rubis brillait de toutes parts?
Qui vous a pu plonger dans cette humeur chagrine?
A-t-on par quelque édit réformé la cuisine?
Ou quelque longue pluie inondant vos vallons
A-t-elle fait couler vos vins et vos melons?
Répondez donc enfin, ou bien je me retire.
Ah! de grâce, un moment souffrez que je respire.
Je sors de chez un fat qui, pour m'empoisonner,
Je pense, exprès chez lui m'a forcé de dîner.
Je l'avais bien prévu. Depuis près d'une année,

[1] Le roi, en ce temps-là, avait supprimé un quartier des rentes.

J'éludais tous les jours sa poursuite obstinée.
Mais hier il m'aborde, et me serrant la main :
Ah! monsieur, m'a-t-il dit, je vous attends demain.
N'y manquez pas au moins. J'ai quatorze bouteilles
D'un vin vieux... Boucingo [1] n'en a point de pareilles :
Et je gagerais bien que, chez le commandeur,
Villandri [2] priserait sa séve et sa verdeur.
Molière avec Tartuffe [3] y doit jouer son rôle;
Et Lambert [4], qui plus est, m'a donné sa parole.
C'est tout dire, en un mot, et vous le connaissez.
Quoi! Lambert? Oui, Lambert : à demain. C'est assez.
    Ce matin donc, séduit par sa vaine promesse,
J'y cours, midi sonnant, au sortir de la messe.
A peine étais-je entré, que, ravi de me voir,
Mon homme en m'embrassant m'est venu recevoir :
Et montrant à mes yeux une allégresse entière,
Nous n'avons, m'a-t-il dit, ni Lambert ni Molière;
Mais puisque je vous vois, je me tiens trop content.
Vous êtes un brave homme : entrez; on vous attend.
    A ces mots, mais trop tard, reconnaissant ma faute,
Je le suis en tremblant dans une chambre haute
Où, malgré les volets, le soleil irrité
Formait un poêle ardent au milieu de l'été.
Le couvert était mis dans ce lieu de plaisance,
Où j'ai trouvé d'abord, pour toute connaissance,
Deux nobles campagnards, grands lecteurs de romans,
Qui m'ont dit tout Cyrus [5] dans leurs longs compliments.
J'enrageais. Cependant on apporte un potage.
Un coq y paraissait en pompeux équipage,
Qui, changeant sur ce plat et d'état et de nom,
Par tous les conviés s'est appelé chapon.
Deux assiettes suivaient, dont l'une était ornée
D'une langue en ragoût, de persil couronnée;

SATIRE VIII.
Jamais surintendant ne trouva de cruelles.
L'or même à la laideur donne un teint de beauté.

L'autre, d'un godiveau tout brûlé par dehors,
Dont un beurre gluant inondait tous les bords.
On s'assied : mais d'abord notre troupe serrée
Tenait à peine autour d'une table carrée,
Où chacun, malgré soi, l'un sur l'autre porté,

[1] Fameux marchand de vin.
[2] Homme de qualité qui allait fréquemment dîner chez le commandeur de Souvré.
[3] Le *Tartuffe*, en ce temps-là, avait été défendu, et tout le monde voulait avoir Molière pour le lui entendre réciter.
[4] Lambert, le fameux musicien, était un fort bon homme, qui promettait à tout le monde de venir, mais qui ne venait jamais.
[5] Roman de dix tomes de mademoiselle de Scudéri.

SATIRE V.

A M. LE MARQUIS DE DANGEAU.

La noblesse, Dangeau, n'est pas une chimère,
Quand, sous l'étroite loi d'une vertu sévère,
Un homme issu d'un sang fécond en demi-dieux
Suit, comme toi, la trace où marchaient ses aïeux.
Mais je ne puis souffrir qu'un fat, dont la mollesse
N'a rien pour s'appuyer qu'une vaine noblesse,
Se pare insolemment du mérite d'autrui,
Et me vante un honneur qui ne vient pas de lui.
Je veux que la valeur de ses aïeux antiques
Ait fourni de matière aux plus vieilles chroniques,
Et que l'un des Capets, pour honorer leur nom,
Ait de trois fleurs de lis doté leur écusson :
Que sert ce vain amas d'une inutile gloire,
Si, de tant de héros célèbres dans l'histoire,
Il ne peut rien offrir aux yeux de l'univers
Que de vieux parchemins qu'ont épargnés les vers;
Si, tout sorti qu'il est d'une source divine,
Son cœur dément en lui sa superbe origine,
Et, n'ayant rien de grand qu'une sotte fierté,
S'endort dans une lâche et molle oisiveté?
Cependant, à le voir avec tant d'arrogance
Vanter le faux éclat de sa haute naissance,
On dirait que le ciel est soumis à sa loi,
Et que Dieu l'a pétri d'autre limon que moi.
Enivré de lui-même, il croit, dans sa folie,
Qu'il faut que devant lui d'abord tout s'humilie.
Aujourd'hui toutefois, sans trop le ménager,
Sur le ton un peu haut je vais l'interroger :
Dites-moi, grand héros, esprit rare et sublime,
Entre tant d'animaux, qui sont ceux qu'on estime?
On fait cas d'un coursier qui, fier et plein de cœur,
Fait paraître en courant sa bouillante vigueur;
Qui jamais ne se lasse, et qui dans la carrière
S'est couvert mille fois d'une noble poussière :
Mais la postérité d'Alfane [1] et de Bayard [2],
Quand ce n'est qu'une rosse, est vendue au hasard,
Sans respect des aïeux dont elle est descendue,
Et va porter la malle ou tirer la charrue.
Pourquoi donc voulez-vous que, par un sot abus,
Chacun respecte en vous un honneur qui n'est plus?
Ou ne m'éblouit point d'une apparence vaine :
La vertu d'un cœur noble est la marque certaine.
Si vous êtes sorti de ces héros fameux,
Montrez-nous cette ardeur qu'on vit briller en eux,
Ce zèle pour l'honneur, cette horreur pour le vice.
Respectez-vous les lois? fuyez-vous l'injustice?
Savez-vous pour la gloire oublier le repos,
Et dormir en plein champ le harnais sur le dos?
Je vous connais pour noble à ces illustres marques.
Alors soyez issu des plus fameux monarques,
Venez de mille aïeux; et, si ce n'est assez,
Feuilletez à loisir tous les siècles passés;
Voyez de quel guerrier il vous plaît de descendre;
Choisissez de César, d'Achille, ou d'Alexandre :
En vain un faux censeur voudrait vous démentir;
Et si vous n'en sortez, vous en devez sortir.
Mais, fussiez-vous issu d'Hercule en droite ligne,
Si vous ne faites voir qu'une bassesse indigne,
Ce long amas d'aïeux que vous diffamez tous
Sont autant de témoins qui parlent contre vous;
Et tout ce grand éclat de leur gloire ternie
Ne sert plus que de jour à votre ignominie.
En vain, tout fier d'un sang que vous déshonorez,
Vous dormez à l'abri de ces noms révérés;
En vain vous vous couvrez des vertus de vos pères :
Ce ne sont à mes yeux que de vaines chimères;
Je ne vois rien en vous qu'un lâche, un imposteur,
Un traître, un scélérat, un perfide, un menteur,
Un fou dont les accès vont jusqu'à la furie,
Et d'un tronc fort illustre une branche pourrie.
Je m'emporte peut-être, et ma muse en fureur
Verse dans ses discours trop de fiel et d'aigreur :
Il faut avec les grands un peu de retenue.
Hé bien! je m'adoucis. Votre race est connue.
Depuis quand? répondez. Depuis mille ans entiers;
Et vous pouvez fournir deux fois seize quartiers.
C'est beaucoup. Mais enfin les preuves en sont claires;
Tous les livres sont pleins des titres de vos pères;

Leurs noms sont échappés du naufrage des temps :
Mais qui m'assurera qu'en ce long cercle d'ans
A leurs fameux époux vos aïeules fidèles
Aux douceurs des galants furent toujours rebelles?
Et comment savez-vous si quelque audacieux
N'a point interrompu le cours de vos aïeux,
Et si leur sang tout pur, ainsi que leur noblesse,
Est passé jusqu'à vous de Lucrèce en Lucrèce?
   Que maudit soit le jour où cette vanité
Vint ici de nos mœurs souiller la pureté!
Dans les temps bienheureux du monde en son enfance,
Chacun mettait sa gloire en sa seule innocence,
Chacun vivait content et sous d'égales lois;
Le mérite y faisait la noblesse et les rois;
Et, sans chercher l'appui d'une naissance illustre,
Un héros de soi-même empruntait tout son lustre;
Mais enfin par le temps le mérite avili
Vit l'honneur en roture et le vice anobli;
Et l'orgueil, d'un faux titre appuyant sa faiblesse,
Maîtrisa les humains sous le nom de noblesse.
De là vinrent en foule et marquis et barons :
Chacun pour ses vertus n'offrit plus que des noms.
Aussitôt maint esprit fécond en rêveries
Inventa le blason avec les armoiries;
De ses termes obscurs fit un langage à part;
Composa tous ces mots de Cimier et d'Écart,
De Pal, de Contrepal, de Lambel et de Fasce,
Et tout ce que Segoing [1] dans son Mercure entasse.
Une vaine folie enivrant la raison,
L'honneur triste et honteux ne fut plus de saison.
Alors, pour soutenir son rang et sa naissance,
Il fallut étaler le luxe et la dépense;
Il fallut habiter un superbe palais,
Faire par les couleurs distinguer ses valets;
Et, traînant en tous lieux de pompeux équipages,
Le duc, et le marquis [2], se reconnut aux pages.
   Bientôt, pour subsister, la noblesse sans bien
Trouva l'art d'emprunter et de ne rendre rien;
Et, bravant des sergents la timide cohorte,
Laissa le créancier se morfondre à sa porte.
Mais, pour comble, à la fin le marquis en prison
Sous le faix des procès vit tomber sa maison.
Alors le noble altier, pressé de l'indigence,
Humblement du faquin rechercha l'alliance;
Avec lui trafiquant d'un nom si précieux,
Par un lâche contrat vendit tous ses aïeux;
Et, corrigeant ainsi la fortune ennemie,
Rétablit son honneur à force d'infamie.
   Car, si l'éclat de l'or ne relève le sang,
En vain l'on fait briller la splendeur de son rang;
L'amour de vos aïeux passe en vous pour manie,
Et chacun pour parent vous fuit et vous renie.
Mais quand un homme est riche il vaut toujours son prix :
Et, l'eût-on vu porter la mandille [3] à Paris,
N'eût-il de son vrai nom ni titre ni mémoire,
D'Hozier [4] lui trouvera cent aïeux dans l'histoire.
   Toi donc, qui, de mérite et d'honneurs revêtu,
Des écueils de la cour as sauvé ta vertu,
Dangeau, qui, dans le rang où notre roi t'appelle,
Le vois, toujours orné d'une gloire nouvelle,
Et plus brillant par soi que par l'éclat des lis,
Dédaigner tous ces rois dans la pourpre amollis;
Fuir d'un honteux loisir la douceur importune;
A ses sages conseils asservir la fortune;
Et, de tout son bonheur ne devant rien qu'à soi,
Montre à l'univers ce que c'est qu'être roi :
Si tu veux te couvrir d'un éclat légitime,
Va par mille beaux faits mériter son estime;
Sers un si noble maître; et fais voir qu'aujourd'hui
Ton prince a des sujets qui sont dignes de lui.

SATIRE VI.

Qui frappe l'air, bon Dieu! de ces lugubres cris?
Est-ce donc pour veiller qu'on se couche à Paris?
Et quel fâcheux démon, durant les nuits entières,
Rassemble ici les chats de toutes les gouttières?
J'ai beau sauter du lit, plein de trouble et d'effroi,

---

[1] Auteur qui a fait le *Mercure armorial*.
[2] Tous les gentilshommes considérables, en ce temps-là, avaient des pages.
[3] Petite casaque qu'en ce temps-là portaient les laquais.
[4] Auteur très-savant dans les généalogies.

[1] Cheval du roi Gradasse dans l'Arioste. — [2] Cheval des quatre fils Aymon.

Je pense qu'avec eux tout l'enfer est chez moi :
L'un miaule en grondant comme un tigre en furie ;
L'autre roule sa voix comme un enfant qui crie.
Ce n'est pas tout encor : les souris et les rats
Semblent, pour m'éveiller, s'entendre avec les chats,
Plus importuns pour moi, durant la nuit obscure,
Que jamais, en plein jour, ne fut l'abbé de Pure [1].
  Tout conspire à la fois à troubler mon repos,
Et je me plains ici du moindre de mes maux :
Car à peine les coqs, commençant leur ramage,
Auront de cris aigus frappé le voisinage,
Qu'un affreux serrurier, laborieux Vulcain,
Qu'éveillera bientôt l'ardente soif du gain,
Avec un fer maudit, qu'à grand bruit il apprête,
De cent coups de marteau me va fendre la tête.
J'entends déjà partout les charrettes courir,
Les maçons travailler, les boutiques s'ouvrir :
Tandis que dans les airs mille cloches émues
D'un funèbre concert font retentir les nues ;
Et, se mêlant au bruit de la grêle et des vents,
Pour honorer les morts font mourir les vivants.
  Encor je bénirais la bonté souveraine,
Si le ciel à ces maux avait borné ma peine.
Mais si seul en mon lit je peste avec raison,
C'est encor pis vingt fois en quittant la maison :
En quelque endroit que j'aille, il faut fendre la presse
D'un peuple d'importuns qui fourmillent sans cesse :
L'un me heurte d'un ais dont je suis tout froissé,
Je vois d'un autre coup mon chapeau renversé.
Là d'un enterrement la funèbre ordonnance
D'un pas lugubre et lent vers l'église s'avance ;
Et plus loin des laquais l'un l'autre s'agaçants
Font aboyer les chiens et jurer les passants.
Des paveurs en ce lieu me bouchent le passage.
Là je trouve une croix [2] de funeste présage ;
Et des couvreurs grimpés au toit d'une maison
En font pleuvoir l'ardoise et la tuile à foison.
Là sur une charrette une poutre branlante
Vient menaçant de loin la foule qu'elle augmente ;
Six chevaux attelés à ce fardeau pesant
Ont peine à l'émouvoir sur le pavé glissant ;
D'un carrosse en tournant il accroche une roue,
Et du choc le renverse en un grand tas de boue :
Quand un autre à l'instant s'efforçant de passer
Dans le même embarras se vient embarrasser.
Vingt carrosses bientôt arrivant à la file
Y sont en moins de rien suivis de plus de mille :
Et, pour surcroît de maux, un sort malencontreux
Conduit en cet endroit un grand troupeau de bœufs ;
Chacun prétend passer ; l'un mugit, l'autre jure ;
Des mulets en sonnant augmentent le murmure.
Aussitôt cent chevaux dans la foule appelés
De l'embarras qui croît ferment les défilés,
Et partout des passants enchaînant les brigades
Au milieu de la paix font voir les Barricades ;
On n'entend que des cris poussés confusément :
Dieu pour s'y faire ouïr tonnerait vainement.
Moi donc, qui dois souvent en certain lieu me rendre,
Le jour déjà baissant, et qui suis las d'attendre,
Ne sachant plus tantôt à quel saint me vouer,
Je me mets au hasard de me faire rouer.
Je saute vingt ruisseaux, j'esquive, je me pousse ;
Guenaud [3] sur son cheval en passant m'éclabousse ;
Et, n'osant plus paraître en l'état où je suis,
Sans songe où je vais, je me sauve où je puis.
  Tandis que dans un coin en grondant je m'essuie,
Souvent, pour m'achever, il survient une pluie :
On dirait que le ciel, qui se fond tout en eau,
Veuille inonder ces lieux d'un déluge nouveau.
Pour traverser la rue, au milieu de l'orage,
Un ais sur deux pavés forme un étroit passage ;
Le plus hardi laquais n'y marche qu'en tremblant :
Il faut pourtant passer sur ce pont chancelant ;
Et les nombreux torrents qui tombent des gouttières
Grossissant les ruisseaux en font des rivières.
J'y passe en trébuchant ; mais, malgré l'embarras,
La frayeur de la nuit précipite mes pas.
  Car, sitôt que du soir les ombres pacifiques
D'un double cadenas font fermer les boutiques ;

Que, retiré chez lui, le paisible marchand
Va revoir ses billets et compter son argent ;
Que dans le Marché-Neuf tout est calme et tranquille,
Les voleurs à l'instant s'emparent de la ville [1].
Le bois le plus funeste et le moins fréquenté
Est, au prix de Paris, un lieu de sûreté.
Malheur donc à celui qu'une affaire imprévue
Engage un peu trop tard au détour d'une rue !
Bientôt quatre bandits lui serrant les côtés :
La bourse !... Il faut se rendre ; ou bien non, résistez,
Afin que votre mort, de tragique mémoire,
Des massacres fameux aille grossir l'histoire [2].
Pour moi, fermant ma porte, et cédant au sommeil,
Tous les jours je me couche avecque le soleil.
Mais en ma chambre à peine ai-je éteint la lumière,
Qu'il ne m'est plus permis de fermer la paupière :
Des filous effrontés, d'un coup de pistolet,
Ebranlent ma fenêtre, et percent mon volet :
J'entends crier partout : Au meurtre ! On m'assassine !
Ou : Le feu vient de prendre à la maison voisine !
Tremblant et demi-mort je me lève à ce bruit,
Et souvent sans pourpoint [3] je cours toute la nuit.
Car le feu, dont la flamme en ondes se déploie,
Fait de notre quartier une seconde Troie,
Où maint Grec affamé, maint avide Argien,
Au travers des charbons va piller le Troyen.
Enfin sous mille crocs la maison abîmée
Entraîne aussi le feu, qui se perd en fumée.
  Je me retire donc, encor pâle d'effroi ;
Mais le jour est venu quand je rentre chez moi.
Je fais pour reposer un effort inutile :
Ce n'est qu'à prix d'argent qu'on dort dans cette ville.
Il faudrait, dans l'enclos d'un vaste logement,
Avoir loin de la rue un autre appartement.
Paris est pour un riche un pays de cocagne :
Sans sortir de la ville il trouve la campagne ;
Il peut dans son jardin, tout peuplé d'arbres verts,
Recéler le printemps au milieu des hivers,
Et, foulant le parfum de ses plantes fleuries,
Aller entretenir ses douces rêveries.
  Mais moi, grâce au destin, qui n'ai ni feu ni lieu,
Je me loge où je puis, et comme il plaît à Dieu.

SATIRE VII.

Muse, changeons de style, et quittons la satire ;
C'est un méchant métier que celui de médire ;
A l'auteur qui l'embrasse il est toujours fatal.
Le mal qu'on dit d'autrui ne produit que du mal.
Maint poëte, aveuglé d'une telle manie,
En courant à l'honneur, trouve l'ignominie ;
Et tel mot, pour avoir réjoui le lecteur,
A coûté bien souvent des larmes à l'auteur.
Un éloge ennuyeux, un froid panégyrique,
Peut pourrir à son aise au fond d'une boutique,
Ne craint point du public les jugements divers,
Et n'a pour ennemis que la poudre et les vers.
Mais un auteur malin, qui rit et qui fait rire,
Qu'on blâme en le lisant, et pourtant qu'on veut lire,
Dans ses plaisants accès qui se croit tout permis ;
De ses propres rieurs se fait des ennemis.
Un discours trop sincère aisément nous outrage :
Chacun dans ce miroir pense voir son visage.
Et tel en vous lisant admire chaque trait,
Qui dans le fond de l'âme et vous craint et vous hait.
  Muse, c'est donc en vain que la main vous démange :
S'il faut rimer ici, rimons quelque louange ;
Et cherchons un héros, parmi cet univers,
Digne de notre encens et digne de nos vers.
Mais à ce grand effort en vain je vous anime :
Je ne puis pour louer rencontrer une rime ;
Dès que j'y veux rêver ma veine est aux abois.
J'ai beau frotter mon front, j'ai beau mordre mes doigts,
Je ne puis arracher du creux de ma cervelle
Que des vers plus forcés que ceux de la Pucelle [4].
Je pense être à la gêne ; et, pour un tel dessein,
La plume et le papier résistent à ma main.
Mais quand il faut railler, j'ai ce que je souhaite.

[1] Ennuyeux célèbre.
[2] On faisait pendre alors du toit de toutes les maisons que l'on couvrait, une croix de lattes, pour avertir les passants de s'éloigner. On n'y pend plus maintenant qu'une simple latte.
[3] C'était le plus célèbre médecin de Paris, et il allait toujours à cheval.

[1] On volait beaucoup en ce temps-là dans les rues de Paris
[2] Il y a une histoire intitulée *Histoire des larrons.*
[3] Tout le monde, en ce temps-là, portait des pourpoints.
[4] Poëme héroïque de Chapelain, dont tous les vers semblent faits en dépit de Minerve.

Alors, certes, alors je me connais poëte :
Phébus, dès que je parle, est prêt à m'exaucer ;
Mes mots viennent sans peine, et courent se placer.
Faut-il peindre un fripon fameux dans cette ville ?
Ma main, sans que j'y rêve, écrira Raumaville.
Faut-il d'un sot parfait montrer l'original ?
Ma plume au bout du vers d'abord trouve Sofal :
Je sens que mon esprit travaille de génie.
Faut-il d'un froid rimeur dépeindre la manie ?
Mes vers, comme un torrent, coulent sur le papier ;
Je rencontre à la fois Perrin et Pelletier,
Bonnecorse, Pradon, Colletet, Titreville[1] ;
Et, pour un que je veux, j'en trouve plus de mille.
Aussitôt je triomphe, et ma muse en furie
S'estime et s'applaudit du beau coup qu'elle a fait.
C'est en vain qu'au milieu de ma fureur extrême
Je me fais quelquefois des leçons à moi-même ;
En vain je veux au moins faire grâce à quelqu'un :
Ma plume aurait regret d'en épargner aucun ;
Et, sitôt qu'une fois la verve me domine,
Tout ce qui s'offre à moi passe par l'étamine.
Le mérite pourtant m'est toujours précieux ;
Mais tout fat me déplaît, et me blesse les yeux ;
Je le poursuis partout, comme un chien fait sa proie,
Et ne le sens jamais qu'aussitôt je n'aboie.
Enfin, sans perdre temps en de si vains propos,
Je sais coudre une rime au bout de quelques mots.
Souvent j'habille en vers une maligne prose :
C'est par là que je vaux, si je vaux quelque chose.
Ainsi, soit que bientôt, par une dure loi,
La mort d'un vol affreux vienne fondre sur moi,
Soit que le ciel me garde un cours long et tranquille
A Rome ou dans Paris, aux champs ou dans la ville,
Dût ma muse par là choquer tout l'univers,
Riche, gueux, triste ou gai, je veux faire des vers.
Pauvre esprit, dira-t-on, que je plains ta folie !
Modère ces bouillons de ta mélancolie ;
Et garde qu'un de ceux que tu penses blâmer
N'éteigne dans ton sang cette ardeur de rimer.
Hé quoi ! lorsqu'autrefois Horace, après Lucile,
Exhalait en bons mots les vapeurs de sa bile,
Et, vengeant la vertu par des traits éclatants,
Allait ôter le masque aux vices de son temps,
Ou bien quand Juvénal, de sa mordante plume
Faisant couler des flots de fiel et d'amertume,
Gourmandait en courroux tout le peuple latin ;
L'un ou l'autre fit-il une tragique fin ?
Et que craindre après tout d'une fureur si vaine ?
Personne ne connaît ni mon nom ni ma veine.
On ne voit point mes vers, à l'envi de Montreuil[2],
Grossir impunément les feuillets d'un recueil.
A peine quelquefois je me force à les lire,
Pour plaire à quelque ami que charme la satire,
Qui me flatte peut-être, et, d'un air imposteur,
Rit tout haut de l'ouvrage, et tout bas de l'auteur.
Enfin c'est mon plaisir ; je veux me satisfaire :
Je ne puis bien parler, et ne saurais me taire ;
Et, dès qu'un mot plaisant vient luire à mon esprit,
Je n'ai point de repos qu'il ne soit en écrit :
Je ne résiste point au torrent qui m'entraîne.
Mais c'est assez parlé : prenons un peu d'haleine :
Ma main, pour cette fois, commence à se lasser.
Finissons. Mais demain, Muse, à recommencer.

SATIRE VIII[3].

A MONSIEUR M***, DOCTEUR DE SORBONNE.

De tous les animaux qui s'élèvent dans l'air,
Qui marchent sur la terre ou nagent dans la mer,
De Paris au Pérou, du Japon jusqu'à Rome,
Le plus sot animal, à mon avis, c'est l'homme.
Quoi ! dira-t-on d'abord, un ver, une fourmi,
Un insecte rampant qui ne vit qu'à demi,
Un taureau qui rumine, une chèvre qui broute,
Ont l'esprit mieux tourné que n'a l'homme ? Oui, sans doute.
Ce discours me surprend, Docteur, je l'aperçoi.
L'homme de la nature est le chef et le roi :

[1] Poëtes décriés.
[2] Le nom de Montreuil dominait dans tous les fréquents recueils de poésies choisies qu'on faisait alors.
[3] Cette satire est tout à fait dans le goût de Perse, et marque un philosophe chagrin qui ne peut plus souffrir les vices des hommes.

Bois, prés, champs, animaux, tout est pour son usage,
Et lui seul a, dis-tu, la raison en partage.
Il est vrai, de tout temps la raison fut son lot :
Mais de là je conclus que l'homme est le plus sot.
Ces propos, diras-tu, sont bons dans la satire,
Pour égayer d'abord un lecteur qui veut rire :
Mais il faut les prouver. En forme. J'y consens.
Réponds-moi donc, Docteur, et mets-toi sur les bancs.
Qu'est-ce que la sagesse ? Une égalité d'âme
Que rien ne peut troubler, qu'aucun désir n'enflamme,
Qui marche en ses conseils à pas plus mesurés
Qu'un doyen au palais ne monte les degrés.
Or cette égalité dont se forme le sage,
Qui jamais moins que l'homme en a connu l'usage ?
La fourmi tous les ans traversant les guérets
Grossit ses magasins des trésors de Cérès,
Et dès que l'aquilon, ramenant la froidure,
Vient de ses noirs frimas attrister la nature,
Cet animal, tapi dans son obscurité,
Jouit, l'hiver, des biens conquis durant l'été.
Mais on ne la voit poit, d'une humeur inconstante,
Paresseuse au printemps, en hiver diligente,
Affronter en plein champ les fureurs de janvier,
Ou demeurer oisive au retour du Bélier.
Mais l'homme, sans arrêt dans sa course insensée,
Voltige incessamment de pensée en pensée :
Son cœur, toujours flottant entre mille embarras,
Ne sait ni ce qu'il veut ni ce qu'il ne veut pas.
Ce qu'un jour il abhorre, en l'autre il le souhaite.
Moi ! j'irais épouser une femme coquette !
J'irais, par ma constance aux affronts endurci,
Me mettre au rang des saints qu'a célébrés Bussi[1] !
Assez de sots sans moi feront parler la ville,
Disait le mois passé ce marquis indocile
Qui, depuis quinze jours dans le piége arrêté,
Entre les bons maris pour exemple cité,
Croit que Dieu, tout exprès, d'une côte nouvelle
A tiré pour lui seul une femme fidèle.
Voilà l'homme en effet. Il va du blanc au noir :
Il condamne au matin ses sentiments du soir :
Importun à tout autre, à soi-même incommode,
Il change à tous moments d'esprit comme de mode ;
Il tourne au moindre vent, il tombe au moindre choc,
Aujourd'hui dans un casque et demain dans un froc.
Cependant à le voir, plein de vapeurs légères,
Soi-même se bercer de ses propres chimères,
Lui seul de la nature est la base et l'appui,
Et le dixième ciel ne tourne que pour lui.
De tous les animaux il est, dit-il, le maître.
Qui pourrait le nier ? poursuis-tu. Moi, peut-être.
Mais, sans examiner si vers les antres sourds
L'ours a peur du passant ou le passant de l'ours,
Et si, sur un édit des pâtres de Nubie,
Les lions de Barca videraient la Libye ;
Ce maître prétendu qui leur donne des lois,
Ce roi des animaux, combien a-t-il de rois !
L'ambition, l'amour, l'avarice, la haine,
Tiennent comme un forçat son esprit à la chaîne.
Le sommeil sur ses yeux commence à s'épancher :
Debout, dit l'avarice, il est temps de marcher.
Hé ! laissez-moi. Debout ! Un moment. Tu répliques !
A peine le soleil fait ouvrir les boutiques.
N'importe, lève-toi. Pourquoi faire après tout ?
Pour courir l'Océan de l'un à l'autre bout,
Chercher jusqu'au Japon la porcelaine et l'ambre,
Rapporter de Goa[2] le poivre et le gingembre.
Mais j'ai des biens en foule, et je puis m'en passer.
On n'en peut trop avoir ; et pour en amasser
Il ne faut épargner ni crime ni parjure ;
Il faut souffrir la faim et coucher sur la dure ;
Eût-on plus de trésors qu'en n'en perdit Galet[3],
N'avoir en sa maison ni meubles ni valet,
Parmi des tas de blé vivre de seigle et d'orge,
De peur de perdre un liard, souffrir qu'on vous égorge.
Et pourquoi cette épargne enfin ? L'ignores-tu ?
Afin qu'un héritier, bien nourri, bien vêtu,
Profitant d'un trésor en tes mains inutile,
De son train quelque jour embarrasse la ville.
Que faire ? Il faut partir : les matelots sont prêts.
Ou, si pour l'entraîner l'argent manque d'attraits,

[1] Bussi, dans son *Histoire galante*, raconte beaucoup de galanteries très-criminelles des dames mariées de la cour.
[2] Ville des Portugais dans les Indes orientales.
[3] Fameux joueur dont il est fait mention dans Regnier.

Bientôt l'ambition et toute son escorte
Dans le sein du repos vient le prendre à main-forte,
L'envoie en furieux, au milieu des hasards,
Se faire estropier sur les pas des Césars;
Et, cherchant sur la brèche une mort indiscrète,
De sa folle valeur embellir la gazette.
  Tout beau, dira quelqu'un, raillez plus à propos;
Ce vice fut toujours la vertu des héros.
Quoi donc! à votre avis, fut-ce un fou qu'Alexandre?
Qui? cet écervelé qui mit l'Asie en cendre?
Ce fougueux l'Angéli [1], qui, de sang altéré,
Maître du monde entier, s'y trouvait trop serré?
L'enragé qu'il était, né roi d'une province
Qu'il pouvait gouverner en bon et sage prince,
S'en alla follement, et pensant être dieu,
Courir comme un bandit qui n'a ni feu ni lieu;
Et, traînant avec soi les horreurs de la guerre,
De sa vaste folie emplir toute la terre!
Heureux, si de son temps, pour cent bonnes raisons,
La Macédoine eût eu des Petites-Maisons [2],
Et qu'un sage tuteur l'eût en cette demeure,
Par avis de parent, enfermé de bonne heure!
  Mais sans nous égarer dans ces digressions,
Traiter, comme Senaut, toutes les passions,
Et, les distribuant par classes et par titres,
Dogmatiser en vers et rimer par chapitres,
Laissons-en discourir la Chambre et Coeffeteau [3];
Et voyons l'homme enfin par l'endroit le plus beau.
  Lui seul, vivant, dit-on, dans l'enceinte des villes,
Fait voir d'honnêtes mœurs, des coutumes civiles,
Se fait des gouverneurs, des magistrats, des rois,
Observe une police, obéit à des lois.
  Il est vrai. Mais pourtant sans lois et sans police,
Sans craindre archers, prévôt ni suppôt de justice,
Voit-on les loups brigands, comme nous inhumains,
Pour détrousser les loups courir les grands chemins?
Jamais, pour s'agrandir, vit-on dans sa manie
Un tigre en factions partager l'Hyrcanie [4]?
L'ours a-t-il dans les bois la guerre avec les ours?
Le vautour dans les airs fond-il sur les vautours?
A-t-on vu quelquefois dans les plaines d'Afrique,
Déchirant à l'envi leur propre république,
« Lions contre lions, parents contre parents,
» Combattre follement pour le choix des tyrans [5]? »
L'animal le plus fier qu'enfante la nature
Dans un autre animal respecte sa figure;
De sa rage avec lui modère les accès;
Vit sans bruit, sans débats, sans noise, sans procès.
Un aigle, sur un champ prétendant droit d'aubaine [6],
Ne fait point appeler un aigle à la huitaine;
Jamais contre un renard chicanant un poulet
Un renard de son sac n'alla charger Rolet;
Jamais la biche en rut n'a, pour fait d'impuissance,
Traîné du fond des bois un cerf à l'audience;
Et jamais juge entre eux ordonnant le congrès [7],
De ce burlesque mot n'a sali ses arrêts.
On ne connaît chez eux ni placets ni requêtes,
Ni haut ni bas conseil, ni chambre des enquêtes.
Chacun l'un avec l'autre en toute sûreté
Vit sous les pures lois de la simple équité.
L'homme seul, l'homme seul, en sa fureur extrême,
Met un brutal honneur à s'égorger soi-même.
C'était peu que sa main, conduite par l'enfer,
Eût pétri le salpêtre, eût aiguisé le fer;
Il fallait que sa rage, à l'univers funeste,
Allât encor de lois embrouiller un digeste,
Cherchât pour l'obscurcir des gloses, des docteurs,
Accablât l'équité sous des monceaux d'auteurs,
Et pour comble de maux apportât dans la France
Des harangueurs du temps l'ennuyeuse éloquence.
  Doucement, diras-tu : que sert de s'emporter?
L'homme a ses passions, on n'en saurait douter;
Il a comme la mer ses flots et ses caprices :

[1] Il en est parlé dans la première satire.
[2] C'est un hôpital de Paris, où l'on enferme les fous.
[3] Senaut, la Chambre et Coeffeteau ont tous trois fait chacun un traité des passions.
[4] Province de Perse sur les bords de la mer Caspienne.
[5] Parodie. Il y a dans *Cinna* :
   Romains contre Romains, etc.
[6] C'est un droit qu'a le roi de succéder aux biens des étrangers qui meurent en France, et qui n'y sont point naturalisés.
[7] Cet usage fut aboli sur le plaidoyer de M. le président de Lamoignon, alors avocat général.

Mais ses moindres vertus balancent tous ses vices.
N'est-ce pas l'homme enfin dont l'art audacieux
Dans le tour d'un compas a mesuré les cieux?
Dont la vaste science, embrassant toutes choses,
A fouillé la nature, en a percé les causes?
Les animaux ont-ils des universités?
Voit-on fleurir chez eux des quatre facultés?
Y voit-on des savants, en droit, en médecine.
Endosser l'écarlate et se fourrer d'hermine?
  Non, sans doute; et jamais chez eux un médecin
N'empoisonna les bois de son art assassin;
Jamais docteur armé d'un argument frivole
Ne s'enroua chez eux sur les bancs d'une école.
Mais, sans chercher au fond si notre esprit déçu
Sait rien de ce qu'il sait, s'il a jamais rien su,
Toi même réponds-moi : Dans le siècle où nous sommes,
Est-ce au poil du savoir qu'on mesure les hommes,
  Veux-tu voir tous les grands à ta porte courir?
Dit un père à son fils dont le poil va fleurir;
Prends-moi le bon parti : laisse là tous les livres.
Cent francs au denier cinq combien font-ils? Vingt livres.
C'est bien dit. Va, tu sais tout ce qu'il faut savoir.
Que de biens, que d'honneurs sur toi s'en vont pleuvoir!
Exerce-toi, mon fils, dans ces hautes sciences;
Prends, au lieu d'un Platon, le Guidon des finances [2] :
Sache quelle province enrichit les traitants;
Combien le sel au roi peut fournir tous les ans.
Endurcis-toi le cœur : sois arabe, corsaire,
Injuste, violent, sans foi, double, faussaire.
Ne va point sottement faire le généreux :
Engraisse-toi, mon fils, du suc des malheureux;
Et, trompant de Colbert la prudence importune,
Va par tes cruautés mériter la fortune.
Aussitôt tu verras poëtes, orateurs,
Rhéteurs, grammairiens, astronomes, docteurs,
Dégrader tes héros pour te mettre en leurs places,
De tes titres pompeux enfler leurs dédicaces,
Te prouver à toi-même, en grec, hébreu, latin,
Que tu sais de leur art et le fort et le fin.
Quiconque est riche est tout : sans sagesse il est sage,
Il a, sans rien savoir, la science en partage,
Il a l'esprit, le cœur, le mérite, le rang,
La vertu, la valeur, la dignité, le sang;
Il est aimé des grands, il est chéri des belles:
Jamais surintendant ne trouva de cruelles.
L'or même à la laideur donne un teint de beauté :
Mais tout devient affreux avec la pauvreté.
  C'est ainsi qu'à son fils un usurier habile
Trace vers la richesse une route facile :
Et souvent tel y vient, qui sait, pour tout secret,
Cinq et quatre font neuf, ôtez deux, reste sept.
  Après cela, Docteur, va pâlir sur la Bible;
Va marquer les écueils de cette mer terrible;
Perce la sainte horreur de ce livre divin;
Confonds dans un ouvrage et Luther et Calvin;
Débrouille des vieux temps les querelles célèbres,
Éclaircis des rabbins les visions ténèbres,
Afin qu'en ta vieillesse un livre en maroquin
Aille offrir son travail à quelque ... figuin,
Qui, pour digne loyer de la Bible éclaircie,
Te paye en l'acceptant d'un : « Je vous remercie. »
Ou, si ton cœur aspire à des honneurs plus grands,
Quitte là le bonnet, la Sorbonne et les bancs;
Et, prenant désormais un emploi salutaire,
Mets-toi chez un banquier, ou bien chez un notaire :
Laisse là saint Thomas s'accorder avec Scot,
Et conclus avec moi qu'un docteur n'est qu'un sot.
  Un docteur! diras-tu. Parlez de vous, poëte :
C'est pousser un peu loin votre muse indiscrète.
Mais, sans perdre en discours le temps hors de saison,
L'homme, veux-tu savoir au fait, n'a-t-il pas la raison?
N'est-ce pas son flambeau, son pilote fidèle?
Oui. Mais de quoi lui sert que sa voix le rappelle,
Si sur la foi des vents, tout prêt à s'embarquer,
Il ne voit point d'écueil qu'il ne l'aille choquer?
Et que sert à Cotin [3] la raison qui lui crie :
N'écris plus, guéris-toi d'une vaine furie;
Si tous ces vains conseils, loin de la réprimer,

[1] L'université est composée de quatre facultés, qui sont les arts, la théologie, le droit, et la médecine. Les docteurs portent, dans les jours de cérémonie, des robes rouges fourrées d'hermine.
[2] Livre qui traite des finances.
[3] Il avait écrit contre moi et contre Molière, ce qui donna occasion à Molière de faire les Femmes savantes et d'y tourner Cotin en ridicule.

Ne font qu'accroître en lui la fureur de rimer?
Tous les jours de ses vers, qu'à grand bruit il récite,
Il met chez lui voisins, parents, amis, en fuite.
Car lorsque son démon commence à l'agiter,
Tout, jusqu'à sa servante, est prêt à déserter.
Un âne, pour le moins, instruit par la nature,
A l'instinct qui le guide obéit sans murmure;
Ne va point follement de sa bizarre voix
Défier aux chansons les oiseaux dans les bois :
Sans avoir 'r ··· ··· ·· marche sur sa route.
L'homme seul, qu'elle éclaire, en plein jour ne voit goutte,
Réglé par ses avis, fait tout à contre-temps,
Et dans tout ce qu'il fait n'a ni raison ni sens :

L'ABBÉ COTIN.
Car lorsque son démon commence à l'agiter,
Tout, jusqu'à sa servante, est prêt à déserter.

Tout lui plaît et déplaît, tout le choque et l'oblige;
Sans raison il est gai, sans raison il s'afflige;
Son esprit au hasard aime, évite, poursuit,
Défait, refait, augmente, ôte, élève, détruit.
Et voit-on, comme lui, les ours ni les panthères
S'effrayer sottement de leurs propres chimères;
Plus de douze attroupés craindre le nombre impair;
Ou croire qu'un corbeau [1] les menace dans l'air?
Jamais l'homme, dis-moi, vit-il la bête folle
Sacrifier à l'homme, adorer son idole,
Lui venir, comme au dieu des saisons et des vents,
Demander à genoux la pluie ou le beau temps?
Non. Mais cent fois la bête a vu l'homme hypocondre
Adorer le métal que lui-même il fit fondre;
A vu dans un pays les timides mortels
Trembler aux pieds d'un singe assis sur leurs autels;
Et sur les bords du Nil les peuples imbéciles,
L'encensoir à la main, chercher les crocodiles.
   Mais pourquoi, diras-tu, cet exemple odieux?
Que peut servir ici l'Égypte et ses faux dieux?
Quoi! me prouverez-vous par ce discours profane
Que l'homme, qu'un docteur, est au-dessous d'un âne?
Un âne, le jouet de tous les animaux,
Un stupide animal, sujet à mille maux;
Dont le nom seul en soi comprend une bête!
Oui, d'un âne : et qu'a-t-il qui nous excite à rire?
Nous nous moquons de lui : mais s'il pouvait un jour,

[1] Bien des gens croient que lorsqu'on se trouve treize à table, il y a toujours dans l'année un des treize qui meurt, et qu'un corbeau aperçu dans l'air présage quelque chose de sinistre.

Docteur, sur nos défauts s'exprimer à son tour;
Si, pour nous réformer, le ciel prudent et sage
De la parole enfin lui permettait l'usage;
Qu'il pût dire tout haut ce qu'il se dit tout bas,
Ah! Docteur, entre nous, que ne dirait-il pas!
Et que peut-il penser lorsque dans une rue
Au milieu de Paris il promène sa vue;
Qu'il voit de toutes parts les hommes bigarrés,
Les uns gris, les uns noirs, les autres chamarrés?
Que dit-il quand il voit, avec la mort en trousse,
Courir chez un malade un assassin en housse;
Qu'il trouve de pédants un escadron fourré,
Suivi par un recteur de bedeaux entouré;
Ou qu'il voit la justice, en grosse compagnie,
Mener tuer un homme avec cérémonie?
Que pense-t-il de nous lorsque sur le midi
Un hasard au palais le conduit un jeudi [1];
Lorsqu'il entend de loin, d'une gueule infernale,
La chicane en fureur mugir dans la grand'salle?
Que dit-il quand il voit les juges, les huissiers,
Les clercs, les procureurs, les sergents, les greffiers?
Oh! que si l'âne alors, à bon droit misanthrope,
Pouvait trouver la voix qu'il eut au temps d'Ésope,
De tous côtés, Docteur, voyant les hommes fous,
Qu'il dirait de bon cœur, sans en être jaloux,
Content de ses chardons, et secouant la tête,
Ma foi, non plus que nous l'homme n'est qu'une bête!

SATIRE IX[2].

C'est à vous, mon esprit, à qui je veux parler.
Vous avez des défauts que je ne puis celer :

SATIRE IX.
C'est un homme d'honneur, de piété profonde,
Et qui veut rendre à Dieu ce qu'il a pris au monde.

Assez et trop longtemps ma lâche complaisance
De vos jeux criminels a nourri l'insolence;
Mais, puisque vous poussez ma patience à bout,
Une fois en ma vie il faut vous dire tout.
   On croirait, à vous voir dans vos libres caprices
Discourir en Caton des vertus et des vices,
Décider du mérite et du prix des auteurs,
Et faire impunément la leçon aux docteurs,

[1] C'est le jour des grandes audiences.
[2] Cette satire est entièrement dans le goût d'Horace, et d'un homme qui se fait son procès à soi-même pour le faire à tous les autres.

Paris. —Typographie Walder, rue Bonaparte, 44.

Qu'étant seul à couvert des traits de la satire
Vous avez tout pouvoir de parler et d'écrire.
Mais moi, qui dans le fond sais bien ce que j'en crois,
Qui compte tous les jours vos défauts par mes doigts,
Je ris quand je vous vois, si faible et si stérile,
Prendre sur vous le soin de réformer la ville,
Dans vos discours chagrins plus aigre et plus mordant
Qu'une femme en furie, ou Gautier [3] en plaidant.
Mais répondez un peu. Quelle verve indiscrète
Sans l'aveu des neuf sœurs vous a rendu poète?
Sentiez-vous, dites-moi, ces violents transports
Qui d'un esprit divin font mouvoir les ressorts
Qui vous a pu souffler une si folle audace?
Phébus a-t-il pour vous aplani le Parnasse?
Et ne savez-vous pas que, sur ce mont sacré,

Qui ne vole au sommet tombe au plus bas degré;
Et qu'à moins d'être au rang d'Horace ou de Voiture
On rampe dans la fange avec l'abbé de Pure?
Que si tous mes efforts ne peuvent réprimer
Cet ascendant malin qui vous force à rimer,
Sans perdre en vains discours tout le fruit de vos veilles,
Osez chanter du roi les augustes merveilles,
Là, mettant à profit vos caprices divers,
Vous verriez tous les ans fructifier vos vers;
Et par l'espoir du gain votre muse animée
Vendrait au poids de l'or une once de fumée.
Mais en vain, dites-vous, je pense vous tenter
Par l'éclat d'un fardeau trop pesant à porter :
Tout chantre ne peut pas, sur le ton d'un Orphée,
Entonner en grands vers la Discorde étouffée;

SATIRE X.

Bannis toi, tout chez toi raconte un doux accueil;
L'un est payé d'un mot, et l'autre d'un coup d'œil.

Peindre Bellone en feu tonnant de toutes parts,
Et le Belge effrayé fuyant sur ses remparts [2].
Sur un ton si hardi, sans être téméraire,
Racan pourrait chanter au défaut d'un Homère;
Mais pour Cotin et moi, qui rimons au hasard,
Que l'amour de blâmer fit poëtes par art,
Quoiqu'un tas de grimauds vante notre éloquence,
Le plus sûr est pour nous de garder le silence.
Un poëme insipide et sottement flatteur
Déshonore à la fois le héros et l'auteur :
Enfin de tels projets passent notre faiblesse.
    Ainsi parle un esprit languissant de mollesse,
Qui, sous l'humble dehors d'un respect affecté,
Cache le noir venin de sa malignité.
Mais, dussiez-vous en l'air voir vos ailes fondues,
Ne vaut-il pas mieux vous perdre dans les nues
Que d'aller sans raison, d'un style peu chrétien,
Faire insulte en rimant à qui ne vous dit rien,
Et du bruit dangereux d'un livre téméraire
A vos propres périls enrichir le libraire?
    Vous vous flattez peut-être, en votre vanité,
D'aller comme un Horace à l'immortalité :
Et déjà vous croyez dans vos rimes obscures
Aux Saumaises [3] futurs préparer des tortures.

[1] Avocat célèbre et très-mordant.
[2] Cette satire a été faite dans le temps que le roi prit Lille, en Flandre et
plusieurs autres villes.
[3] Saumaise célèbre commentateur.

Mais combien d'écrivains d'abord si bien reçus,
Sont de ce fol espoir honteusement déçus!
Combien, pour quelques mois, ont vu leur livre,
Dont les vers en paquet se vendaient à la livre!
Vous pourrez voir, un temps, vos écrits estimés
Courir de main en main par la ville semés;
Puis de là, tout poudreux, ignorés sur la terre,
Suivre chez l'épicier Neuf-Germain [1] et la Serre [2],
Ou, de trente feuillets réduits peut-être à neuf,
Prenez, demi-mangés, les romans du Pont-Neuf [3].
Le bel honneur pour vous, en voyant vos ouvrages
Occuper le loisir des laquais et des pages,
Et souvent dans un coin renvoyés à l'écart
Servir de second tome aux airs du Savoyard [4]!!
    Mais je veux que le sort, par un heureux caprice,
Fasse de vos écrits prospérer la malice,
Et qu'enfin votre livre aille, au gré de vos vœux,
Faire siffler Cotin chez nos derniers neveux :
Que vous sert-il qu'un jour l'avenir vous estime,
Si vos vous aujourd'hui vous tiennent lieu de crime,
Et ne produisent rien, pour fruit de tant leurs morts,
Que l'effroi du public et la haine des sots?
Quel démon vous invite et vous pousse à médire?
Un livre vous déplaît : qui vous force à le lire?
Laissez mourir un fol dans son obscurité :

[1] Poëte extravagant. — [2] Auteur peu estimé.
[3] Où l'on vend d'ordinaire les livres de rebut.
[4] Fameux chantre du Pont-Neuf, dont on vante encore les chansons.

Un auteur ne peut-il pourrir en sûreté ?
Le Jonas inconnu sèche dans la poussière ;
Le David imprimé n'a point vu la lumière ;
Le Moïse [1] commence à moisir par les bords.
Quel mal cela fait-il ? Ceux qui sont morts sont morts :
Le tombeau contre vous ne peut-il les défendre ?
Et qu'ont fait tant d'auteurs, pour remuer leur cendre ?
Que vous ont fait Perrin, Bardin, Pradon, Hainaut,
Colletet, Pelletier, Titreville, Quinaut,
Dont les noms en cent lieux, placés comme en leurs niches,
Vont de vos vers malins remplir les hémistiches ?
Ce qu'ils font vous ennuie. O le plaisant détour !
Ils ont bien ennuyé le roi, toute la cour,
Sans que le moindre édit ait pour punir leur crime
Retranché les auteurs ou supprimé la rime.
Écrive qui voudra. Chacun à ce métier
Peut perdre impunément de l'encre et du papier.
Un roman, sans blesser les lois ni la coutume,
Peut conduire un héros au dixième volume [2].
De là vient que Paris voit chez lui de tout temps
Les auteurs à grands flots déborder tous les ans ;
Et n'a point de portail où, jusques aux corniches,
Tous les piliers ne soient enveloppés d'affiches.
Vous seul, plus dégoûté, sans pouvoir et sans nom,
Viendrez régler les droits et l'État d'Apollon [1].
    Mais vous qui raffinez sur les écrits des autres,
De quel œil pensez-vous qu'on regarde les vôtres ?
Il n'est rien en ce temps à couvert de vos coups :
Mais savez-vous aussi comme on parle de vous ?
    Gardez-vous, dira l'un, de cet esprit critique :
On ne sait bien souvent quelle mouche le pique.
Mais c'est un jeune fou qui se croit tout permis,
Et qui pour un bon mot va perdre vingt amis.
Il ne pardonne pas aux vers de la Pucelle,
Et croit régler le monde au gré de sa cervelle.
Jamais dans le barreau trouva-t-il rien de bon ?
Peut-on si bien prêcher qu'il ne dorme au sermon ?
Mais lui, qui fait ici le régent du Parnasse,
N'est qu'un gueux revêtu des dépouilles d'Horace [3].
Avant lui Juvénal avait dit en latin
Qu'on est assis à l'aise aux sermons de Cotin.
L'un et l'autre, avant lui s'étaient plaints de la rime.
Et c'est aussi sur eux qu'il rejette son crime :
Il cherche à se couvrir de ces noms glorieux.
J'ai peu lu ces auteurs : mais tout n'irait que mieux
Quand de ces médisants l'engeance tout entière
Irait la tête en bas rimer dans la rivière.
    Voilà comme on vous traite : et le monde effrayé
Vous regarde déjà comme un homme noyé.
En vain quelque rieur, prenant votre défense,
Veut faire au moins, de grâce, adoucir la sentence :
Rien n'apaise un lecteur toujours tremblant d'effroi,
Qui voit peindre en autrui ce qu'il remarque en soi.
    Vous ferez-vous toujours des affaires nouvelles ?
Et faudra-t-il sans cesse essuyer des querelles ?
N'entendrai-je qu'auteurs se plaindre et murmurer ?
Jusqu'à quand vos fureurs doivent-elles durer ?
Répondez, mon esprit ; ce n'est plus raillerie :
Dites... Mais, direz-vous, pourquoi cette furie ?
Quoi ! pour un maigre auteur que je glose en passant,
Est-ce un crime, après tout, et si noir et si grand ?
Et qui, voyant un fat s'applaudir d'un ouvrage
Où la droite raison trébuche à chaque page,
Ne s'écrie aussitôt : L'impertinent auteur !
L'ennuyeux écrivain ! Le maudit traducteur !
A quoi bon mettre au jour tous ces discours frivoles,
Et ces riens enfermés dans de grandes paroles ?
Est-ce donc là médire ou parler franchement ?
Non, non, la médisance y va plus doucement.
Si l'on vient à chercher pour quel secret mystère
Alidor à ses frais bâtit un monastère :
Alidor ! dit un fourbe, il est de mes amis :
Je l'ai connu laquais avant qu'il fût commis :
C'est un homme d'honneur, de piété profonde,
Et qui veut rendre à Dieu ce qu'il a pris au monde.
    Voilà jouer d'adresse et médire avec art ;
Et c'est avec respect enfoncer le poignard.
Un esprit né sans fard, sans basse complaisance,

Fuit ce ton radouci que prend la médisance.
Mais de blâmer des vers ou durs ou languissants,
De choquer un auteur qui choque le bon sens,
De railler un plaisant qui ne sait pas nous plaire,
C'est ce que tout lecteur eut toujours droit de faire.
Tous les jours à la cour un sot de qualité
Peut juger de travers avec impunité ;
A Malherbe, à Racan, préférer Théophile,
Et le clinquant du Tasse à tout l'or de Virgile [1].
    Un clerc, pour quinze sous, sans craindre le holà,
Peut aller au parterre attaquer Attila ;
Et, si le roi des Huns ne lui charme l'oreille,
Traiter de visigoths tous les vers de Corneille.
    Il n'est valet d'auteur, ni copiste, à Paris,
Qui, la balance en main, ne pèse les écrits.
Dès que l'impression fait éclore un poëte,
Il est esclave né de quiconque l'achète :
Il se soumet lui-même aux caprices d'autrui,
Et ses écrits tout seuls doivent parler pour lui.
Un auteur à genoux, dans une humble préface,
Au lecteur qu'il ennuie a beau demander grâce ;
Il ne gagnera rien sur ce juge irrité
Qui lui fait son procès de pleine autorité.
    Et je serai le seul qui ne pourrai rien dire !
On sera ridicule, et je n'oserai rire !
Et qu'ont produit mes vers de si pernicieux,
Pour armer contre moi tant d'auteurs furieux ?
Loin de les décrier, je les ai fait paraître ;
Et souvent, sans ces vers qui les ont fait connaître,
Leur talent dans l'oubli demeurant caché ;
Et qui saurait sans moi que Cotin a prêché ?
La satire ne sert qu'à rendre un fat illustre :
C'est une ombre au tableau, qui lui donne du lustre.
En les blâmant enfin j'ai dit ce que j'en crois ;
Et tel qui m'en reprend en pense autant que moi.
    Il a tort, dira l'un ; pourquoi faut-il qu'il nomme ?
Attaquer Chapelain ! ah ! c'est un si bon homme !
Balzac en fait l'éloge en cent endroits divers.
Il est vrai, s'il m'eût cru, qu'il n'eût point fait de vers.
Il se tue à rimer : que n'écrit-il en prose ?
Voilà ce que l'on dit. Que dis-je autre chose ?
En blâmant ses écrits, ai-je d'un style affreux
Distillé sur sa vie un venin dangereux ?
Ma muse, en l'attaquant, charitable et discrète,
Sait de l'homme d'honneur distinguer le poëte.
Qu'on vante en lui la foi, l'honneur, la probité,
Qu'on prise sa candeur et sa civilité ;
Qu'il soit doux, complaisant, officieux, sincère :
On le veut, j'y souscris, et suis prêt à me taire.
Mais que pour un modèle on montre ses écrits ;
Qu'il soit le mieux renté [2] de tous les beaux esprits ;
Comme roi des auteurs qu'on l'élève à l'empire ;
Ma bile alors s'échauffe, et je brûle d'écrire ;
Et, s'il ne m'est permis de le dire au papier,
J'irai creuser la terre, et, comme un roseau léger,
Faire dire aux roseaux par un nouvel organe :
Midas, le roi Midas a des oreilles d'âne.
Quel tort lui fais-je enfin ? Ai-je par un écrit
Pétrifié sa veine et glacé son esprit ?
Quand un libraire au palais se vend et se débite,
Que chacun par ses yeux juge de son mérite,
Que Bilaine [3] l'étale au milieu du palais,
Le dégoût d'un censeur peut-il le décrier ?
En vain contre le Cid un ministre se ligue [4] :
Tout Paris pour Chimène a les yeux de Rodrigue.
L'académie en corps a beau le censurer ;
Le public révolté s'obstine à l'admirer.
Mais lorsque Chapelain met une œuvre en lumière,
Chaque lecteur d'abord lui devient un Linière [5].
En vain il a reçu l'encens de mille auteurs,
Son livre en paraissant dément tous ses flatteurs.
Ainsi, sans m'accuser, quand tout Paris le joue,
Qu'il s'en prenne à ses vers, que Phébus désavoue,
Qu'il s'en prenne à sa muse allemande en françois.
Mais laissons Chapelain pour la dernière fois.
    La satire, dit-on, est un métier funeste,
Qui plaît à quelques gens, et choque tout le reste.
La suite en est à craindre : en ce hardi métier
La peur plus d'une fois fit repentir Regnier.
Quittez ces vains plaisirs dont l'appât vous abuse :

---

[1] Ces trois poëmes avaient été faits, le Jonas par Coras, le David par Las-Fargues, et le Moïse par Saint-Amand.
[2] Les romans de Cyrus, de Clélie et de Pharamond, sont chacun de dix volumes.
[3] Saint-Pavin reprochait à l'auteur qu'il n'était riche que des dépouilles d'Horace, de Juvénal et de Regnier.

---

[1] Un homme de qualité fit un jour ce beau jugement en ma présence.
[2] Chapelain avait de divers endroits 8000 livres de pension.
[3] Libraire du palais. — Voy. l'Histoire de l'Académie, par Pellisson.
[4] Auteur qui a écrit contre Chapelain.

A de plus doux emplois occupez votre muse ;
Et laissez à Feuillet [1] réformer l'univers.
   Et sur quoi donc faut-il que s'exercent mes vers ?
Irai-je dans une ode, en phrases de Malherbe,
Troubler dans ses roseaux le Danube superbe ;
Délivrer de Sion le peuple gémissant ;
Faire trembler Memphis ou pâlir le Croissant,
Et, passant du Jourdain les ondes alarmées,
Cueillir mal à propos des palmes idumées ?
Viendrai-je, en une églogue, entouré de troupeaux,
Au milieu de Paris enfler mes chalumeaux,
Et, mon chien à ses pieds assis au pied des hêtres,
Faire dire aux échos des sottises champêtres ?
Faudra-t-il de sang-froid, et sans être amoureux,
Pour quelque Iris en l'air faire le langoureux ;
Lui prodiguer les noms de Soleil et d'Aurore,
Et toujours bien mangeant mourir par métaphore ?
Je laisse aux doucereux ce langage affété,
Où s'endort un esprit de mollesse hébété.
   La satire, en leçons, en nouveautés fertile,
Sait seule assaisonner le plaisant et l'utile,
Et, d'un vers qu'elle épure aux rayons du bon sens,
Détromper les esprits des erreurs de leur temps.
Elle seule, bravant l'orgueil et l'injustice,
Va jusque sous le dais faire pâlir le vice ;
Et souvent sans rien craindre, à l'aide d'un bon mot,
Va venger la raison des attentats d'un sot.
C'est ainsi que Lucile [2], appuyé de Lélie [3],
Fit justice en son temps des Cotins d'Italie,
Et qu'Horace, jetant le sel à pleines mains,
Se jouait aux dépens des Pelletiers romains.
C'est elle qui, m'ouvrant le chemin qu'il faut suivre,
M'inspira dès quinze ans la haine d'un sot livre ;
Et sur ce mont fameux où j'osai te chercher
Fortifia mes pas et m'apprit à marcher.
C'est pour elle, en un mot, que j'ai fait vœu d'écrire.
   Toutefois, s'il le faut, je veux bien m'en dédire,
Et, pour calmer enfin tous ces flots d'ennemis,
Réparer en mes vers les maux qu'ils ont commis.
Puisque vous le voulez, je vais changer de style.
Je le déclare donc : Quinault est un Virgile ;
Pradon comme un soleil en nos ans a paru ;
Pelletier écrit mieux qu'Ablancourt ni Patru ;
Cotin, à ses sermons traînant toute la terre,
Fend les flots d'auditeurs pour aller à sa chaire ;
Sofal [4] et le phénix des esprits relevés ;
Perrin [4]... Bon, mon esprit ! courage ! poursuivez !
Mais ne voyez-vous pas que leur troupe en furie
Va prendre encor ces vers pour une raillerie ?
Et Dieu sait aussitôt que d'auteurs en courroux,
Que de rimeurs blessés s'en vont fondre sur vous !
Vous les verrez bientôt, féconds en impostures,
Amasser contre vous des volumes d'injures,
Traiter en vos écrits chaque vers d'attentat,
Et d'un mot innocent faire un crime d'État [5].
Vous aurez beau vanter le roi dans vos ouvrages,
Et de ce nom sacré sanctifier vos pages ;
Qui méprise Cotin n'estime point son roi,
Et n'a, selon Cotin, ni Dieu, ni foi, ni loi.
   Mais quoi ! répondrez-vous, Cotin nous peut-il nuire ?
Et par ses cris enfin que saurait-il produire ?
Interdire à mes vers, dont peut-être il fait cas,
L'entrée aux pensions où je ne prétends pas ?
Non, pour louer un roi que tout l'univers loue,
Ma langue n'attend point que l'argent la dénoue ;
Et, sans espérer rien de mes faibles écrits,
L'honneur de le louer m'est un trop digne prix.
On me verra toujours, sage dans mes caprices,
De ce même pinceau dont j'ai noirci les vices
Et peint du nom d'auteur tant de sots revêtus,
Lui marquer mon respect et tracer ses vertus.
Je vous crois ; mais pourtant on crie, on vous menace.
Je crains peu, direz-vous, les braves du Parnasse.
Hé ! mon Dieu ! craignez tout d'un auteur en courroux,
Qui peut... Quoi ? Je m'entends. Mais encor ? Taisez-vous.

[1] Fameux prédicateur, fort outré dans ses prédications.
[2] Poëte latin satirique.
[3] Consul romain.
[4] Auteurs médiocres.
[5] Cotin, dans un de ses écrits, m'accusait d'être criminel de lèse-majesté divine et humaine.

AVERTISSEMENT SUR LA SATIRE X.

Voici enfin la satire qu'on me demande depuis si longtemps. Si j'ai tant tardé à la mettre au jour, c'est que j'ai été bien aise qu'elle ne parût qu'avec la nouvelle édition qu'on faisait de mon livre, où je voulais qu'elle fût insérée. Plusieurs de mes amis, à qui je l'ai lue, en ont parlé dans le monde avec de grands éloges, et ont publié que c'était la meilleure de mes satires. Ils ne m'ont pas en cela fait plaisir. Je connais le public : je sais que naturellement il se révolte contre ces louanges outrées qu'on donne aux ouvrages avant qu'ils aient paru, et que la plupart des lecteurs ne lisent ce qu'on leur a élevé si haut qu'avec un dessein formé de le rabaisser.

Je déclare donc que je ne veux point profiter de ces discours avantageux ; et non-seulement je laisse au public son jugement libre, mais je donne plein pouvoir à tous ceux qui ont tant critiqué mon ode sur Namur d'exercer aussi contre ma satire toute la rigueur de leur critique. J'espère qu'ils le feront avec le même succès ; et je puis les assurer que tous leurs discours ne m'obligeront point à rompre l'espèce de vœu que j'ai fait de ne jamais défendre mes ouvrages quand on n'en attaquera que les mots et les syllabes. Je saurai fort bien soutenir contre ces censeurs Homère, Horace, Virgile et tous ces autres grands personnages dont j'admire les écrits : mais pour mes écrits, que je n'admire point, c'est à ceux qui les approuveront à trouver des raisons pour les défendre. C'est tout l'avis que j'ai à donner ici au lecteur.

La bienséance néanmoins voudrait, ce me semble, que je fisse quelque excuse au beau sexe de la liberté que je me suis donnée de peindre ses vices. Mais, au fond, toutes les peintures que je fais dans ma satire sont si générales, que, bien loin d'appréhender que les femmes s'en offensent, c'est sur leur approbation et sur leur curiosité que je fonde la plus grande espérance du succès de mon ouvrage. Une chose au moins dont je suis certain qu'elles me loueront, c'est d'avoir trouvé moyen, dans une matière aussi délicate que celle que j'y traite, de ne pas laisser échapper un seul mot qui pût le moins du monde blesser la pudeur. J'espère donc que j'obtiendrai aisément ma grâce, et qu'elles ne seront pas plus choquées des prédications que je fais contre leurs défauts dans cette satire que des satires que les prédicateurs font tous les jours en chaire contre ces mêmes défauts.

SATIRE X.

Enfin bornant le cours de tes galanteries,
Alcippe, il est donc vrai, dans peu tu te maries :
Sur l'argent, c'est tout dire, on est déjà d'accord ;
Ton beau-père futur vide son coffre-fort ;
Et déjà le notaire a, d'un style énergique,
Griffonné de ton jour l'instrument authentique [1].
C'est bien fait. Il est temps de fixer tes désirs.
Ainsi donc les chagrins l'hymen a cru plaisirs :
Quelle joie en effet, quelle douceur extrême,
De se voir caressé d'une épouse qu'on aime !
De s'entendre appeler petit cœur, ou mon bon !
De voir autour de soi croître dans sa maison,
Sous les paisibles lois d'une agréable mère,
De petits citoyens dont on croit être père !
Quel charme, au moindre mal qui nous vient menacer,
De la voir aussitôt accourir, s'empresser,
S'effrayer d'un péril qui n'a point d'apparence,
Et souvent de douleur se pâmer par avance !
Car tu ne seras point de ces jaloux affreux,
Habiles à se rendre inquiets, malheureux,
Qui, tandis qu'une épouse à leurs yeux se désole,
Pensent toujours qu'un autre en secret la console.
   Mais quoi ! je vois déjà que ce discours t'aigrit !
Charmé de Juvénal [2], et plein de son esprit,
Venez-vous, diras-tu, dans une pièce outrée
Comme nous chanter que, dès le temps de Rhée,
La chasteté déjà, la rougeur sur le front,
Avait chez les humains reçu plus d'un affront ;
Qu'on vit avec le fer naître les injustices,
L'impiété, l'orgueil et tous les autres vices :
Mais que la bonne foi dans l'amour conjugal
N'alla point jusqu'au temps du troisième métal [3] ?
Ces mots ont dans sa bouche une emphase admirable :
Mais je vous dirai, moi, sans alléguer la fable,
Que si sous Adam même, et loin avant Noé,
Le vice audacieux, des hommes avoué,

[1] Instrument, en style de pratique, veut dire toutes sortes de contrats.
[2] Juvénal a fait une satire contre les femmes, qui est son plus bel ouvrage.
[3] Paroles du commencement de la satire de Juvénal.

A la triste innocence en tous lieux fit la guerre.
Il demeura pourtant de l'honneur sur la terre;
Qu'aux temps les plus féconds en Phrynés [1], en Laïs [1],
Plus d'une Pénélope honora son pays;
Et que, même aujourd'hui, sur ce fameux modèle,
On peut trouver encor quelque femme fidèle.

  Sans doute; et dans Paris, si je sais bien compter,
Il en est jusqu'à trois [2] que je pourrais citer.
Ton épouse dans peu sera la quatrième :
Je le veux croire ainsi. Mais la chasteté même
Sous ce beau nom d'épouse entrât-elle chez toi,
De retour d'un voyage, en arrivant, crois-moi,
Fais toujours du logis avertir la maîtresse.
Tel partit tout baigné des pleurs de sa Lucrèce,
Qui, faute d'avoir pris ce soin judicieux,
Trouva... tu sais... Je sais que d'un conte odieux
Vous avez comme moi sali votre mémoire.
Mais laissons là, dis-tu, Joconde et son histoire :
Du projet d'un hymen déjà fort avancé,
Devant vous aujourd'hui criminel dénoncé,
Et mis sur la sellette aux pieds de la critique,
Je vois bien tout de bon qu'il faut que je m'explique.

  Jeune autrefois par vous dans le monde conduit,
J'ai trop bien profité pour n'être pas instruit
A quels discours malins le mariage expose :
Je sais que c'est un texte où chacun fait sa glose;
Que de maris trompés tout rit dans l'univers,
Épigrammes, chansons, rondeaux, fables en vers,
Satire, comédie, et, sur cette matière,
J'ai vu tout ce qu'ont fait La Fontaine et Molière;
J'ai lu tout ce qu'ont dit Villon et Saint-Gelais,
Arioste, Marot, Boccace, Rabelais
Et tous ces vieux recueils de satires naïves [3],
Des malices du sexe immortelles archives.
Mais, tout bien balancé, j'ai pourtant reconnu
Que de ces contes vains le monde entretenu
N'en a pas de l'hymen moins vu fleurir l'usage;
Que sous ce joug moqué tout à la fin s'engage;
Qu'à ce commun filet les railleurs mêmes pris
Ont été très-souvent de commodes maris;
Et que, pour être heureux sous ce joug salutaire,
Tout dépend, en un mot, du bon choix qu'on sait faire.

  Enfin, il faut ici parler de bonne foi;
Je vieillis, et ne puis regarder sans effroi
Ces neveux affamés dont l'importun visage
De mon bien à mes yeux fait déjà le partage.
Je crois déjà les voir, au moment annoncé
Qu'à la fin sans retour leur cher oncle est passé,
Sur quelques pleurs forcés, qu'ils auront soin qu'on voie,
Se faire consoler du sujet de leur joie.
Je me fais un plaisir, à ne vous rien celer,
De pouvoir, moi vivant, dans peu les désoler,
Et, trompant un espoir pour eux si plein de charmes,
Arracher de leurs yeux de véritables larmes.
Vous dirai-je encor plus? Soit faiblesse ou raison,
Je suis las de me voir le soir en ma maison
Seul avec des valets, souvent voleurs et traîtres,
Et toujours, à coup sûr, ennemis de leurs maîtres.
Je ne me couche point qu'aussitôt dans mon lit
Un souvenir fâcheux n'apporte à mon esprit
Ces histoires de morts lamentables, tragiques [4],
Dont Paris tous les ans peut grossir ses chroniques.
Dépouillons-nous ici d'une vaine fierté.
Nous naissons, nous vivons pour la société :
A nous-mêmes livrés dans une solitude,
Notre bonheur bientôt fait notre inquiétude,
Et, si durant un jour notre premier aïeul,
Plus riche d'une côte, avait vécu tout seul,
Je doute, en sa demeure aisée et fortunée,
S'il n'eût point prié Dieu d'abréger la journée.
N'allons donc point ici réformer l'univers,
Ni, par de vains discours et de frivoles vers,
Étalant au public notre misanthropie,
Censurer le lien le plus doux de la vie.
Laissons là, croyez-moi, le monde tel qu'il est.
L'hyménée est un joug, et c'est ce qui m'en plaît.
L'homme en ses passions toujours errant sans guide
A besoin qu'on lui mette et le mors et la bride;
Son pouvoir malheureux ne sert qu'à le gêner,
Et pour le rendre libre il le faut enchaîner.
C'est ainsi que souvent la main de Dieu l'assiste.

[1] Phryné, courtisane d'Athènes. Laïs, courtisane de Corinthe.
[2] Ceci est dit figurément. — [3] Les *Contes* de la reine de Navarre, etc.
[4] Blandin et du Rosset ont composé ces histoires.

Ha! bon! voilà parler en docte janséniste,
Alcippe; et, sur ce point si savamment touché,
Desmares [1] dans Saint-Roch [2] n'aurait pas mieux prêché.
Mais c'est trop t'insulter; quittons la raillerie;
Parlons sans hyperbole et sans plaisanterie.
Tu viens de mettre ici l'hymen en son beau jour :
Entends donc; et permets que je prêche à mon tour.

  L'épouse que tu prends, sans tache en sa conduite,
Aux vertus, m'a-t-on dit, dans Port-Royal instruite,
Aux lois de son devoir règle tous ses désirs.
Mais qui peut t'assurer qu'invincible aux plaisirs,
Chez toi, dans une vie ouverte à la licence,
Elle conservera sa première innocence?
Par toi-même bientôt conduite à l'Opéra,
De quel air penses-tu que la sainte vertu
D'un spectacle enchanteur la pompe harmonieuse,
Ces danses, ces héros à voix luxurieuse,
Entendra ces discours sur l'amour seul roulants,
Ces douceureux Renauds, ces insensés Rolands,
Saura d'eux qu'à l'Amour, comme au seul dieu suprême,
On doit immoler tout, jusqu'à la vertu même;
Qu'on ne saurait trop tôt se laisser enflammer;
Qu'on n'a reçu du ciel un cœur que pour aimer [3];
Et tous ces lieux communs de morale lubrique
Que Lulli réchauffa des sons de sa musique?
Mais de quels mouvements, dans son cœur excités,
Sentira-t-elle alors tous ses sens agités!
Je ne te réponds pas qu'au retour, moins timide,
Digne écolière enfin d'Angélique et d'Armide [4],
Elle n'aille à l'instant, pleine de ces doux sons,
Avec quelque Médor pratiquer les leçons.

  Supposons toutefois qu'encor fidèle et pure
Sa vertu de ce choc revienne sans blessure.
Bientôt dans ce grand monde où tu vas l'entraîner,
Au milieu des écueils qui vont l'environner,
Crois-tu que, toujours ferme aux bords du précipice,
Elle pourra marcher sans que le pied lui glisse,
Que, toujours insensible aux discours enchanteurs
D'un idolâtre amas de jeunes séducteurs,
Sa sagesse jamais ne deviendra folie?
D'abord tu la verras, ainsi que dans *Clélie* [5],
Recevant ses amants sous le doux nom d'amis,
S'en tenir avec eux aux petits soins permis;
Puis bientôt en grande eau sur le fleuve de Tendre [6]
Naviguer à souhait, tout dire et tout entendre.
Et ne présume pas que Vénus, ou Satan,
Souffre qu'elle en demeure aux termes du roman :
Dans le crime il suffit qu'une fois on débute;
Une chute toujours attire une autre chute.
L'honneur est comme une île escarpée et sans bords,
On n'y peut plus rentrer dès qu'on en est dehors.
Peut-être avant deux ans, ardente à te déplaire,
Éprise d'un cadet, ivre d'un mousquetaire,
Nous la verrons hanter les plus honteux brelans,
Donner dans le Cornu [6] rendez-vous aux galants;
De Phèdre dédaignant la pudeur enfantine,
Suivre à front découvert Z... et Messaline;
Compter pour grands exploits vingt hommes ruinés,
Blessés, battus pour elle, et quatre assassinés;
Trop heureux si, toujours femme désordonnée,
Sans mesure et sans règle au vice abandonnée,
Par cent traits d'impudence aisés à ramasser
Elle t'acquiert au moins un droit pour la chasser!
Mais que deviendras-tu si, folle en son caprice,
N'aimant que le scandale et l'éclat dans le vice,
Bien moins pour son plaisir que pour t'inquiéter,
Au fond vicieuse, elle aime à coqueter?
Entre nous, verras-tu d'un esprit bien tranquille
Chez la femme aborder et la cour et la ville?
Hormis toi, tout chez toi rencontre un doux accueil :
L'un est payé d'un mot, et l'autre d'un coup d'œil.
Ce n'est que pour toi seul qu'elle est fière et chagrin :
Aux autres elle est douce, agréable, badine;
C'est pour eux qu'elle étale et l'or et le brocart,
Que chez toi se prodigue et le rouge et le fard,
Et qu'une main savante, avec tant d'artifice,
Bâtit de ses cheveux le galant édifice,
Dans sa chambre, crois-moi, s'enferme tout le jour.
Si tu veux posséder ta Lucrèce à ton tour,

[1] Le P. Desmares, célèbre prédicateur. — [2] Paroisse de Paris.
[3] Maximes fort ordinaires dans les opéras de Quinault.
[4] Voyez les opéras de Quinault intitulés *Roland* et *Armide*.
[5] Roman de *Clélie*, et autres romans du même auteur.
[6] Une infâme dont le nom était alors connu de tout le monde.

Attends, discret mari, que la belle en cornette
Le soir ait étalé son teint sur la toilette,
Et dans quatre mouchoirs, de sa beauté salis,
Envoie au blanchisseur ses roses et ses lis.
Alors tu peux entrer; mais, sage en sa présence,
Ne va pas murmurer de sa folle dépense.
D'abord, l'argent en main, paye et vite et comptant.
Mais non, fais mine un peu d'en être mécontent,
Pour la voir aussitôt, de douleur oppressée,
Déplorer sa vertu si mal récompensée.
Un mari ne veut pas fournir à ses besoins!
Jamais femme, après tout, a-t-elle coûté moins?
A cinq cents louis d'or, tout au plus, chaque année
Sa dépense en habits n'est-elle pas bornée?
Que répondre? Je vois qu'à de si justes cris
Toi-même convaincu déjà tu t'attendris,
Tout prêt à la laisser, pourvu qu'elle s'apaise,
Dans ton coffre à pleins sacs puiser tout à son aise.

A quoi bon en effet t'alarmer de si peu?
Hé! que serait-ce donc si, le démon du jeu
Versant dans son esprit sa ruineuse rage,
Tous les jours, mis par elle à deux doigts du naufrage,
Tu voyais tous tes biens, au sort abandonnés,
Devenir le butin d'un pique [1] ou d'un sonnez [2]!
Le doux charme, pour toi de voir, chaque journée,
De nobles champions ta femme environnée,
Sur une table longue et façonnée exprès,
D'un tournoi de bassette ordonner les apprêts!
Ou, si par un arrêt la grossière police
D'un jeu si nécessaire interdit l'exercice,
Ouvrir sur cette table un champ au lansquenet,
Ou promener trois dés chassés de son cornet:
Puis sur une autre table, avec un air plus sombre,
S'en aller méditer une vole au jeu d'hombre;
S'écrier sur un as mal à propos jeté;
Se plaindre d'un gâno [3] qu'on n'a point écouté!
Ou, querellant tout bas le ciel qu'elle regarde,
A la bête gémir d'un roi venu sans garde!
Chez elle, en ces emplois, l'aube du lendemain
Souvent la trouve encor les cartes à la main:
Alors, pour se coucher, les quittant, non sans peine,
Elle plaint le malheur de la nature humaine,
Qui veut qu'en un sommeil où tout s'ensevelit
Tant d'heures sans jouer se consument au lit.
Toutefois en partant la troupe la console,
Et d'un prochain retour chacun donne parole.
C'est ainsi qu'une femme en doux amusements
Sait du temps qui s'envole employer les moments;
C'est ainsi que souvent par une forcenée
Une triste famille à l'hôpital traînée
Voit ses biens en décret sur tous les murs écrits
De sa déroute illustre effrayer tout Paris.

Mais que plutôt son jeu mille fois te ruine,
Que si, la famélique et honteuse lésine
Venant mal à propos te saisir au collet,
Elle te réduisait à vivre sans valet,
Comme ce magistrat [4] de hideuse mémoire
Dont je veux bien ici te crayonner l'histoire.

Dans la robe on vantait son illustre maison:
Il était plein d'esprit, de sens et de raison;
Seulement pour l'argent un peu trop de faiblesse
De ces vertus en lui ravalait la noblesse.
Sa table toutefois, sans superfluité,
N'avait rien que d'honnête en sa frugalité.
Chez lui deux bons chevaux, de pareille encolure,
Trouvaient dans l'écurie une pleine pâture,
Et du foin que leur bouche au râtelier laissait,
De surcroît une mule encor se nourrissait.
Mais cette soif de l'or qui le brûlait dans l'âme
Le fit enfin songer à choisir une femme;
Et l'honneur dans ce choix ne fut point regardé.
Vers son triste penchant son naturel guidé
Le fit, dans une avare et sordide famille,
Chercher un monstre affreux sous l'habit d'une fille;
Et, sans trop s'enquérir d'où la laide venait,
Il sut, ce fut assez, l'argent qu'on lui donnait.
Rien ne le rebuta, ni sa vue éraillée,
Ni sa masse de chair bizarrement taillée;
Et trois cent mille francs avec elle obtenus
La firent à ses yeux plus belle que Vénus.
Il l'épousa; et bientôt son hôtesse nouvelle
Le prêchant lui fit voir qu'il était, au prix d'elle,

Un vrai dissipateur, un parfait débauché.
Lui-même le sentit, reconnut son péché,
Se confessa prodigue, et, plein de repentance,
Offrit sur ses avis de régler sa dépense.
Aussitôt de chez eux tout rôti disparut:
Le pain bis, renfermé, d'une moitié décrut:
Les deux chevaux, la mule au marché s'envolèrent:
Deux grands laquais, à jeun, sur le soir s'en allèrent;
De ces coquins déjà l'on se trouvait lassé:
Et pour n'en plus revoir le reste fut chassé:
Deux servantes déjà, largement souffletées,
Avaient à coups de pied descendu les montées,
Et se voyant enfin hors de ce triste lieu
Dans la rue en avaient rendu grâces à Dieu.
Un vieux valet restait, seul chéri de son maître,
Que toujours il servit, et qu'il avait vu naître,
Et qui de quelque somme amassée au bon temps
Vivait encor chez eux partie à ses dépens.
Sa vue embarrassait; il fallut s'en défaire;
Il fut de la maison chassé comme un corsaire.
Voilà nos deux époux sans valets, sans enfants,
Tout seuls dans leur logis libres et triomphants.
Alors on ne mit plus de borne à la lésine:
On condamna la cave, on ferma la cuisine;
Pour ne s'en point servir aux plus rigoureux mois,
Dans le fond d'un grenier on séquestra le bois.
L'un et l'autre dès lors vécut à l'aventure
Des présents qu'à l'abri de la magistrature
Le mari quelquefois des plaideurs extorquait,
Ou de ce que la femme aux voisins escroquait.

Mais, pour bien mettre ici leur crasse en tout son lustre,
Il faut voir du logis sortir ce couple illustre,
Il faut voir le mari tout poudreux, tout souillé,
Couvert d'un vieux chapeau de cordon dépouillé,
Et de sa robe, en vain de pièces rajeunie,
A pied dans les ruisseaux traînant l'ignominie.
Mais qui pourrait compter le nombre de haillons,
De pièces, de lambeaux, de sales guenillons,
De chiffons ramassés dans la plus noire ordure,
Dont la femme aux bons jours composait sa parure?
Décrirai-je ses bas en trente endroits percés,
Ses souliers grimaçants vingt fois rapetassés,
Ses coiffes, d'où pendait au bout d'une ficelle
Un vieux masque pelé [1] presque aussi hideux qu'elle?
Peindrai-je son jupon bigarré de latin,
Qu'ensemble composaient trois thèses de satin,
Présent qu'un procès par certain privilège
Firent à son mari les régents d'un collège;
Et qui sur cette jupe à mon rire encor
Derrière elle faisait lire ARGUMENTABOR?
Mais peut-être j'invente une fable frivole.
Démens donc tout Paris, qui, prenant la parole,
Sur ce sujet encor de bons témoins pourvu,
Tout prêt à le prouver, te dira: Je l'ai vu;
Vingt ans j'ai vu ce couple, uni d'un même vice,
A tous mes habitants montrer que l'avarice
Peut faire dans les biens trouver la pauvreté,
Et nous réduire à pis que la mendicité.
Des voleurs, qui chez eux pleins d'espérance entrèrent,
De cette triste vie enfin les délivrèrent:
Digne et funeste fruit du nœud le plus affreux
Dont l'hymen ait jamais uni deux malheureux!
Ce récit passe un peu l'ordinaire mesure:
Mais un exemple enfin si digne de censure
Peut-il dans la satire occuper moins de mots?
Chacun sait son métier. Suivons notre propos.
Nouveau prédicateur aujourd'hui, je l'avoue,
Écolier ou plutôt singe de Bourdaloue [2],
Je me plais à remplir mes sermons de portraits.
En voilà déjà trois peints d'assez heureux traits:
La femme sans honneur, la coquette, et l'avare.
Il faut y joindre encor la revêche bizarre,
Qui sans cesse, d'un ton par la colère aigri,
Gronde, choque, dément, contredit un mari.
Il n'est point de repos ni de paix avec elle.
Son mariage n'est qu'une longue querelle.
Laisse-t-elle un moment respirer son époux,
Ses valets sont d'abord l'objet de son courroux;
Et sur le ton grondeur lorsqu'elle les harangue,
Il faut voir de quels mots elle enrichit la langue:
Ma plume ici, traçant ces mots par alphabet,

[1] Terme du jeu de piquet. — [2] Terme du jeu de trictrac.
[3] Terme du jeu d'hombre. — [4] Le lieutenant criminel Tardieu.

[1] La plupart des femmes portaient alors un masque de velours noir lorsqu'elles sortaient.
[2] Célèbre jésuite.

Pourrait d'un nouveau tome augmenter Richelet [1].
Tu crains peu d'essuyer cette étrange furie :
En trop bon lieu, dis-tu, ton épouse nourrie
Jamais de tels discours ne te rendra martyr.
Mais, eût-elle sucé la raison dans Saint-Cyr [2],
Crois-tu que d'une fille humble, honnête, charmante,
L'hymen n'ait jamais fait de femme extravagante ?
Combien n'a-t-on point vu de belles aux doux yeux,
Avant le mariage anges si gracieux,
Tout à coup se changeant en bourgeoises sauvages,
Vrais démons apporter l'enfer dans leurs ménages,
Et, découvrant l'orgueil de leurs rudes esprits,
Sous leur fontange [3] altière asservir leurs maris !
Et puis, quelque douceur dont brille ton épouse,
Pense-tu, si jamais elle devient jalouse,
Que son âme livrée à ses tristes soupçons
De la raison encore écoute les leçons ?
Alors, Alcippe, alors, tu verras de ses œuvres :
Résous-toi, pauvre époux, à vivre de couleuvres ;
A la voir tous les jours, dans ses fougueux accès,
A ton geste, à ton rire, intenter un procès,
Souvent, de ta maison gardant les avenues,
Les cheveux hérissés, t'attendre au coin des rues ;
Te trouver en des lieux de vingt portes fermés,
Et, partout où tu vas, dans ses yeux enflammés
T'offrir non pas d'Isis la tranquille Euménide [4],
Mais la vraie Alecto [5] peinte dans l'Enéide,
Un tison à la main, chez le roi Latinus,
Soufflant sa rage au sein d'Amate et de Turnus.
Mais quoi ! je chausse ici le cothurne tragique.
Reprenons au plus tôt le brodequin comique,
Et d'objets moins affreux songeons à te parler.
Dis-moi donc, laissant là cette folle hurler,
T'accommodes-tu mieux de ces douces Ménades [6]
Qui, dans leurs vains chagrins, sans mal toujours malades,
Se font des mois entiers, sur un lit effronté,
Traiter d'une visible et parfaite santé ;
Et douze fois par jour, dans leur molle indolence,
Aux yeux de leurs maris tombent en défaillance ?
Quel sujet, dira l'un, peut donc si fréquemment
Mettre ainsi cette belle aux bords du monument ?
La Parque, ravissant ou son fils ou sa fille,
A-t-elle moissonné l'espoir de sa famille ?
Non ; il est question de réduire un mari
A chasser un valet dans la maison chéri,
Et qui, parce qu'il plaît, a trop su lui déplaire ;
Ou de rompre un voyage utile et nécessaire,
Mais qui la priverait huit jours de ses plaisirs ;
Et qui, loin d'un galant, objet de ses désirs...
Oh ! que pour la punir de cette comédie
Ne lui vois-je une vraie et triste maladie !
Mais ne nous fâchons point. Peut-être avant deux jours,
Courtois et Deniau [7], mandés à son secours,
Digne ouvrage de l'art dont Hippocrate traite,
Lui donner sagement le mal qu'elle n'a point,
Et, fuyant de Fagon [8] les maximes énormes,
Au tombeau mérité la mettre dans les formes.
Dieu veuille avoir son âme et nous délivre d'eux !
Pour moi, grand ennemi de leur art hasardeux,
Je ne sais cette fois que je ne les excuse.
Mais à quels vains discours est-ce que je m'amuse ?
Il faut sur des sujets plus grands, plus curieux,
Attacher de ce pas ton esprit et tes yeux.
Qui s'offrira d'abord ? Bon, c'est cette savante
Qu'estime Roberval [9], et que Sauveur [9] fréquente.
D'où vient qu'elle a l'œil trouble et le teint si terni ?
C'est que sur le calcul, dit-on, de Cassini [10],
Un astrolabe en main, elle a dans sa gouttière
A suivre Jupiter [11] passé la nuit entière.
Gardons de la troubler. Sa science, je crois,
Aura pour s'occuper ce jour plus d'un emploi :
D'un nouveau microscope on doit, en sa présence,

Tantôt chez Dalancé [1] faire l'expérience ;
Puis d'une femme morte avec son embryon
Il faut chez du Verney [2] voir la dissection.
Rien n'échappe aux regards de notre curieuse.
Mais qui vient sur ses pas ? c'est une précieuse,
Reste de ces esprits jadis si renommés
Que d'un coup de son art Molière a diffamés [3].
De tous leurs sentiments cette noble héritière
Maintient encore ici leur secte façonnière.
C'est chez elle toujours que les fades auteurs
S'en vont se consoler du mépris des lecteurs.
Elle y reçoit leur plainte ; et sa docte demeure
Aux Perrins, aux Coras, est ouverte à toute heure.
Là du faux bel esprit se tiennent les bureaux :
Là tous les vers sont bons pourvu qu'ils soient nouveaux ;
Au mauvais goût public la belle y fait la guerre ;
Plaint Pradon opprimé des sifflets du parterre ;
Rit des vains amateurs du grec et du latin ;
Dans la balance met Aristote et Cotin ;
Puis, d'une main encor plus fine et plus habile,
Pèse sans passion Chapelain et Virgile,
Remarque en ce dernier beaucoup de pauvretés,
Mais pourtant confessant qu'il a quelques beautés ;
Ne trouve en Chapelain, quoi qu'ait dit la satire,
Autre défaut, sinon qu'on ne le saurait lire ;
Et, pour faire goûter son livre à l'univers,
Croit qu'il faudrait en prose y mettre tous les vers.
A quoi bon m'étaler cette bizarre école
Du mauvais sens, dis-tu, prêché par une folle ?
De livres et d'écrits bourgeois admirateur,
Vais-je épouser ici quelque apprenti auteur ?
Savez-vous que l'épouse avec qui je me lie
Compte entre ses parents des princes d'Italie ?
Sort d'aïeux dont les noms...? Je t'entends, et je voi
D'où vient que tu t'es fait secrétaire du roi :
Il fallait de ce titre appuyer ta naissance.
Cependant (t'avouerai-je ici mon insolence ?),
Si quelque objet pareil chez moi, deçà les monts,
Pour m'épouser entrait avec tous ses grands noms,
Le sourcil rehaussé d'orgueilleuses chimères ;
Je lui dirais bientôt : Je connais tous vos pères ;
Je sais qu'ils ont brillé dans ce fameux combat [4]
Où sous un des Valois Enghien sauva l'Etat.
D'Hozier n'en convient pas : mais, quoi qu'il en puisse être,
Je ne suis point ici sot que d'épouser mon maître.
Ainsi donc, au plus tôt délogeant de ces lieux,
Allez, princesse, allez, avec tous vos aïeux ;
Sur le pompeux débris des lances espagnoles,
Coucher si vous voulez aux champs de Cerisoles :
Ma maison ni mon lit ne sont point faits pour vous.
J'admire, poursuis-tu, votre noble courroux.
Souvenez-vous pourtant que ma famille illustre
De l'assistance au sceau ne tire son lustre ;
Et que, né dans Paris de magistrats connus,
Je ne suis point ici de ces nouveaux venus,
De ces nobles sans nom, que, par plus d'une voie,
La province souvent en guêtres nous envoie.
Mais eussé-je comme eux des meûniers pour parents,
Mon épouse vînt-elle encor d'aïeux plus grands,
On ne la verrait point, vantant son origine,
A son triste mari reprocher la farine.
Son cœur, toujours nourri dans la dévotion,
De trop bonne heure apprit l'humiliation ;
Et, pour vous détromper de la pensée étrange
Que l'hymen aujourd'hui la corrompe et la change,
Sachez qu'en notre accord elle a, pour premier point,
Exigé qu'un époux ne la contraindrait point
A traîner après elle un pompeux équipage,
Ni surtout de souffrir, par un profane usage,
Qu'à l'église jamais devant le Dieu jaloux
Un fastueux carreau soit vu sous ses genoux.
Telle est l'humble vertu qui, dans son âme empreinte...
Je le vois bien, tu vas épouser une sainte ;
Et dans tout ce grand zèle il n'est rien d'affecté.
Sais-tu bien cependant, sous cette humilité,
L'orgueil que quelquefois nous cache une bigote,
Alcippe, et connais-tu la nation dévote ?
Il te faut de ce pas en tracer quelques traits,
Et par ce grand portrait finir tous mes portraits.
A Paris, à la cour, on trouve, je l'avoue,

---

[1] Auteur qui a donné un dictionnaire français.
[2] Célèbre maison près de Versailles, où on élève un grand nombre de jeunes demoiselles.
[3] C'est un nœud de ruban que les femmes mettent sur le devant de la tête pour attacher leur coiffure.
[4] Furio dans l'opéra d'Isis, qui demeure presque toujours à ne rien faire.
[5] Une des Furies. Voy. l'Enéide, livre VII. — [6] Bacchantes.
[7] Médecin de Paris. — [8] Premier médecin du roi.
[9] Illustres mathématiciens. — [10] Fameux astronome.
[11] Une des sept planètes.

[1] Chez qui on faisait beaucoup d'expériences de physique.
[2] Médecin du roi, connu pour être très-savant dans l'anatomie.
[3] Voyez la comédie des Précieuses.
[4] Combat de Cerisoles gagné par le duc d'Enghien en Italie.

Des femmes dont le zèle est digne qu'on le loue,
Qui s'occupent du bien en tout temps, en tout lieu.
J'en sais une, chérie et du monde et de Dieu,
Humble dans les grandeurs, sage dans la fortune,
Qui gémit, comme Esther, de sa gloire importune,
Que le vice lui-même est contraint d'estimer,
Et que sur ce tableau d'abord tu vas nommer.
Mais pour quelques vertus si pures, si sincères,
Combien y trouve-t-on d'impudentes faussaires,
Qui, sous un vain dehors d'austère piété,
De leurs crimes secrets cherchent l'impunité,
Et couvrent de Dieu même, empreint sur leur visage,
De leurs honteux plaisirs l'affreux libertinage!
N'attends pas qu'à tes yeux j'aille ici l'étaler;
Il vaut mieux le souffrir que de le dévoiler.
De leurs galants exploits les Bussis, les Brantomes,
Pourraient à plaisir te compiler des tomes :
Mais pour moi, dont le front trop aisément rougit,
Ma bouche a déjà peur de t'en avoir trop dit.
Rien n'égale en fureur, en monstrueux caprices,
Une fausse vertu qui s'abandonne aux vices.
De ces femmes pourtant l'hypocrite noirceur
Au moins pour un mari garde quelque douceur.
Je les aime encor mieux qu'une bigote altière,
Qui, dans son fol orgueil, aveugle et sans lumière,
A peine sur le seuil de la dévotion,
Pense atteindre au sommet de la perfection;
Qui du soin qu'elle prend de me gêner sans cesse
Va quatre fois par mois se vanter à confesse;
Et, les yeux vers le ciel pour se les faire ouvrir,
Offre à Dieu les tourments qu'elle me fait souffrir.
Sur cent pieux devoirs aux saints elle est égale;
Elle lit Rodriguez, fait l'oraison mentale,
Va pour les malheureux quêter dans les maisons,
Hante les hôpitaux, visite les prisons,
Tous les jours à l'église entend jusqu'à six messes :
Mais de combattre en elle et dompter ses faiblesses,
Sur le fard, sur le jeu, vaincre sa passion,
Mettre un frein à son luxe, à son ambition,
Et soumettre l'orgueil de son esprit rebelle;
C'est ce qu'en vain le ciel voudrait exiger d'elle.
Et peut-il, dira-t-elle, en effet l'exiger?
Elle a son directeur, c'est à lui d'en juger :
Il faut laisser différer savoir ce qu'il en pense.
Bon! vers nous à propos je le vois qui s'avance.
Qu'il paraît bien nourri! quel vermillon! quel teint!
Le printemps dans sa fleur sur son visage est peint.
Cependant, à l'entendre, il se soutient à peine;
Il eut encore hier la fièvre et la migraine,
Et, sans les prompts secours qu'on prit soin d'apporter,
Il serait sur son lit peut-être à trembloter.
Mais de tous les mortels, grâce aux dévotes âmes,
Nul n'est si bien soigné qu'un directeur de femmes.
Quelque léger dégoût vient-il le travailler,
Une froide vapeur le fait-elle bâiller;
Un escadron coiffé d'abord court à son aide :
L'une chauffe un bouillon, l'autre apprête un remède;
Chez lui sirops exquis, ratafias vantés,
Confitures surtout, volent de tous côtés :
Car de tous mets sucrés, secs, en pâte, ou liquides,
Les estomacs dévots toujours furent avides :
Le premier massepain pour eux, je crois, se fit,
Et le premier citron à Rouen fut confit [1].
Notre docteur bientôt va lever tous ses doutes;
Du paradis pour elle il aplanit les routes,
Et, loin sur ses défauts de la mortifier,
Lui-même prend le soin de la justifier.
Pourquoi vous alarmer d'une vaine censure?
Du rouge qu'on vous voit on s'étonne, on murmure :
Mais a-t-on, dira-t-il, sujet de s'étonner?
Est-ce qu'à faire peur on veut vous condamner?
Aux usages reçus il faut qu'on s'accommode :
Une femme surtout doit tribut à la mode.
L'orgueil brille, dit-on, sur vos pompeux habits;
L'œil à peine soutient l'éclat de vos rubis;
Dieu veut-il qu'on étale un luxe si profane?
Oui, lorsqu'à l'étaler notre rang nous condamne.
Mais ce grand jeu chez vous comment l'autoriser?
Le jeu fut de tout temps permis pour s'amuser;
On ne peut toujours travailler, prier, lire :
Il vaut mieux s'occuper à jouer qu'à médire.
Le plus grand jeu, joué dans cette intention,
Peut même devenir une bonne action :

[1] Les plus exquis citrons confits se font à Rouen.

Tout est sanctifié par une âme pieuse.
Vous êtes, poursuit-on, avide, ambitieuse;
Sans cesse vous brûlez de voir tous vos parents
Engloutir à la cour charges, dignités, rangs.
Votre bon naturel en cela pour eux brille;
Dieu ne nous défend point d'aimer notre famille.
D'ailleurs tous vos parents sont sages, vertueux :
Il est bon d'empêcher ces emplois fastueux
D'être donnés peut-être à des âmes mondaines
Éprises du néant des vanités humaines.
Laissez là, croyez-moi, gronder les indévots,
Et sur votre salut demeurez en repos.
Sur tous ces points douteux c'est ainsi qu'il prononce :
Alors, croyant qu'un ange entendre la réponse,
Sa dévote s'incline, et, calmant son esprit,
A cet ordre d'en haut sans réplique souscrit.
Ainsi, pleine d'erreurs qu'elle croit légitimes,
Sa tranquille vertu conserve tous ses crimes;
Dans un cœur tous les jours nourri du sacrement
Maintient la vanité, l'orgueil, l'entêtement,
Et croit que devant Dieu ses fréquents sacrilèges
Sont pour entrer au ciel d'assurés privilèges.
Voilà le digne fruit des soins de son docteur.
Encore est-ce beaucoup si, ce guide imposteur
Par les chemins fleuris d'un charmant quiétisme
Tout à coup l'amenant au vrai molinosisme,
Il ne lui fait bientôt, aidé de Lucifer,
Goûter en paradis les plaisirs de l'enfer.
Mais, dans ce doux état, molle, délicieuse,
La hais-tu plus, dis-moi, cette bilieuse
Qui, follement outrée en sa sévérité,
Baptisant son chagrin du nom de piété,
Dans sa charité fausse, où l'amour-propre abonde,
Croit que c'est aimer Dieu que haïr tout le monde?
Il n'est rien où d'abord son soupçon attaché
Ne présume du crime et ne trouve un péché.
Pour une fille honnête et pleine d'innocence
Croit-elle en ses valets voir quelque complaisance,
Réputés criminels, les voilà tous chassés,
Et chez elle à l'instant par d'autres remplacés.
Son mari, qu'une affaire appelle dans la ville,
Et qui chez lui sortant à tout laissé tranquille,
Se trouve assez surpris, rentrant dans la maison,
De voir que le portier lui demande son nom;
Et que parmi ses gens, changés en son absence,
Il cherche vainement quelqu'un de connaissance.
Fort bien! le trait est bon! Dans les femmes, dis-tu,
Enfin vous n'approuvez ni vice ni vertu.
Voilà le sexe peint d'une noble manière :
Et Théophraste même, aidé de La Bruyère,
Ne m'en pourrait pas faire un plus riche tableau [1].
C'est assez : il est temps de quitter le pinceau;
Vous serez désormais épuisé la satire.
Épuisé, cher Alcippe! Ah! tu me ferais rire!
Sur ce vaste sujet si j'allais tout tracer,
Tu verrais sous ma main des tomes s'amasser.
Dans le sexe j'ai peint la piété caustique :
Et que serait-ce donc si, censeur plus tragique,
J'allais t'y faire voir l'athéisme établi,
Et, non moins que l'honneur, le ciel mis en oubli,
Si j'allais t'y montrer plus d'une Capanée [2]
Pour souverain loi mettant la destinée,
Du tonnerre dans l'air bravant les vains carreaux,
Et nous parlant de Dieu du ton de Des Barreaux [3]?
Mais, sans aller chercher cette femme infernale,
T'ai-je encor peint, dis-moi, la fantasque inégale
Qui, m'aimant le matin, souvent me hait le soir?
T'ai-je peint la maligne aux yeux faux, au cœur noir?
T'ai-je encore exprimé la brusque impertinente?
T'ai-je tracé la vieille à morgue dominante,
Qui veut, vingt ans encore après le sacrement,
Exiger d'un mari les respects d'un amant?
T'ai-je fait voir de joie une belle animée,
Qui souvent d'un repas sortant tout enfumée,
Fait, même à ses amants, trop faibles d'estomac,
Redouter ses baisers pleins d'ail et de tabac?
T'ai-je encore décrit la dame brelandière
Qui des joueurs chez soi se fait cabaretière [4],

[1] La Bruyère a traduit les *Caractères* de Théophraste, et a fait ceux de son siècle.
[2] Capanée était un des sept chefs de l'armée qui mit le siège devant Thèbes. Les poètes ont dit que Jupiter le foudroya à cause de son impiété.
[3] On dit qu'il se convertit avant que de mourir.
[4] Il y a des femmes qui donnent à souper aux joueurs, de peur de ne les plus revoir s'ils sortaient de leur maison.

Et souffre des affronts que ne souffrirait pas
L'hôtesse d'une auberge à dix sous par repas?
Ai-je offert à tes yeux ces tristes Tisiphones,
Ces monstres pleins d'un fiel que n'ont point les lionnes,
Qui, prenant en dégoût les fruits nés de leur flanc,
S'irritent sans raison contre leur propre sang;
Toujours en des fureurs que les plaintes aigrissent,
Battent dans leurs enfants l'époux qu'elles haïssent,
Et font de leur maison, digne de Phalaris [1],
Un séjour de douleurs, de larmes et de cris?
Enfin t'ai-je dépeint la superstitieuse,
La pédante au ton fier, la bourgeoise ennuyeuse,
Celle qui de son chat fait son seul entretien,
Celle qui toujours parle et ne dit jamais rien?
Il en est des milliers; mais ma bouche enfin lasse
Des trois quarts pour le moins veut bien te faire grâce.

ÉPITRE V.

Dans mon coffre tout plein de rares qualités
J'ai cent mille vertus en louis bien comptés.

J'entends : c'est pousser loin la modération.
Ah! finissez, dis-tu, la déclamation.
Pensez-vous qu'ébloui de vos vaines paroles
J'ignore qu'en effet tous ces discours frivoles
Ne sont qu'un badinage, un simple jeu d'esprit
D'un censeur dans le fond qui folâtre et qui rit,
Plein du même projet qui vous vint dans la tête
Quand vous plaçâtes l'homme au-dessous de la bête?
Mais enfin vous et moi c'est assez badiner.
Il est temps de conclure; et, pour tout terminer,
Je ne dirai qu'un mot. La fille qui m'enchante,
Noble, sage, modeste, humble, honnête, touchante,
N'a pas un des défauts que vous m'avez fait voir.
Si, par un sort pourtant qu'on ne peut concevoir,
La belle, tout à coup rendue insociable,
D'ange, ce sont vos mots, se transformait en diable,
Vous me verriez bientôt, sans me désespérer,
Lui dire : Hé bien, madame, il faut nous séparer ;
Nous ne sommes pas faits, je le vois, l'un pour l'autre.
Mon bien vous monte à tant : tenez, voilà le vôtre.
Partez : délivrons-nous d'un mutuel souci.
Alcippe, tu crois donc qu'on se sépare ainsi?
Pour sortir de chez toi sur cette offre offensante,
As-tu donc oublié qu'il faut qu'elle y consente?
Et crois-tu qu'aisément elle puisse quitter
Le savoureux plaisir de t'y persécuter?

[1] Tyran en Sicile très-cruel.

Bientôt son procureur, pour elle usant sa plume,
De ses prétentions va t'offrir un volume :
Car, grâce au droit reçu chez les Parisiens,
Gens de douce nature, et maris bons chrétiens,
Dans ses prétentions une femme est sans borne.
Alcippe, à ce discours je te trouve un peu morne.
Des arbitres, dis-tu, pourront nous accorder.
Des arbitres!... Tu crois l'empêcher de plaider!
Sur ton chagrin déjà contente d'elle-même,
Ce n'est point tous ses droits, c'est le procès qu'elle aime.
Pour elle un bout d'arpent qu'il faudra disputer
Vaut mieux qu'un fief entier acquis sans contester.
Avec elle il n'est point de droit qui s'éclaircisse,
Point de procès si vieux qui ne se rajeunisse;
Et sur l'art de former un nouvel embarras
Devant elle Rolet mettrait pavillon bas.
Crois-moi, pour la fléchir trouve enfin quelque voie :
Ou je ne réponds pas dans peu qu'on ne te voie
Sous le faix des procès abattu, consterné,
Triste, à pied, sans laquais, maigre, sec, ruiné,
Vingt fois dans ton malheur résolu de te pendre,
Et, pour comble de maux, réduit à la reprendre.

SATIRE XI.

A M. DE VALINCOUR.

Oui, l'honneur, Valincour, est chéri dans le monde :
Chacun, pour l'exalter, en paroles abonde;
A s'er voir revêtu chacun met son bonheur;
Et tout crie ici-bas : L'honneur! vive l'honneur!
Entendons discourir, sur les bancs des galères,
Ce forçat abhorré même de ses confrères;
Il plaint, par un arrêt injustement donné,
L'honneur en sa personne à ramer condamné.
En un mot, parcourons et la mer et la terre;
Interrogeons marchands, financiers, gens de guerre,
Courtisans, magistrats : chez eux, si je les croi,
L'intérêt ne peut rien, l'honneur seul fait la loi.
Cependant, lorsqu'aux yeux leur portant la lanterne [1]
J'examine au grand jour l'esprit qui les gouverne,
Je n'aperçois partout que folle ambition,
Faiblesse, iniquité, fourbe, corruption,
Que ridicule orgueil de soi-même idolâtre.
Le monde, à mon avis, est comme un grand théâtre,
Où chacun en public, l'un par l'autre abusé,
Souvent à ce qu'il est joue un rôle opposé.
Tous les jours on y voit, orné d'un faux visage,
Impudemment le fou représenter le sage;
L'ignorant s'ériger en savant fastueux,
Et le plus vil faquin trancher du vertueux.
Mais, quelque fol espoir dont leur orgueil les berce,
Bientôt on les connaît, et la vérité perce.
On a beau se farder aux yeux de l'univers :
A la fin sur quelqu'un de nos vices couverts
Le public malin jette un œil inévitable,
Et bientôt la censure, au regard formidable,
Sait, le crayon en main, marquer nos endroits faux,
Et nous développer avec tous nos défauts.
Du mensonge toujours le vrai demeure maître.
Pour paraître honnête homme, en un mot, il faut l'être :
Et jamais, quoi qu'il fasse, un mortel ici-bas
Ne peut aux yeux du monde être ce qu'il n'est pas.
En vain ce misanthrope, aux yeux tristes et sombres,
Veut, par un air riant, en éclaircir les ombres :
Le ris sur son visage est en mauvaise humeur;
L'agrément fuit ses traits, ses caresses font peur;
Ses mots les plus flatteurs paraissent des rudesses,
Et la vanité brille en toutes ses tendresses.
Le naturel toujours sort, et sait se montrer:
Vainement on l'arrête, on le force à rentrer;
Il rompt tout, perce tout, et trouve enfin passage.
Mais loin de mon projet je sens que je m'engage.
Revenons de ce pas à mon texte égaré.
L'honneur partout, disais-je, est du monde admiré;
Mais l'honneur en effet qu'il faut que l'on admire,
Quel est-il, Valincour? pourras-tu me le dire?
L'ambitieux le met souvent à tout brûler;

[1] Allusion au mot de Diogène le cynique, qui portait une lanterne en
plein jour et qui disait qu'il cherchait un homme.

L'avare, à voir chez lui le Pactole[1] rouler;
Un faux brave, à vanter sa prouesse frivole;
Un vrai fourbe, à jamais ne garder sa parole;
Ce poëte, à noircir d'insipides papiers;
Ce marquis, à savoir frauder ses créanciers;
Un libertin, à rompre et jeûnes et carême;
Un fou perdu d'honneur, à braver l'honneur même.
L'un d'eux a-t-il raison? Qui pourrait le penser?
Qu'est-ce donc que l'honneur que tout doit embrasser,
Est-ce de voir, dis-moi, vanter notre éloquence;
D'exceller en courage, en adresse, en prudence;
De voir à notre aspect tout trembler sous les cieux;
De posséder enfin mille dons précieux?

ÉPITRE VI.

Un cousin, abusant d'un fâcheux parentage,
Veut qu'encor tout poudreux, et sans me débotter,
Chez vingt juges pour lui j'aille solliciter.

Mais avec tous ces dons de l'esprit et de l'âme
Un roi même souvent peut n'être qu'un infâme,
Qu'un Hérode, un Tibère effroyable à nommer.
Où donc est cet honneur qui seul doit nous charmer?
Quoi qu'en ses beaux discours Saint-Evremond nous prône,
Aujourd'hui j'en croirai Sénèque avant Pétrone[2].
    Dans le monde il n'est rien de beau que l'équité :
Sans elle la valeur, la force, la bonté,
Et toutes les vertus dont s'éblouit la terre,
Ne sont que faux brillants, et que morceaux de verre.
Un injuste guerrier[3], terreur de l'univers,
Qui, sans sujet courant chez cent peuples divers,
S'en va tout ravager jusqu'aux rives du Gange,
N'est qu'un plus grand voleur que du Tertre et Saint-Ange[4].
Du premier des Césars on vante les exploits :
Mais dans quel tribunal, jugé suivant les lois,
Eût-il pu disculper son injuste manie?
Qu'on livre son pareil en France à la Reynie[5],
Dans trois jours nous verrons le phénix des guerriers
Laisser sur l'échafaud sa tête et ses lauriers.
C'est d'un roi[6] que l'on tient cette maxime auguste,
Que jamais on n'est grand qu'autant que l'on est juste.

[1] Fleuve de Lydie, où l'on trouve de l'or ainsi que dans plusieurs autres
fleuves.
[2] Saint-Évremond a fait une dissertation dans laquelle il donne la préfé-
rence à Pétrone sur Sénèque.
[3] Alexandre. — [4] Fameux voleurs de grands chemins.
[5] Célèbre lieutenant général de police à Paris.
[6] Agésilas, roi de Sparte.

Rassemblez à la fois Mithridate et Sylla;
Joignez-y Tamerlan, Genseric, Attila;
Tous ces fiers conquérants, rois, princes, capitaines,
Sont moins grands à mes yeux que ce bourgeois d'Athènes[1]
Qui sut, pour tous exploits, doux, modéré, frugal,
Toujours vers la justice aller d'un pas égal.
    Oui, la justice en nous est la vertu qui brille :
Il faut de ses couleurs qu'ici-bas tout s'habille;
Dans un mortel chéri tout injuste qu'il est,
C'est quelque air d'équité qui séduit et qui plaît.
A cet unique appât l'âme est vraiment sensible :
Même aux yeux de l'injuste un injuste est horrible;
Et tel qui n'aime point la probité chez lui,
Souvent à la rigueur l'exige chez autrui.
Disons plus : il n'est point d'âme livrée au vice
Où l'on ne trouve encor des traces de justice.
Chacun de l'équité ne fait pas son flambeau;
Tout n'est pas Caumartin, Bignon ni d'Aguesseau.
Mais jusqu'en ces pays où tout vit de pillage,
Chez l'Arabe et le Scythe, elle est de quelque usage;
Et du butin acquis en violant les lois,
C'est elle entre eux qui fait le partage et le choix.
    Mais allons voir le vrai jusqu'en sa source même.
Un dévot aux yeux creux et d'abstinence blême,
S'il n'a point le cœur juste, est affreux devant Dieu.
L'Evangile au chrétien ne dit en aucun lieu :
Sois dévot; elle dit : Sois doux, simple, équitable.
Car d'un dévot souvent au chrétien véritable
La distance est deux fois plus longue, à mon avis,
Que du pôle antarctique au détroit de Davis[2].

ÉPITRE IX.

... fiers du haut étage où la Serre les loge
Avaient sans dégoût le plus grossier éloge.

Encor par ce dévot ne crois pas que j'entende
Tartuffe ou Molinos et sa mystique bande :
J'entends un faux chrétien mal instruit, mal guidé,
Et qui de l'Evangile en vain persuadé
N'en a jamais conçu l'esprit ni la justice;
Un chrétien qui s'en sert pour disculper le vice;
Qui toujours près des grands, qu'il prend soin d'abuser,
Sur leurs faibles honteux sait les autoriser,
Et croit pouvoir au ciel, par ses folles maximes,

[1] Socrate.
[2] Détroit sous le pôle arctique, près de la Nouvelle-Zemble.

Avec le sacrement faire entrer tous les crimes.
Des faux dévots pour moi voilà le vrai héros.
  Mais, pour borner enfin tout ce vague propos,
Concluons qu'ici-bas le seul honneur solide,
C'est de prendre toujours la vérité pour guide;
De regarder en tout la raison et la loi;
D'être doux pour tout autre et rigoureux pour soi;
D'accomplir tout le bien que le ciel nous inspire;
Et d'être juste enfin : ce mot seul veut tout dire.
Je doute que le flot des vulgaires humains
A ce discours pourtant donne aisément les mains;
Et, pour t'en dire ici la raison historique,
Souffre que je t'habille en fable allégorique.
  Sous le bon roi Saturne, ami de la douceur,
L'Honneur, cher Valincour, et l'Équité sa sœur,
De leurs sages conseils éclairant tout le monde,
Régnaient, chéris du ciel, dans une paix profonde.
Tout vivait en commun sous ce couple adoré :
Aucun n'avait d'enclos ni de champ séparé.
La vertu n'était point sujette à l'ostracisme [1],
Ni ne s'appelait point alors un jansénisme.
L'honneur, beau par soi-même, et sans vains ornements,
N'étalait point aux yeux l'or ni les diamants,
Et, jamais ne sortant de ses devoirs austères,
Maintenait de sa sœur les règles salutaires.
Mais une fois au ciel par les dieux appelé,
Il demeura longtemps au séjour étoilé.
  Un fourbe cependant, assez haut de corsage,
Et qui lui ressemblait de geste et de visage,
Prend son temps, et partout ce hardi suborneur
S'en va chez les humains crier qu'il est l'Honneur;
Qu'il arrive du ciel, et que voulant lui-même
Seul porter désormais le faix du diadème,
De lui seul il prétend qu'on reçoive la loi.
A ces discours trompeurs le monde ajoute foi.
L'innocente Équité honteusement bannie
Trouve à peine un désert où fuir l'ignominie.
Aussitôt sur un trône éclatant de rubis
L'imposteur monte, orné de superbes habits.
La Hauteur, le Dédain, l'Audace, l'environnent,
Et le Luxe et l'Orgueil de leurs mains le couronnent.
Tout fier il montre alors un front plus sourcilleux :
Et le Mien et le Tien, deux frères pointilleux,
Par son ordre amenant les procès et la guerre,
 Iô tous lieux de ce peu veut partager la terre;
En tous lieux, sous les noms de bon droit et de tort,
Vont chez elle établir le seul droit du plus fort.
Le nouveau roi triomphe, et sur ce droit inique
Bâtit de vaines lois un code fantastique,
Avant tout aux mortels prescrit de se venger,
L'un l'autre au moindre affront les force à s'égorger,
Et dans leur âme, en vain de remords combattue,
Trace en lettres de sang ces deux mots : Meurs ou Tue.
Alors, ce fut alors, sous ce vrai Jupiter
Qu'on vit naître ici-bas le noir siècle de fer.
Le frère au même instant s'arma contre le frère;
Le fils trempa ses mains dans le sang de son père;
La soif de commander enfanta les tyrans,
Du Tanaïs [2] au Nil partit les conquérants;
L'ambition passa pour la vertu sublime;
Le crime heureux fut juste et cessa d'être crime :
On ne vit plus que haine et que division,
Qu'envie, effroi, tumulte, horreur, confusion.
  Le véritable Honneur sur la voûte céleste
Est enfin averti de ce trouble funeste.
Il part sans différer, et, descendu des cieux,
Va partout se montrer dans les terrestres lieux :
Mais il n'y fait plus voir qu'un visage incommode,
On n'y peut plus souffrir ses vertus hors de mode;
Et lui-même, effroi, traité de fourbe et d'imposteur,
Est contraint de ramper aux pieds du séducteur.
Enfin, las de s'essuyer outrage sur outrage,
Il livre les humains à leur triste esclavage;
S'en va trouver sa sœur, et, dès ce même jour,
Avec elle s'envole au céleste séjour.
Depuis, toujours ici riche de son rang,
Sur les tristes mortels le faux honneur domine,
Gouverne tout, fait tout, dans ce bas univers;
Et peut-être est-ce lui qui m'a dicté ces vers.
Mais en fût-il l'auteur, je conclus de sa fable
Que ce n'est qu'en Dieu seul qu'est l'honneur véritable.

[1] Loi par laquelle les Athéniens avaient droit de reléguer tel de leurs citoyens qu'ils voulaient.
[2] Le Tanaïs est un fleuve du pays des Scythes.

AVERTISSEMENT SUR LA SATIRE XII.

Quelque heureux succès qu'aient eu mes ouvrages, j'avais résolu depuis leur dernière édition [1] de ne plus rien donner au public; et quoiqu'à mes heures perdues, il y a environ cinq ans [2], j'eusse encore fait contre l'équivoque une satire que tous ceux à qui je l'ai communiquée ne jugeaient pas inférieure à mes autres écrits, bien loin de la publier, je la tenais soigneusement cachée, et je ne croyais pas que, moi vivant, elle dût jamais voir le jour. Ainsi donc, aussi soigneux désormais de me faire oublier que j'avais été autrefois curieux de faire parler de moi, je jouissais, à mes infirmités près, d'une assez grande tranquillité, lorsque tout d'un coup j'ai appris qu'on débitait dans le monde sous mon nom quantité de méchants écrits, et entre autres une pièce en vers contre les jésuites, également odieuse et insipide, où l'on me faisait, en mon propre nom, dire à toute leur société les injures les plus atroces et les plus grossières. J'avoue que cela m'a donné un très-grand chagrin. Car bien que tous les gens sensés aient connu sans peine que la pièce n'était point de moi, et qu'il n'y ait eu que de très-petits esprits qui aient présumé que j'en pouvais être l'auteur, la vérité est pourtant que je n'ai pas regardé comme un médiocre affront de me voir soupçonné, même par des ridicules, d'avoir fait un ouvrage si ridicule.

J'ai donc cherché les moyens les plus propres pour me laver de cette infamie; et, tout bien considéré, je n'ai point trouvé de meilleur expédient que de faire imprimer ma satire contre l'équivoque, parce qu'en la lisant, les moins éclairés même de ces petits esprits ouvriraient peut-être les yeux et verraient manifestement le peu de rapport qu'il y a de mon style, même en l'âge où je suis, au style bas et rampant de l'auteur de ce pitoyable écrit. Ajoutez à cela que je pouvais mettre à la tête de ma satire, en la donnant au public, un avertissement en manière de préface, où je me justifierais pleinement et tirerais tout le monde d'erreur. C'est ce que je fais aujourd'hui; et j'espère que le peu que je viens de dire produira l'effet que je me suis proposé. Il ne me reste donc plus maintenant qu'à parler de la satire pour laquelle est fait ce discours.

Je l'ai composée par un caprice du monde le plus bizarre, et par une espèce de dépit et de colère poétique, s'il faut ainsi dire, qui me saisit à l'occasion de ce que je vais raconter. Je me promenais dans mon jardin d'Auteuil, et rêvais en marchant à un poème que je voulais faire contre les mauvais critiques de notre siècle. J'en avais même déjà composé quelques vers dont j'étais assez content. Mais voulant continuer, je m'aperçus qu'il y avait dans ces vers une équivoque de langue; et m'étant sur-le-champ mis en devoir de la corriger, je n'en pus jamais venir à bout. Cela m'irrita de telle manière, qu'au lieu de m'appliquer davantage à réformer cette équivoque et de poursuivre mon poëme contre les faux critiques, la folle pensée me vint de faire contre l'équivoque même une satire qui pût me venger de tous les chagrins qu'elle m'a causés depuis que je me mêle d'écrire. Je vis bien que je ne rencontrerais pas de médiocres difficultés à mettre en vers un sujet si sec; et même il s'en présenta d'abord une qui m'arrêta tout court : ce fut de savoir duquel des deux genres, masculin ou féminin, je ferais le mot d'équivoque, beaucoup d'habiles écrivains, ainsi que le remarque Vaugelas, le faisant masculin. Je me déterminai pourtant assez vite au féminin, comme au plus usité des deux : et bien loin que cela empêchât l'exécution de mon projet, je crus que ce ne serait pas une méchante plaisanterie de commencer ma satire par cette difficulté même. C'est ainsi que je m'engageai dans la composition de cet ouvrage. Je croyais d'abord faire tout au plus cinquante ou soixante vers; mais ensuite les exemples me venant en foule, et les choses que j'avais à reprocher à l'équivoque se multipliant à mes yeux, j'ai poussé ces vers jusqu'à près de trois cent cinquante.

C'est au public maintenant à voir si j'ai bien ou mal réussi. Je n'emploierai point ici, non plus que dans les préfaces de mes autres écrits, mon adresse et ma rhétorique à le prévenir en ma faveur. Tout ce que je puis lui dire, c'est que j'ai travaillé cette pièce avec le même soin que toutes mes autres poésies. Une chose pourtant dont il est bon que les jésuites soient avertis, c'est qu'en attaquant l'équivoque je n'ai pas mis ce mot dans toute l'étroite rigueur de sa signification grammaticale, le mot équivoque, en ce sens-là, ne voulant dire qu'une ambiguïté de paroles; mais que je l'ai pris, comme le prend ordinairement le commun des hommes, pour toutes sortes d'ambiguïtés de sens, de pensées, d'expressions, et enfin pour tous ces abus et toutes ces méprises de l'esprit humain qui font qu'il prend souvent une chose pour une autre. Et c'est dans ce sens que j'ai dit que l'idolâtrie avait pris naissance de l'équivoque; les hommes, à mon avis, ne pouvant pas s'équivoquer plus lourdement que de prendre des pierres, de l'or et du cuivre pour Dieu. J'ajouterai à cela que, la providence divine, ainsi que je l'établis clairement dans ma satire, n'ayant permis chez eux cet horrible aveuglement qu'en punition de ce que leur premier père avait prêté l'oreille aux promesses du démon, j'ai pu conclure infailliblement que l'idolâtrie est un fruit, ou,

[1] En 1701. — [2] Cet avertissement a été composé en 1710.

pour mieux dire, un véritable enfant de l'équivoque. Je ne vois donc pas qu'on me puisse faire sur cela aucune bonne critique; et surtout ma satire étant un pur jeu d'esprit, où il serait ridicule d'exiger une précision géométrique de pensées et de paroles.

Mais il y a une autre objection plus importante et plus considérable, qu'on me fera peut-être au sujet des propositions de morale relâchée que j'attaque dans la dernière partie de mon ouvrage. Car ces propositions ayant été, à ce qu'on prétend, avancées par quantité de théologiens, même célèbres, la moquerie que j'en fais peut, dira-t-on, diffamer en quelque sorte ces théologiens, et causer ainsi une espèce de scandale dans l'Eglise. A cela je réponds premièrement qu'il n'y a aucune des propositions que j'attaque qui n'ait été plus d'une fois condamnée par toute l'Eglise, et tout récemment encore par deux des plus grands papes qui aient depuis longtemps rempli le saint-siége. Je dis en second lieu qu'à l'exemple de ces célèbres vicaires de Jésus-Christ, je n'ai point nommé les auteurs de ces propositions ni aucun de ces théologiens dont on dit que je puis causer la diffamation; et contre lesquels même j'avoue que je ne puis rien décider, puisque je n'ai point lu ni ne suis d'humeur à lire leurs écrits : ce qui serait pourtant absolument nécessaire pour prononcer sur les accusations que l'on forme contre eux, leurs accusateurs pouvant les avoir mal entendus et s'être trompés dans l'intelligence des passages où ils prétendent que sont ces erreurs dont ils les accusent. Je soutiens en troisième lieu qu'il est contre la droite raison de penser que je puisse exciter quelque scandale dans l'Eglise en traitant de ridicules des propositions rejetées de toute l'Eglise, et plus dignes encore, par leur absurdité, d'être sifflées de tous les fidèles que réfutées sérieusement. C'est ce que je me crois obligé de dire pour me justifier. Que si après cela il se trouve encore quelques théologiens qui se figurent qu'en décriant ces propositions j'ai eu en vue de les décrier eux-mêmes, je déclare que cette fausse idée qu'ils ont de moi ne saurait venir que des mauvais artifices de l'équivoque, qui, pour se venger des injures que je lui dis dans ma pièce, s'efforce d'intéresser dans sa cause ces théologiens en me faisant penser ce que je n'ai pas pensé et dire ce que je n'ai point dit.

Voilà, ce me semble, bien des paroles, et peut-être trop de paroles employées pour justifier un aussi peu considérable ouvrage qu'est la satire qu'on va voir. Avant néanmoins que de finir, je ne crois pas me pouvoir dispenser d'apprendre aux lecteurs qu'en attaquant, comme je fais dans ma satire, ces erreurs, je ne me suis point fié à mes seules lumières, mais qu'ainsi que je l'ai pratiqué il y a environ dix ans, à l'égard de mon épître de l'amour de Dieu, j'ai non-seulement consulté sur mon ouvrage tout ce que je connais de plus habiles docteurs, mais que je l'ai donné à examiner au prélat de l'Eglise qui, par l'étendue de ses connaissances et par l'éminence de sa dignité, est le plus capable et le plus en droit de me prescrire ce que je dois penser sur ces matières; je veux dire à M. le cardinal de Noailles, mon archevêque. J'ajouterai que ce pieux et savant cardinal a en trois semaines ma satire entre les mains, et qu'à mes instantes prières, après l'avoir lue et relue plus d'une fois, il me l'a enfin rendue en me comblant d'éloges, et m'a assuré qu'il n'y avait trouvé à redire qu'un seul mot, que j'ai corrigé sur-le-champ, et sur lequel je lui ai donné une entière satisfaction. Je me flatte donc qu'avec une approbation si authentique, si sûre et si glorieuse, je puis marcher la tête levée, et dire hardiment des critiques qu'on pourra faire désormais contre la doctrine de mon ouvrage, que ce ne sauraient être que de vaines subtilités d'un tas de misérables sophistes formés dans l'école du mensonge, et aussi affidés amis de l'équivoque, qu'opiniâtres ennemis de Dieu, du bon sens et de la vérité.

SATIRE XII.

Du langage français bizarre hermaphrodite,
De quel genre te faire, équivoque maudite,
Ou maudit? car sans peine aux rimeurs hasardeux
L'usage encor, je crois, laisse le choix des deux.
Tu ne me réponds rien. Sors d'ici, fourbe insigne,
Mâle aussi dangereux que femelle maligne,
Qui crois rendre innocents les discours imposteurs;
Tourment des écrivains, juste effroi des lecteurs;
Par qui de mots confus sans cesse embarrassée
Ma plume, en écrivant, cherche en vain ma pensée :
Laisse-moi; va charmer de tes vains agréments
Les yeux faux et gâtés de tes louches amants;
Et ne viens point ici de ton ombre grossière
Envelopper mon style, ami de la lumière.
Tu sais bien que jamais chez toi, dans mes discours,
Je n'ai d'un faux brillant emprunté le secours :
Fuis donc. Mais non, demeure; un démon qui m'inspire
Veut qu'encore une utile et dernière satire,
De ce pas en mon livre exprimant tes noirceurs,
Se vienne, en nombre pair, joindre à ses onze sœurs;
Et je sens que ta vue échauffe mon audace.

Viens, approche : voyons, malgré l'âge et sa glace,
Si ma muse aujourd'hui, sortant de sa langueur,
Pourra trouver encore un reste de vigueur.
Mais où tend, dira-t-on, ce projet fantastique?
Ne vaudrait-il pas mieux dans mes vers, moins caustique,
Répandre de tes jeux le sel divertissant,
Que d'aller contre toi, sur ce ton menaçant,
Pousser jusqu'à l'excès ma critique boutade?
Je ferais mieux, j'entends, d'imiter Benserade.
C'est par lui qu'autrefois, mise en ton plus beau jour,
Tu sus, trompant les yeux du peuple et de la cour,
Leur faire, à la faveur de tes bluettes folles,
Goûter comme bons mots tes quolibets frivoles.
Mais ce n'est plus le temps : le public détrompé
D'un pareil enjouement ne se sent plus frappé.
Tes bons mots, autrefois délices des ruelles,
Approuvés chez les grands, applaudis chez les belles,
Hors de mode aujourd'hui chez nos plus froids badins,
Sont des collets-montés et des vertugadins.
Le lecteur ne sait plus admirer dans Voiture
De ton froid jeu de mots l'insipide figure.
C'est à regret qu'on voit cet auteur si charmant,
Et pour mille beaux traits vanté si justement,
Chez toi toujours cherchant quelque finesse aiguë,
Présenter au lecteur sa pensée ambiguë,
Et souvent du faux sens d'un proverbe affecté
Faire de son discours la piquante beauté.
Mais laissons là le tort qu'à ses brillants ouvrages
Fit le plat agrément de tes vains badinages.
Parlons des maux sans fin que ton sens de travers,
Source de toute erreur, sema dans l'univers :
Et, pour les contempler jusque dans leur naissance,
Dès le temps nouveau-né, quand la Toute-Puissance
D'un mot forma le ciel, l'air, la terre et les flots,
N'est-ce pas toi, voyant le monde à peine éclos,
Qui, par l'éclat trompeur d'une funeste pomme,
Et tes mots ambigus, fis croire au premier homme
Qu'il allait, en goûtant de ce morceau fatal,
Comblé de tout savoir, à Dieu se rendre égal?
Il en fit sur-le-champ la folle expérience.
Mais tout ce qu'il acquit de nouvelle science
Fut que, triste et honteux de voir sa nudité,
Il sut qu'il n'était plus, grâce à sa vanité,
Qu'un chétif animal pétri d'un peu de terre,
A qui la faim, la soif partout faisaient la guerre,
Et qui, courant toujours de malheur en malheur,
A la mort arrivait enfin par la douleur.
Oui, de tes noirs complots et de ta triste rage
Le genre humain perdu fut le premier ouvrage :
Et bien que l'homme alors parût si rabaissé,
Par toi contre le ciel un orgueil insensé
Armant de ses neveux la gigantesque engeance,
Dieu résolut enfin, terrible en sa vengeance,
D'abîmer sous les eaux tous ces audacieux.
Mais avant qu'il lâchât les écluses des cieux,
Par un fils de Noé fatalement sauvée,
Tu fus, comme serpent, dans l'arche conservée.
Et d'abord poursuivant tes projets suspendus,
Chez les mortels restants, encor tout éperdus,
De nouveau tu semas tes captieux mensonges,
Et remplis leurs esprits de fables et de songes.
Tes voiles offusquant leurs yeux de toutes parts,
Dieu disparut lui-même à leurs troubles regards.
Alors tout ne fut plus que stupide ignorance,
Qu'impiété sans borne et sans extravagance :
Puis, de cent dogmes faux la superstition
Répandant l'idolâtre et folle illusion
Sur la terre en tout lieu disposée à les suivre,
L'art se tailla des dieux d'or, d'argent et de cuivre;
Et l'artisan lui-même, humblement prosterné
Aux pieds du vain métal par sa main façonné,
Lui demanda les biens, la santé, la sagesse.
Le monde fut rempli de dieux de toute espèce :
On vit le peuple fou qui du Nil boit les eaux
Adorer les serpents, les poissons, les oiseaux;
Aux chiens, aux chats, aux boucs, offrir des sacrifices;
Conjurer l'ail, l'oignon, d'être à ses vœux propices;
Et croire follement maîtres de ses destins
Ces dieux nés du fumier porté dans ses jardins.
Bientôt te signalant par mille faux miracles,
Ce fut toi qui partout fis parler les oracles :
C'est par ton double sens dans leurs discours jeté
Qu'ils lurent en mentant dire la vérité,
Et sans crainte, rendant leurs réponses normandes,
Des peuples et des rois engloutir les offrandes.

Ainsi, loin du vrai jour par toi toujours conduit,
L'homme ne sortit plus de son épaisse nuit.
Pour mieux tromper ses yeux, ton adroit artifice
Fit à chaque vertu prendre le nom d'un vice;
Et par toi, de splendeur faussement revêtu,
Chaque vice emprunta le nom d'une vertu.
Par toi l'humilité devint une bassesse;
La candeur se nomma grossièreté, rudesse :
Au contraire, l'aveugle et folle ambition
S'appela des grands cœurs la belle passion;
Du nom de fierté noble on orna l'impudence,
Et la fourbe passa pour l'exquise prudence :
L'audace brilla seule aux yeux de l'univers;
Et pour vraiment héros, chez les hommes pervers,
On ne reconnut plus qu'usurpateurs iniques,
Que tyranniques rois censés grands politiques,
Qu'infâmes scélérats à la gloire aspirants,
Et voleurs revêtus du nom de conquérants.
Mais à quoi s'attacha ta savante malice?
Ce fut surtout à faire ignorer la justice.
Dans les plus claires lois ton ambiguïté
Répandant son adroite et fine obscurité,
Aux yeux embarrassés des juges les plus sages
Tout sens devint douteux, tout mot eut deux visages;
Plus on crut pénétrer, moins on fut éclairci;
Le texte fut souvent par la glose obscurci :
Et, pour comble de maux, à tes raisons frivoles
L'éloquence prêtant l'ornement des paroles,
Tous les jours accablé sous leur commun crédit,
Le vrai passa pour faux, et le bon droit eut tort.
Voilà comme, déchu de sa grandeur première,
Concluons, l'homme enfin perdit toute lumière,
Et, par tes yeux trompeurs se figurant tout voir,
Ne vit, ne sut plus rien, ne put plus rien savoir.
De la raison pourtant, par le vrai Dieu guidée,
Il resta quelque trace encor dans la Judée.
Chez les hommes ailleurs sous ton joug gémissants
Vainement on chercha la vertu, le droit sens :
Car, qu'est-ce, loin de Dieu, que l'humaine sagesse?
Et Socrate, l'honneur de la profane Grèce,
Qu'était-il en effet, de près examiné,
Qu'un mortel par lui-même au seul mal entraîné,
Et, malgré la vertu dont il faisait parade,
Très-équivoque ami du jeune Alcibiade?
Oui, j'ose hardiment l'affirmer contre toi,
Dans le monde idolâtre, asservi sous ta loi,
Par l'humaine raison de clarté dépourvue
L'humble et vraie équité fut à peine entrevue;
Et, par un sage altier, au seul faste attaché,
Le bien même accompli souvent fut un péché.
Pour tirer l'homme enfin de ce désordre extrême,
Il fallut qu'ici-bas Dieu, fait homme lui-même,
Vînt du sein lumineux de l'éternel séjour
De tes dogmes trompeurs dissiper le faux jour.
A l'aspect de ce Dieu les démons disparurent;
Dans Delphes, dans Délos, tes oracles se turent :
Tout marqua, tout sentit sa venue en ces lieux;
L'estropié marcha, l'aveugle ouvrit les yeux.
Mais bientôt contre lui ton audace rebelle
Chez la nation même à son culte fidèle
De tous côtés arma tes nombreux sectateurs,
Prêtres, pharisiens, rois, pontifes, docteurs.
C'est par eux que l'on vit la vérité suprême
De mensonge et d'erreur accusée elle-même,
Au tribunal humain le Dieu du ciel traîné,
Et l'auteur de la vie à mourir condamné.
Ta fureur toutefois à ce coup fut déçue,
Et pour toi ton audace eut une triste issue.
Dans la nuit du tombeau ce Dieu précipité
Se releva soudain tout brillant de clarté;
Et partout sa doctrine en peu de temps portée
Fut du Gange et du Nil et du Tage écoutée;
Des superbes autels à leur gloire dressés
Tes ridicules dieux tombèrent renversés :
On vit en mille endroits leurs honteuses statues
Pour le plus bas usage utilement fondues,
Et gémir vainement Mars, Jupiter, Vénus,
Urnes, vases, trépieds, vils meubles devenus.
Sans succomber pourtant tu soutins cet orage,
Et, sur l'idolâtrie enfin perdant courage,
Pour embarrasser l'homme en des nœuds plus subtils,
Tu courus chez Satan brouiller de nouveaux fils.
Alors, pour seconder ta triste frénésie,
Arriva de l'enfer ta fille l'Hérésie.
Ce monstre, dès l'enfance à ton école instruit;

De tes leçons bientôt te fit goûter le fruit.
Par lui l'erreur, toujours finement apprêtée,
Sortant pleine d'attraits de sa bouche empestée,
De son mortel poison tout courut s'abreuver,
Et l'Eglise elle-même eut peine à s'en sauver.
Elle-même deux fois, presque toute arienne,
Sentit chez soi trembler la vérité chrétienne,
Lorsqu'attaquant le Verbe et sa divinité,
D'une syllabe impie un saint mot augmenté
Remplit tous les esprits d'aigreurs si meurtrières,
Et fit de sang chrétien couler tant de rivières.
Le fidèle, au milieu de ces troubles confus
Quelque temps égaré, ne se reconnut plus :
Et dans plus d'un aveugle et ténébreux concile
Le mensonge parut vainqueur de l'Evangile.
Mais à quoi bon ici du profond des enfers,
Nouvel historien de tant de maux soufferts,
Rappeler Arius, Valentin et Pélage,
Et tous ces fiers démons que toujours d'âge en âge
Dieu, pour faire éclaircir à fond ses vérités,
A permis qu'aux chrétiens l'enfer ait suscités?
Laissons hurler là-bas tous ces damnés antiques,
Et bornons nos regards aux troubles fanatiques
Que ton horrible fille ici sut émouvoir,
Quand Luther et Calvin, remplis de ton savoir,
Et soi-disant choisis pour réformer l'Eglise,
Vinrent du célibat affranchir la prêtrise,
Et, des vœux les plus saints blâmant l'austérité,
Aux moines tua du joug rendre la liberté.
Alors, n'admettant plus d'autorité visible,
Chacun fut de la foi censé juge infaillible;
Et, sans être approuvé par le clergé romain,
Tout protestant fut pape, une Bible à la main.
De cette erreur dans peu naquirent plus de sectes
Qu'en automne on ne voit de bourdonnants insectes
Fondre sur les raisins nouvellement mûris,
Ou qu'en toutes saisons sur les murs, à Paris,
On ne voit affichés de recueils d'amourettes,
De vers, de contes bleus, de frivoles sornettes,
Souvent peu recherchés du public nonchalant,
Mais vantés à coup sûr du Mercure galant.
Ce ne fut plus partout que fous anabaptistes,
Qu'orgueilleux puritains, qu'exécrables déistes;
Le plus vil artisan eut ses dogmes à soi,
Et chaque chrétien fut de différente loi.
La discorde, au milieu de ces sectes altières,
En tout lieu cependant déploya ses bannières;
Et ta fille, au secours des vains raisonnements
Appelant le ravage et les embrasements,
Fit, en plus d'un pays, aux villes désolées,
Sous l'herbe en vain chercher leurs églises brûlées.
L'Europe fut un champ de massacre et d'horreur :
Et l'orthodoxe même, aveugle en sa fureur,
De tes dogmes trompeurs nourrissant son idée,
Oublia la douceur aux chrétiens commandée;
Et crut, pour imiter Dieu de ses fiers ennemis,
Tout ce que Dieu défend légitime et permis.
Au signal tout à coup donné pour le carnage,
Dans les villes, partout, théâtres de leur rage,
Cent mille faux zélés, le fer en main courants,
Allèrent attaquer leurs amis, leurs parents,
Et, sans distinction, dans tout sein hérétique
Pleins de joie enfoncer un poignard catholique :
Car quel lion, quel tigre égale en cruauté
Une injuste fureur qu'arme la piété?
Ces fureurs, jusqu'ici du vain peuple admirées,
Etaient pourtant toujours de l'Eglise abhorrées;
Et, dans ton grand crédit pour la bien conserver,
Il fallait que le ciel parût les approuver :
Ce chef-d'œuvre devait couronner son adresse,
Pour y parvenir donc, ton active souplesse,
Dans l'école abusant tes grossiers écrivains,
Fit croire à leurs esprits ridiculement vains
Qu'un sentiment impie, injuste, abominable,
Par deux ou trois d'entre eux réputé soutenable,
Prenait chez eux un sceau de probabilité
Qui même contre Dieu lui donnait sûreté;
Et qu'un chrétien pouvait, rempli de confiance,
Même en le condamnant, le suivre en conscience.
C'est sur ce beau principe, admis si follement,
Qu'aussitôt tu posas l'énorme fondement
De la plus dangereuse et terrible morale
Que Lucifer, assis dans la chaire infernale,
Vomissant contre Dieu ses monstrueux sermons,
Ait jamais enseigné aux novices démons.

Soudain, au grand honneur de l'école païenne,
On entendit prêcher dans l'église chrétienne
Que sous le joug du vice un pécheur abattu
Pouvait, sans aimer Dieu ni même la vertu,
Par la seule frayeur au sacrement unie,
Admis au ciel, jouir de la gloire infinie;
Et que, les clefs en main, sur ce seul passe-port,
Saint Pierre à tous venants devait ouvrir d'abord.

Ainsi, pour éviter l'éternelle misère,
Le vrai zèle au chrétien n'étant plus nécessaire,
Tu sus, dirigeant bien en eux l'intention,
De tout crime laver la coupable action.
Bientôt, se parjurer cessa d'être un parjure;
L'argent à tout denier se prêta sans usure;
Sans simonie, on put, contre un bien temporel,
Hardiment échanger un bien spirituel;
Du soin d'aider le pauvre on dispensa l'avare,
Et même chez les rois le superflu fut rare.
C'est alors qu'on trouva, pour sortir d'embarras,
L'art de mentir tout haut en disant tout bas :
C'est alors qu'on apprit qu'avec un peu d'adresse
Sans crime un prêtre peut vendre trois fois sa messe;
Pourvu que, laissant là son salut à l'écart,
Lui-même en la disant n'y prenne aucune part :
C'est alors que l'on sut qu'on peut pour une pomme,
Sans blesser la justice, assassiner un homme :
Assassiner! ah! non, je parle improprement;
Mais que, prêt à la perdre, on peut innocemment,
Surtout ne la pouvant sauver d'une autre sorte,
Massacrer le voleur qui fuit et qui l'emporte.
Enfin ce fut alors que, sans se corriger,
Tout pécheur... Mais où vais-je aujourd'hui m'engager?
Veux-je d'un pape illustre armé contre tes crimes
A tes yeux mettre ici toute la bulle en rimes;
Exprimer tes détours burlesquement pieux

Pour disculper l'impur, le gourmand, l'envieux;
Tes subtils faux-fuyants pour sauver la mollesse,
Le larcin, le duel, le luxe, la paresse;
En un mot, faire voir à fond développés
Tous ces dogmes affreux d'anathème frappés,
Que, sans peur débitant tes distinctions folles,
L'erreur encor pourtant maintient dans tes écoles?

Mais sur ce seul projet soudain puis-je ignorer
A quels nombreux combats il faut me préparer?
J'entends déjà d'ici tes docteurs frénétiques
Hautement me compter au rang des hérétiques,
M'appeler scélérat, traître, fourbe, imposteur.
Froid plaisant, faux bouffon, vrai calomniateur;
De Pascal, de Wendrock, copiste misérable ;
Et, pour tout dire enfin, janséniste exécrable.
J'aurai beau condamner, en tous sens expliqués
Les cinq dogmes fameux par ta main fabriqués,
Blâmer de tes docteurs la morale risible :
C'est, selon eux, prêcher un calvinisme horrible;
C'est nier qu'ici-bas par l'amour appelé
Dieu pour tous les humains voulut être immolé.
Prévenons tout ce bruit : trop tard, dans le naufrage,
Confus, on se repent d'avoir bravé l'orage.
Halte là donc, ma plume. Et toi, sors de ces lieux,
Monstre à qui, par un trait des plus capricieux,
Aujourd'hui terminant ma course satirique,
J'ai prêté dans mes vers une âme allégorique.
Fuis, va chercher ailleurs tes patrons bien-aimés,
Dans ces pays par toi rendus si renommés
Où l'Orne épand ses eaux, et que la Sarthe arrose;
Ou, si plus sûrement tu veux gagner ta cause,
Porte-la dans Trévoux à ce beau tribunal
Où de nouveaux Midas un sénat monacal,
Tous les mois, appuyé de ta sœur l'Ignorance,
Pour juger Apollon tient, dit-on, sa séance.

ÉPITRES.

AVERTISSEMENT SUR L'ÉPITRE I [1].

Je m'étais persuadé que la fable de l'huître que j'avais mise à la fin de cette épître au roi pourrait y délasser agréablement les lecteurs qu'un sublime trop sérieux peut enfin fatiguer, joint que la correction que j'y avais mise semblait me mettre à couvert d'une faute dont je faisais voir que je m'apercevais le premier. Mais j'avoue qu'il y a eu des personnes de bon sens qui ne l'ont pas approuvé. J'ai néanmoins balancé longtemps si je l'ôterais, parce qu'il y en avait plusieurs qui la louaient avec autant d'excès que les autres la blâmaient. Mais enfin je me suis rendu à l'autorité d'un prince [2] non moins considérable par les lumières de son esprit que par le nombre de ses victoires. Comme il m'a déclaré franchement que cette fable, quoique très-bien contée, ne lui semblait pas digne du reste de l'ouvrage, je n'ai point résisté, j'ai mis une nouvelle fin à ma pièce, et je n'ai pas cru pour une vingtaine de vers devoir me brouiller avec le premier capitaine de notre siècle. Au reste, je suis bien aise d'avertir le lecteur qu'il y a quantité de pièces impertinentes qu'on s'efforce de faire courir sous mon nom, et entre autres une satire contre les maltôtes ecclésiastiques. Je ne crains pas que les habiles gens m'attribuent toutes ces pièces, parce que mon style, bon ou mauvais, est aisé à reconnaître. Mais, comme le nombre des sots est grand, et qu'ils pourraient aisément s'y méprendre, il est bon de leur faire savoir que, hors les onze pièces [3] qui sont dans ce livre, il n'y a rien de moi entre les mains du public ni imprimé ni en manuscrit.

ÉPITRE I.

AU ROI.

GRAND roi, c'est vainement qu'abjurant la satire,
Pour toi seul désormais j'avais fait vœu d'écrire.
Dès que je prends la plume, Apollon éperdu
Semble me dire : Arrête, insensé : que fais-tu?

[1] Cet avertissement fut mis à la tête de la seconde édition que l'auteur fit en 1672 de sa première épître.
[2] Le grand Condé.
[3] Le discours au roi, les neuf premières satires et l'épître I.

Sais-tu dans quels périls aujourd'hui tu t'engages?
Cette mer où tu cours est célèbre en naufrages.
Ce n'est pas qu'aisément, comme un autre, à ton char
Je ne puisse attacher Alexandre et César;
Qu'aisément je ne pusse, en quelque ode insipide,
T'exalter aux dépens et de Mars et d'Alcide;
Te livrer le Bosphore, et, d'un vers incivil,
Proposer au sultan de te céder le Nil :
Mais, pour te bien louer, une raison sévère
Me dit qu'il faut sortir de la route vulgaire;
Qu'après avoir joué tant d'auteurs différents,
Phébus même aurait peur s'il entrait sur les rangs;
Que par des vers tout neufs, avoués du Parnasse,
Il faut de mes dégoûts justifier l'audace,
Et, si ma muse enfin n'est égale à mon roi,
Que je prête aux Cotins des armes contre moi.
Est-ce là cet auteur, l'effroi de la Pucelle,
Qui devait des bons vers nous tracer le modèle,
Ce censeur, diront-ils, qui nous réformait tous?
Quoi ! ce critique affreux n'en sait pas plus que nous!
N'avons-nous pas cent fois, en faveur de la France,
Comme lui dans nos vers pris Memphis et Byzance,
Sur les bords de l'Euphrate abattu le turban,
Et coupé, pour rimer, les cèdres du Liban?
De quel front aujourd'hui vient-il, sur nos brisées,
Se revêtir encor de nos phrases usées?
Que répondrais-je alors? Honteux et rebuté,
J'aurais beau me complaire en ma propre beauté,
Et, de mes tristes vers admirateur unique,
Plaindre, en les relisant, l'ignorance publique :
Quelque orgueil en secret dont s'aveugle un auteur,
Il est fâcheux, grand roi, de se voir sans lecteur,
Et d'aller, du récit de ta gloire immortelle,
Habiller chez Francœur [1] le sucre et la cannelle.
Ainsi, craignant toujours un funeste accident,
J'imite de Conrart [2] le silence prudent :
Je laisse aux plus hardis l'honneur de la carrière,
Et regarde le champ, assis sur la barrière.

[1] Fameux épicier. — [2] Fameux académicien qui n'a jamais rien écrit.

Malgré moi toutefois un mouvement secret
Vient flatter mon esprit qui se tait à regret.
Quoi! dis-je tout chagrin, dans ma verve infertile,
Des vertus de mon roi spectateur inutile,
Faudra-t-il sur sa gloire attendre à m'exercer
Que ma tremblante voix commence à se glacer?
Dans un si beau projet, si ma muse rebelle
N'ose le suivre aux champs de Lille et de Bruxelle,
Sans le chercher aux bords de l'Escaut et du Rhin,
La paix l'offre à mes yeux plus calme et plus serein.
Oui, grand roi, laissons là les siéges, les batailles :
Qu'un autre aille en rimant renverser des murailles ;
Et souvent, sur tes pas marchant sans ton aveu,
S'aille couvrir de sang, de poussière et de feu.
A quoi bon, d'une muse au carnage animée,
Echauffer la valeur déjà trop allumée?
Jouissons à loisir du fruit de tes bienfaits,
Et ne nous laissons point des douceurs de la paix.
   Pourquoi ces éléphants, ces armes, ce bagage,
Et ces vaisseaux tout prêts à quitter le rivage?
Disait au roi Pyrrhus un sage confident [1],
Conseiller très-sensé d'un roi très-imprudent.
Je vais, lui dit ce prince, à Rome, où l'on m'appelle.
Quoi faire? L'assiéger. L'entreprise est fort belle,
Et digne seulement d'Alexandre ou de vous :
Mais, Rome prise enfin, seigneur, où courons-nous?
Du reste des Latins la conquête est facile.
Sans doute on les peut vaincre : est-ce tout? La Sicile
De là nous tend les bras, et bientôt sans effort
Syracuse reçoit nos vaisseaux dans son port.
Bornez-vous à vos pas? Dès que nous l'aurons prise,
Il ne faut qu'un bon vent, et Carthage est conquise.
Les chemins sont ouverts : qui peut nous arrêter?
Je vous entends, seigneur, vous allez tout dompter :
Nous allons traverser les sables de Libye,
Asservir en passant l'Egypte, l'Arabie,
Courir delà le Gange en de nouveaux pays,
Faire trembler le Scythe aux bords du Tanaïs,
Et ranger sous nos lois tout ce vaste hémisphère.
Mais, de retour enfin, que prétendez-vous faire?
Alors, cher Cinéas, victorieux, contents,
Nous pourrons rire à l'aise et prendre du bon temps.
Hé, seigneur, dès ce jour, sans sortir de l'Epire,
Du matin jusqu'au soir qui vous défend de rire?
Le conseil était sage et facile à goûter :
Pyrrhus vivait heureux s'il eût pu l'écouter.
Mais à l'ambition d'opposer la prudence,
C'est aux prélats de cour prêcher la résidence.
   Ce n'est pas que mon cœur du travail ennemi
Approuve un fainéant sur le trône endormi :
Mais, quelques vains lauriers que promette la guerre,
On peut être héros sans ravager la terre.
Il est plus d'une gloire. En vain aux conquérants
L'erreur, parmi les rois, donne les premiers rangs ;
Entre les grands héros ce sont les plus vulgaires.
Chaque siècle est fécond en heureux téméraires ;
Chaque climat produit des favoris de Mars :
La Seine a des Bourbons, le Tibre a des Césars :
On a vu mille fois des fanges méotides
Sortir des conquérants goths, vandales, gépides.
Mais un roi vraiment roi, qui, sage en ses projets,
Sache en un calme heureux maintenir ses sujets,
Qui du bonheur public ait cimenté sa gloire,
Il faut pour le trouver courir toute l'histoire.
La terre compte peu de ces rois bienfaisants :
Le ciel à les former se prépare longtemps.
Tel fut cet empereur [2] sous qui Rome adorée
Vit renaître les jours de Saturne et de Rhée,
Qui rendit de son joug l'univers amoureux ;
Qu'on n'alla jamais voir sans revenir heureux;
Qui soupirait le soir, si sa main fortunée
N'avait par ses bienfaits signalé la journée.
Le cours ne fut pas long d'un empire si doux.
   Mais où cherché-je ailleurs ce qu'on trouve chez nous?
Grand roi, sans recourir aux histoires antiques,
Ne t'avons-nous pas vu dans les plaines belgiques,
Quand l'ennemi vaincu, désertant ses remparts,
Au-devant de ton joug courait de toutes parts,
Toi-même te borner, au fort de la victoire,
Et chercher dans la paix [3] une plus juste gloire?
Ce sont là les exploits que tu dois avouer;
Et c'est par là, grand roi, que je te veux louer.

[1] Plutarque, dans la vie de Pyrrhus.
[2] Titus. — [3] La paix de 1668.

Assez d'autres sans moi, d'un style moins timide,
Suivront aux champs de Mars ton courage rapide;
Iront de ta valeur effrayer l'univers
Et camper devant Dôle [1] au milieu des hivers.
Pour moi, loin des combats, sur un ton moins terrible,
Je dirai les exploits de ton règne paisible :
Je peindrai les plaisirs en foule renaissants;
Les oppresseurs du peuple à leur tour gémissants.
On verra par quels soins ta sage prévoyance
Au fort de la famine entretint l'abondance [2] :
On verra les abus par ta main réformés;
La licence et l'orgueil en tous lieux réprimés [3];
Du débris des traitants ton épargne grossie [4];
Des subsides affreux la rigueur adoucie [5];
Le soldat, dans la paix, sage et laborieux [6];
Nos artisans grossiers rendus industrieux [7];
Et nos voisins frustrés de ces tributs serviles
Que payait à leur art le luxe de nos villes.
Tantôt je tracerai tes pompeux bâtiments,
Du loisir d'un héros nobles amusements.
J'entends déjà frémir les deux mers étonnées [8]
De voir leurs flots unis au pied des Pyrénées.
Déjà de tous côtés la chicane aux abois
S'enfuit au seul aspect de tes nouvelles lois [9].
Oh! que ta main par là va sauver de pupilles!
Que de savants plaideurs désormais inutiles!
Qui ne sent point l'effet de tes soins généreux?
L'univers sous ton règne a-t-il des malheureux?
Est-il quelque vertu, dans les glaces de l'Ourse,
Ni dans ces lieux brûlés où le jour prend sa source,
Dont la triste indigence ose encore approcher,
Et qu'en foule tes dons [10] d'abord n'aillent chercher?
C'est par toi qu'on va voir les muses enrichies
De leur longue disette à jamais affranchies.
Grand roi, poursuis toujours, assure leur repos.
Sans elles un héros est un peu longtemps héros :
Bientôt, quoi qu'il ait fait, la mort, d'une ombre noire,
Enveloppe avec lui son nom et son histoire.
En vain, pour s'exempter de l'oubli du cercueil,
Achille mit vingt fois tout Ilion en deuil;
En vain, malgré les vents, aux bords de l'Hespérie
Enée enfin porta ses dieux et sa patrie :
Sans le secours des vers, leurs noms tant publiés
Seraient depuis mille ans avec eux oubliés.
Non, à quelques hauts faits que ton destin t'appelle,
Sans le secours soigneux d'une muse fidèle
Pour t'immortaliser ta fais de vains efforts.
Apollon te le doit : ouvre-lui tes trésors.
En poëtes fameux rends nos climats fertiles :
Un Auguste aisément peut faire des Virgiles.
Que d'illustres témoins de ta vaste bonté
Vont pour toi déposer à la postérité!
   Pour moi qui, sur ton nom déjà brûlant d'écrire,
Sens au bout de ma plume expirer la satire,
Je n'ose de mes vers vanter ici le prix.
Toutefois, si quelqu'un de mes faibles écrits
Des ans injurieux peut éviter l'outrage,
Peut-être pour ta gloire aura-t-il son usage.
Et comme tes exploits, étonnant les lecteurs,
Seront à peine crus sur la foi des auteurs,
Si quelque esprit malin les veut traiter de fables,
On dira quelque jour, pour les rendre croyables :
Boileau, qui, dans ses vers pleins de sincérité,
Jadis à tout son siècle a dit la vérité,
Qui mit à tout blâmer son étude et sa gloire,
A pourtant de ce roi parlé comme l'histoire.

EPITRE II.

A M. L'ABBÉ DES ROCHES.

A quoi bon réveiller mes muses endormies
Pour tracer aux auteurs des règles ennemies?
Penses-tu qu'aucun d'eux veuille admettre mes lois,

[1] Le roi venait de conquérir la Franche-Comté en plein hiver.
[2] Ce fut en 1663. — [3] Plusieurs édits donnés pour réformer le luxe.
[4] La chambre de justice.
[5] Les tailles furent diminuées de quatre millions.
[6] Les soldats employés aux travaux publics.
[7] Établissement en France des manufactures.
[8] Le canal de Languedoc. — [9] L'ordonnance de 1667.
[10] Le roi, en 1663, donna des pensions à beaucoup de gens de lettres dans toute l'Europe.

Ni suivre une raison qui parle par ma voix?
O le plaisant docteur, qui, sur les pas d'Horace,
Vient prêcher, diront-ils, la réforme au Parnasse!
Nos écrits sont mauvais; les siens valent-ils mieux?
J'entends déjà d'ici Linière furieux
Qui m'appelle au combat sans prendre un plus long terme.
De l'encre, du papier! dit-il; qu'on nous enferme!
Voyons qui de nous deux, plus aisé dans ses vers,
Aura plus tôt rempli la page et le revers!
Moi donc, qui suis peu fait à ce genre d'escrime,
Je le laisse tout seul verser rime sur rime,
Et, souvent de dépit contre moi s'exerçant,
Punir de mes défauts le papier innocent.
Mais toi, qui ne crains point qu'un rimeur te noircisse,
Que fais-tu cependant seul en ton bénéfice?
Attends-tu qu'un fermier, payant, quoiqu'un peu tard,
De ton bien pour le moins daigne te faire part?
Vas-tu, grand défenseur des droits de ton église,
De tes moines mutins réprimer l'entreprise?
Crois-moi, dût Auzanet[1] t'assurer du succès,
Abbé, n'entreprends point même un juste procès.
N'imite point ces fous dont la sotte avarice
Va de ses revenus engraisser la justice;
Qui, toujours assignant, et toujours assignés,
Souvent demeurent gueux de vingt procès gagnés.
Soutenons bien nos droits : sot est celui qui donne.
C'est ainsi devers Caen que tout Normand raisonne.
Ce sont là les leçons dont un père manseau
Instruit son fils novice au sortir du berceau.
Mais pour toi, qui, nourri bien en deçà de l'Oise,
As sucé la vertu picarde et champenoise,
Non, non, tu n'iras point, ardent bénéficier,
Faire enrouer pour toi Corbin ni le Mazier[2].
Toutefois si jamais quelque ardeur bilieuse
Allumait dans ton cœur l'humeur litigieuse,
Consulte-moi, d'abord, et, pour la réprimer,
Retiens bien la leçon que je te vais rimer.
Un jour, dit un auteur, n'importe en quel chapitre,
Deux voyageurs à jeun rencontrèrent une huître.
Tous deux la contestaient, lorsque dans leur chemin
La Justice passa la balance à la main.
Devant elle à grand bruit ils expliquent la chose.
Tous deux avec dépens veulent gagner leur cause.
La Justice, pesant ce droit litigieux,
Demande l'huître, l'ouvre, et l'avale à leurs yeux;
Et par ce bel arrêt terminant la bataille :
Tenez, voilà, dit-elle à chacun, une écaille.
Des sottises d'autrui nous vivons au palais.
Messieurs, l'huître était bonne. Adieu. Vivez en paix.

ÉPÎTRE III.

A M. ARNAULD, DOCTEUR DE SORBONNE.

Oui, sans peine, au travers des sophismes de Claude[3],
Arnauld, des novateurs tu découvres la fraude,
Et romps de leurs erreurs les filets captieux.
Mais que sert que ta main leur dessille les yeux,
Si toujours dans leur âme une pudeur rebelle,
Près d'embrasser l'Église, au précic les rappelle?
Non, ne crois pas que Claude, habile à se tromper,
Soit insensible aux traits dont tu le sais frapper :
Mais en démon l'arrête, et, quand ta voix l'abattre,
Lui dit : Si tu te rends, sais-tu ce qu'on va dire?
Dans son heureux retour lui montre un faux malheur,
Lui peint de Charenton[4] l'hérétique douleur;
Et, balançant Dieu même en son âme flottante,
Fait mourir dans son cœur la vérité naissante.
Des superbes mortels le plus affreux lien,
N'en doutons point, Arnauld, c'est la honte du bien.
Des plus nobles vertus cette adroite ennemie
Peint l'honneur à nos yeux des traits de l'infamie;
Asservit nos esprits sous un joug rigoureux,
Et nous rend l'un de l'autre esclaves malheureux.
Par elle la vertu devient lâche et timide.
Vois-tu ce libertin en public intrépide
Qui prêche contre un Dieu que dans son âme il croit?
Il irait embrasser la vérité qu'il voit :

[1] Fameux avocat au parlement de Paris. — [2] Deux autres avocats.
[3] Il était alors occupé à écrire contre le sieur Claude, ministre de Charenton.
[4] Lieu près de Paris, où ceux de la R. P. R. avaient un temple.

Mais de ses faux amis il craint la raillerie,
Et ne brave ainsi Dieu que par poltronnerie.
C'est là de tous nos maux le fatal fondement;
Des jugements d'autrui nous tremblons follement;
Et, chacun l'un de l'autre adorant les caprices,
Nous cherchons hors de nous nos vertus et nos vices.
Misérables jouets de notre vanité.
Faisons au moins l'aveu de notre infirmité.
A quoi bon, quand la fièvre en nos artères brûle,
Faire de notre mal un secret ridicule?
Le feu sort de vos yeux pétillants et troublés,
Votre pouls inégal marche à pas redoublés;
Quelle fausse pudeur à feindre vous oblige?
Qu'avez-vous? Je n'ai rien. Mais... Je n'ai rien, vous dis-je,
Répondra ce malade à se taire obstiné.
Mais cependant voilà tout son corps gangrené,
Et la fièvre, demain se rendant la plus forte,
Un bénitier aux pieds va l'étendre à la porte.
Prévenons sagement un si juste malheur.
Le jour fatal est proche, et vient comme un voleur.
Avant qu'à nos erreurs le ciel nous abandonne,
Profitons de l'instant que de grâce il nous donne.
Hâtons-nous; le temps fuit !, et nous traîne avec soi :
Le moment où je parle est déjà loin de moi.
Mais quoi ! toujours la honte en esclaves nous lie !
Oui, c'est toi qui nous perds, ridicule folie :
C'est toi qui fis tomber le premier malheureux,
Le jour que d'un faux bien sottement amoureux,
Et n'osant soupçonner sa femme d'imposture,
Au démon, par pudeur, il vendit la nature.
Hélas ! avant ce jour qui perdit ses neveux,
Tous les plaisirs couraient au-devant de ses vœux.
La faim aux animaux ne faisait point la guerre :
Le blé, pour se donner, sans peine ouvrait la terre,
N'attendait point qu'un bœuf pressé de l'aiguillon
Traçât à pas tardifs un pénible sillon :
La vigne offrait partout des grappes toujours pleines,
Et des ruisseaux de lait serpentaient dans les plaines.
Mais dès ce jour Adam, déchu de son état,
D'un tribut de douleurs paya son attentat.
Il fallut qu'au travail son corps rendu docile
Forçât la terre avare à devenir fertile.
Le chardon importun hérissa les guérets;
Le serpent venimeux rampa dans les forêts;
La canicule en feu désola les campagnes;
L'aquilon en fureur gronda sur les montagnes.
Alors pour se couvrir durant l'âpre saison,
Il fallut aux brebis dérober leur toison.
La peste en même temps, la guerre et la famine,
Des malheureux humains jurèrent la ruine.
Mais aucun de ces maux n'égala les rigueurs
Que la mauvaise honte exerça sur les cœurs.
De ce nid à l'instant sortirent tous les vices.
L'avare, des premiers en proie à ses caprices,
Dans un infâme gain mettant l'honnêteté,
Pour toute honte alors compta la pauvreté :
L'honneur et la vertu n'osèrent plus paraître;
La piété chercha les déserts et le cloître.
Depuis on n'a point vu de cœur si détaché
Qui par quelque lien ne tînt à ce péché.
Triste et funeste effet du premier de nos crimes !
Moi-même, Arnauld, ici, qui te prêche en ces rimes,
Plus qu'aucun des mortels par la honte abattu,
En vain j'arme contre elle une faible vertu.
Ainsi toujours douteux, chancelant et volage,
A peine du limon où le vice m'engage
J'arrache un pied timide et sors en m'agitant,
Que l'autre m'y reporte et s'embourbe à l'instant.
Car si, comme aujourd'hui, quelque rayon de zèle
Allume dans mon cœur une clarté nouvelle,
Soudain, aux yeux d'autrui s'il faut la confirmer,
D'un geste, d'un regard, je me sens alarmer;
Et, même sur ces vers que je te viens d'écrire,
Je tremble en ce moment de ce que l'on va dire.

AVERTISSEMENT SUR L'ÉPÎTRE IV[2].

Je ne sais si les rangs de ceux qui passèrent le Rhin à la nage devant Tholus sont fort exactement gardés dans le poëme que je donne au

[1] Perse, satire V.
[2] Cet avertissement fut mis à la tête de la première édition de cette épître; en 1672.

public, et je n'en voudrais pas être garant, parce que franchement je n'y étais pas, et que je n'en suis encore que fort médiocrement instruit. Je viens même d'apprendre en ce moment que M. de Soubise[1], dont je ne parle point, est un de ceux qui s'y est le plus signalé. Je m'imagine qu'il en est ainsi de beaucoup d'autres, et j'espère de leur faire justice dans une autre édition. Tout ce que je sais, c'est que ceux dont je fais mention ont passé des premiers. Je ne me déclare donc caution que de l'histoire du fleuve en colère, que j'ai apprise d'une de ses naïades qui s'est réfugiée dans la Seine. J'aurais bien pu aussi parler de la fameuse rencontre qui suivit le passage; mais je le réserve pour un poëme à part[2]. C'est là que j'espère rendre aux mânes de M. de Longueville[3] l'honneur que tous les écrivains lui doivent, et que je peindrai cette victoire qui fut arrosée du plus illustre sang de l'univers. Mais il faut un peu reprendre haleine pour cela.

ÉPITRE IX.
La coquette tendit les bras tous les matins.

EPITRE IV.

AU ROI.

En vain pour te louer ma muse toujours prête
Vingt fois de la Hollande a tenté la conquête :
Ce pays, où cent murs n'ont pu te résister,
Grand roi, n'est pas en vers si facile à dompter.
Des villes que tu prends les noms durs et barbares
N'offrent de toutes parts que syllabes bizarres;
Et, l'oreille effrayée, il faut depuis l'Issel,
Pour trouver un beau mot courir jusqu'au Tessel.
Oui, partout de son nom chaque place munie
Tient bon contre le vers, en détruit l'harmonie.
Et qui peut sans frémir aborder Woërden?
Quel vers ne tomberait au seul nom de Heusden?
Quelle muse à rimer en tous lieux disposée
Oserait approcher des bords du Zuiderzée?
Comment en vers heureux assiéger Doësbourg,
Zutphen, Wageninghen, Hardewic, Knotzembourg?
Il n'est fort, entre ceux que tu prends par centaines,
Qui ne puisse arrêter un rimeur six semaines :
Et partout, sur le Whal ainsi que sur le Leck,
Le vers est en déroute, et le poëte à sec.
    Encor si tes exploits, moins grands et moins rapides,
Laissaient prendre courage à nos muses timides,
Peut-être avec le temps, à force d'y rêver,

[1] Il traversa le Rhin à la nage à la tête des gendarmes de la garde, dont il était capitaine lieutenant. — [2] Ce dessein n'a pas eu d'exécution. — [3] Tué au passage du Rhin.

Par quelque coup de l'art nous pourrions nous sauver.
Mais, dès qu'on veut tenter cette vaste carrière,
Pégase s'effarouche et recule en arrière :
Mon Apollon s'étonne; et Nimègue est à toi,
Que ma muse est encore au camp devant Orsoi.
    Aujourd'hui toutefois mon zèle m'encourage :
Il faut au moins du Rhin tenter l'heureux passage.
Un trop juste devoir veut que nous l'essayions.
Muses, pour le tracer cherchez tous vos crayons :
Car, puisqu'en cet exploit tout paraît incroyable,
Que la vérité pure y ressemble à la fable,
De tous vos ornements vous pouvez l'égayer.
Venez donc, et surtout gardez bien d'ennuyer :
Vous savez des grands vers les disgrâces tragiques;
Et souvent on ennuie en termes magnifiques.
    Au pied du mont Adule[1], entre mille roseaux,
Le Rhin tranquille, et fier du progrès de ses eaux,
Appuyé d'une main sur son urne penchante,
Dormait au bruit flatteur de son onde naissante :
Lorsqu'un cri tout à coup suivi de mille cris
Vient d'un calme si doux retirer ses esprits.
Il se trouble, il regarde, et partout sur ses rives
Il voit fuir à grands pas ses naïades craintives,
Qui toutes accourant vers leur humide roi
Par un récit affreux redoublent son effroi.
Il apprend qu'un héros, conduit par la victoire,
A de ses bords fameux flétri l'antique gloire;
Que Rhinberg et Wesel, terrassés en deux jours,
D'un joug déjà prochain menacent tout son cours.
Nous l'avons vu, dit l'une, affronter la tempête
De cent foudres d'airain tournés contre sa tête.
Il marche vers Tholus, et tes flots en courroux
Au prix de sa fureur sont tranquilles et doux.

ÉPITRE XI.
Ne soupçonnes-tu point qu'agité du démon
Je rumine en marchant quelque endroit du grimoire?

Il a de Jupiter la taille et le visage;
Et, depuis ce Romain[2] dont l'insolent passage
Sur un pont en deux jours trompa tous tes efforts,
Jamais rien de si grand n'a paru sur tes bords.
    Le Rhin tremble et frémit à ces tristes nouvelles;
Le feu sort à travers ses humides prunelles.
C'est donc trop peu, dit-il, que l'Escaut en deux mois
Ait appris à couler sous de nouvelles lois;
Et de mille remparts mon onde environnée
De ces fleuves sans nom suivra la destinée!

[1] Montagne d'où le Rhin prend sa source. — [2] Jules César.

Paris. — Typographie Walder, rue Bonaparte, 44.

Ah! périssent mes eaux! ou par d'illustres coups
Montrons qui doit céder des mortels ou de nous.
A ces mots, essuyant sa barbe limoneuse,
Il prend d'un vieux guerrier la figure poudreuse;
Son front cicatrisé rend son air furieux,
Et l'ardeur du combat étincelle en ses yeux.
En ce moment il part, et, couvert d'une nue,
Du fameux fort de Skink prend la route connue.
Là, contemplant son cours, il voit de toutes parts
Ses pâles défenseurs par la frayeur épars :
Il voit cent bataillons qui, loin de se défendre,
Attendent sur des murs l'ennemi pour se rendre.
Confus, il les aborde; et renforçant sa voix :
Grands arbitres, dit-il, des querelles des rois,
Est-ce ainsi que votre âme, aux périls aguerrie,
Soutient sur ces remparts l'honneur et la patrie !?

Votre ennemi superbe, en cet instant fameux,
Du Rhin, près de Tholus, fend les flots écumeux :
Du moins en vous montrant sur la rive opposée
N'oseriez-vous saisir une victoire aisée?
Allez, vils combattants, inutiles soldats;
Laissez là ces mousquets trop pesants pour vos bras;
Et, la faux à la main, parmi vos marécages,
Allez couper vos joncs et presser vos laitages;
Ou, gardant les seuls bords qui vous peuvent couvrir,
Avec moi, de ce pas; venez vaincre ou mourir.
Ce discours d'un guerrier que la colère enflamme
Ressuscite l'honneur déjà mort en leur âme;
Et, leurs cœurs s'allumant d'un reste de chaleur,
La honte fait en eux l'effet de la valeur.
Ils marchent droit au fleuve, où Louis en personne,
Déjà prêt à passer, instruit, dispose, ordonne.

... l'oiseau sort; l'escadron raffermi
Rit du honteux départ d'un si faible ennemi.
Aussitôt dans le chœur la machine emportée...

Par son ordre Grammont [2], le premier dans les flots,
S'avance soutenu des regards du héros :
Son coursier, écumant sous son maître intrépide,
Nage tout orgueilleux de la main qui le guide.
Revel le suit de près : sous ce chef redouté
Marche des cuirassiers l'escadron indompté.
Mais déjà devant eux une chaleur guerrière
Emporte loin du bord le bouillant Lesdiguière [3],
Vivonne, Nantouillet, et Coislin, et Salart;
Chacun d'eux au péril veut la première part :
Vendôme, que soutient l'orgueil de sa naissance,
Au même instant dans l'onde impatient s'élance :
La Salle, Bœringhen, Nogent, d'Ambre, Cavois,
Fendent les flots tremblants sous un si noble poids:
Louis, les animant du feu de son courage,
Se plaint de sa grandeur qui l'attache au rivage.
Par ses soins cependant trente légers vaisseaux
D'un tranchant aviron déjà coupent les eaux :
Cent guerriers s'y jetant signalent leur audace.
Le Rhin les voit d'un œil qui porte la menace;
Il s'avance en courroux. Le plomb vole à l'instant,
Et pleut de toutes parts sur l'escadron flottant.
Du salpêtre en fureur l'air s'échauffe et s'allume,
Et des coups redoublés tout le rivage fume.
Déjà du plomb mortel plus d'un brave est atteint :

[2] Il y avait sur les drapeaux des Hollandais : *Pro honore et patria.*
[2] M. le comte de Guiche. — [3] M. le comte de Saulx.

Sous les fougueux coursiers l'onde écume et se plaint.
De tant de coups affreux la tempête orageuse
Tient un temps sur les eaux la fortune douteuse.
Mais Louis d'un regard sait bientôt la fixer :
Le destin à ses yeux n'oserait balancer.
Bientôt avec Grammont courent Mars et Bellone;
Le Rhin à leur aspect d'épouvante frissonne :
Quand, pour nouvelle alarme à ces esprits glacés,
Un bruit s'épand qu'Enghien et Condé sont passés,
Condé, dont le seul nom fait tomber les murailles,
Force les escadrons et gagne les batailles;
Enghien, de son hymen le seul et digne fruit,
Par lui dès son enfance à la victoire instruit.
L'ennemi renversé fuit et gagne la plaine :
Le dieu lui-même cède au torrent qui l'entraîne,
Et, seul, désespéré, pleurant ses vains efforts,
Abandonne à Louis la victoire et ses bords.
Du fleuve dompté la déroute éclatante
A Wurts [1] jusqu'en son camp va porter l'épouvante :
Wurts, l'espoir du pays et l'appui de ses murs;
Wurts... Ah! quel nom, grand roi, quel Hector que ce Wurts!
Sans ce terrible nom, mal né pour tes oreilles,
Que j'allais à tes yeux étaler de merveilles!
Bientôt en eût vu Skink dans mes vers emporté
De ses fameux remparts démentir la fierté :
Bientôt... Mais Wurts s'oppose à l'ardeur qui m'anime.

[1] Commandant de l'armée ennemie.

Finissons, il est temps : aussi bien si la rime
Allait mal à propos m'engager dans Arnheim,
Je ne sais pour sortir de porte qu'Hildesheim.
Oh! que le ciel, seigneux de notre poésie,
Grand roi, ne nous fit-il plus voisins de l'Asie!
Bientôt victorieux de cent peuples altiers,
Tu nous aurais fourni des rimes à milliers.
Il n'est plaine en ces lieux si sèche et si stérile
Qui ne soit en beaux mots partout riche et fertile.
Là, plus d'un bourg fameux par son antique nom
Vient offrir à l'oreille un agréable son.
Quel plaisir de te suivre aux rives du Scamandre;
D'y trouver d'Ilion la poétique cendre;
De juger si les Grecs, qui brisèrent ses tours,
Firent plus en dix ans que Louis en dix jours!
Mais pourquoi sans raison désespérer ma veine?
Est-il dans l'univers de plage si lointaine
Où ta valeur, grand roi, ne te puisse porter,
Et ne m'offre bientôt des exploits à chanter?
Non, non, ne faisons plus de plaintes inutiles :
Puisqu'ainsi dans deux mois tu prends quarante villes,
Assuré des bons vers dont ton bras me répond,
Je t'attends dans deux ans aux bords de l'Hellespont.

ÉPITRE V.

A M. DE GUILLERAGUES, SECRÉTAIRE DU CABINET.

Esprit né pour la cour, et maître en l'art de plaire,
Guilleragues, qui sais et parler et te taire,
Apprends-moi si je dois ou me taire ou parler.
Faut-il dans la satire encor me signaler,
Et, dans ce champ fécond en plaisantes malices,
Faire encore aux auteurs redouter mes caprices?
Jadis, non sans tumulte, on m'y vit éclater,
Quand mon esprit plus jeune et prompt à s'irriter
Aspirait moins au nom de discret et de sage;
Que mes cheveux plus noirs ombrageaient mon visage :
Maintenant que le temps a mûri mes désirs,
Que mon âge, amoureux de plus sages plaisirs,
Bientôt s'en va frapper à son neuvième lustre[1],
J'aime mieux mon repos qu'un embarras illustre.
Que d'une égale ardeur mille auteurs animés
Aiguisent contre moi leurs traits envenimés;
Que tout, jusqu'à Pinchêne[2], et m'insulte et m'accable :
Aujourd'hui vieux lion je suis doux et traitable;
Je n'arme point contre eux mes ongles émoussés.
Ainsi que mes beaux jours mes chagrins sont passés;
Je ne sens plus l'aigreur de ma bile première,
Et laisse aux froids rimeurs une libre carrière.
Ainsi donc, philosophe à la raison soumis,
Mes défauts désormais sont mes seuls ennemis :
C'est l'erreur que je fuis; c'est la vertu que j'aime.
Je songe à me connaître et me cherche en moi-même.
C'est là l'unique étude où je veux m'attacher.
Que, l'astrolabe en main, un autre aille chercher
Si le soleil est fixe ou tourne sur son axe,
Si Saturne à nos yeux peut faire un parallaxe;
Que Rohaut[3] vainement sèche pour concevoir
Comment, tout étant plein, tout a pu se mouvoir;
Ou que Bernier[4] compose et le sec et l'humide
Des corps ronds et crochus errant parmi le vide :
Pour moi, sur cette mer qu'ici-bas nous courons,
Je songe à me pourvoir d'esquif et d'avirons,
A régler mes désirs, à prévenir l'orage,
Et sauver, s'il se peut, ma raison du naufrage.
C'est au repos d'esprit que nous aspirons tous;
Mais ce repos heureux se doit chercher en nous.
Un fou rempli d'erreurs, que le trouble accompagne,
Et malade à la ville ainsi qu'à la campagne,
En vain monte à cheval pour tromper son ennui :
Le chagrin monte en croupe et galope avec lui.
Que crois-tu qu'Alexandre, en ravageant la terre,
Cherche parmi l'horreur, le tumulte et la guerre?
Possédé d'un ennui qu'il ne saurait dompter,
Il craint d'être à soi-même, et songe à s'éviter.
C'est là ce qui l'emporte aux lieux où naît l'aurore,
Où le Perse est brûlé de l'astre qu'il adore.
De nos propres malheurs auteurs infortunés,

---

[1] A la quarante et unième année. — [2] Pinchêne était neveu de Voiture.
[3] Fameux cartésien.
[4] Célèbre voyageur, qui a composé un abrégé de la philosophie de Gassendi.

Nous sommes loin de nous à toute heure entraînés,
A quoi bon ravir l'or au sein du nouveau monde?
Le bonheur tant cherché sur la terre et sur l'onde
Est ici comme aux lieux où mûrit le coco,
Et se trouve à Paris de même qu'à Cusco[1] :
On ne le tire point des veines du Potose[2].
Qui vit content de rien possède toute chose.
Mais, sans cesse ignorants de nos propres besoins,
Nous demandons au ciel ce qu'il nous faut le moins.
Oh! que si cet hiver un rhume salutaire,
Guérissant de tous maux mon avare beau-père,
Pouvait, bien confessé, l'étendre en un cercueil,
Et remplir sa maison d'un agréable deuil!
Que mon âme, en ce jour de joie et d'opulence,
D'un superbe convoi plaindrait peu la dépense!
Disait le mois passé, doux, honnête et soumis,
L'héritier affamé de ce riche commis
Qui, pour lui préparer cette douce journée,
Tourmenta quarante ans sa vie infortunée.
La mort vient de saisir le vieillard catarrheux :
Voilà son gendre riche; en est-il plus heureux?
Tout fier du faux éclat de sa vaine richesse,
Déjà nouveau seigneur il vante sa noblesse.
Quoique fils de meunier, encor blanc du moulin,
Il est prêt à fournir ses titres en vélin.
En mille vains projets à toute heure il s'égare :
Le voilà fou, superbe, impertinent, bizarre,
Rêveur, sombre, inquiet, à soi-même ennuyeux.
Il vivrait plus content si, comme ses aïeux,
Dans un habit conforme à sa vraie origine,
Sur le mulet encore il chargeait la farine.
Mais ce discours n'est pas pour le peuple ignorant,
Que le faste ébloui d'un bonheur apparent.
L'argent, l'argent, dit-on; sans lui tout est stérile :
La vertu sans l'argent n'est qu'un meuble inutile.
L'argent en honnête homme érige un scélérat;
L'argent seul au palais peut faire un magistrat.
Qu'importe qu'en tous lieux on me traite d'infâme?
Dit ce fourbe sans foi, sans honneur et sans âme;
Dans mon coffre, tout plein de rares qualités,
J'ai cent mille vertus en louis bien comptés.
Est-il quelque talent que l'argent me ne donne?
C'est ainsi qu'en son cœur ce financier raisonne.
Mais pour moi, que l'éclat ne saurait décevoir,
Qui mets au rang des biens l'esprit et le savoir,
J'estime autant Patru[3], même dans l'indigence,
Qu'un commis engraissé des malheurs de la France.
Non que je sois du goût de ce sage insensé
Qui, d'un argent commode esclave embarrassé,
Jeta tout dans la mer[4] pour crier : Je suis libre.
De la droite raison je sens mieux l'équilibre :
Mais je tiens qu'ici-bas, sans faire tant d'apprêts,
La vertu se contente et vit à peu de frais.
Pourquoi donc s'égarer en des projets si vagues?
Ce que j'avance ici, crois-moi, cher Guilleragues,
Ton ami dès l'enfance ainsi l'a pratiqué.
Mon père, soixante ans au travail appliqué,
En mourant me laissa, pour rouler et pour vivre,
Un revenu léger, et son exemple à suivre.
Mais bientôt amoureux d'un plus noble métier,
Fils, frère, oncle, cousin, beau-frère de greffier,
Pouvant charger mon bras d'une utile liasse,
J'allai loin du palais errer sur le Parnasse.
La famille en pâlit, et vit en frémissant
Dans la poudre du greffe un poëte naissant :
On vit avec horreur une muse effrénée
Dormir chez un greffier la grasse matinée.
Dès lors à la richesse il fallut renoncer.
Ne pouvant l'acquérir; j'appris à m'en passer;
Et surtout redoutant la basse servitude,
La libre vérité fut toute mon étude.
Dans ce métier funeste à qui veut s'enrichir,
Qui l'eût cru que pour moi le sort dût se fléchir?
Mais du plus grand des rois la bonté sans limite,
Toujours prête à courir au devant du mérite,
Crut voir dans ma franchise un mérite inconnu,
Et d'abord de ses dons enfla mon revenu.
La brigue ni l'envie à mon bonheur contraires,

---

[1] Ville du Pérou.
[2] Potosi, montagne où sont les mines d'argent les plus riches de l'Amérique.
[3] Fameux avocat, et un des bons grammairiens de notre siècle.
[4] Aristippe fit cette action; et Diogène conseilla à Cratès, philosophe cynique, de faire la même chose.

Ni les cris douloureux de mes vains adversaires,
Ne purent dans leur course arrêter ses bienfaits.
C'en est trop : mon bonheur a passé mes souhaits.
Qu'à son gré désormais la fortune me joue;
On me verra dormir au branle de sa roue.
  Si quelque soin encore agite mon repos,
C'est l'ardeur de louer un si fameux héros.
Ce soin ambitieux me tirant par l'oreille,
La nuit, lorsque je dors, en sursaut me réveille;
Me dit que ces bienfaits, dont j'ose me vanter,
Par des vers immortels ont dû se mériter.
C'est là le seul chagrin qui trouble encor mon âme.
Mais si, dans le beau feu du zèle qui m'enflamme,
Par un ouvrage enfin des critiques vainqueur
Je puis sur ce sujet satisfaire mon cœur,
Guilleragues, plains-toi de mon humeur légère,
Si jamais, entraîné d'une ardeur étrangère,
Ou d'un vil intérêt reconnaissant la loi,
Je cherche mon bonheur autre part que chez moi.

ÉPÎTRE VI.

A M. DE LAMOIGNON, AVOCAT GÉNÉRAL.

Oui, Lamoignon[1], je fuis les chagrins de la ville,
Et contre eux la campagne est mon unique asile.
Du lieu qui m'y retient veux-tu voir le tableau?
C'est un petit village[2], ou plutôt un hameau,
Bâti sur le penchant d'un long rang de collines,
D'où l'œil s'égare au loin dans les plaines voisines.
La Seine, au pied des monts que son flot vient laver,
Voit du sein de ses eaux vingt îles s'élever,
Qui, partageant son cours en diverses manières,
D'une rivière seule y forment vingt rivières.
Tous ses bords sont couverts de saules non plantés,
Et de noyers souvent du passant insultés.
Le village au-dessus forme un amphithéâtre :
L'habitant ne connaît ni la chaux ni le plâtre;
Et dans le roc, qui cède et se coupe aisément,
Chacun sait de sa main creuser son logement.
La maison du seigneur, seule un peu plus ornée,
Se présente au dehors de murs environnée.
Le soleil en naissant la regarde d'abord,
Et le mont la défend des outrages du nord.
  C'est là, cher Lamoignon, que mon esprit tranquille
Met à profit les jours que la Parque me file.
Ici dans un vallon bornant tous mes désirs,
J'achète à peu de frais de solides plaisirs :
Tantôt, un livre en main, errant dans les prairies,
J'occupe ma raison d'utiles rêveries :
Tantôt, cherchant la fin d'un vers que je construis,
Je trouve au coin d'un bois le mot qui m'avait fui :
Quelquefois, aux appâts d'un hameçon perfide,
J'amorce, en badinant, le poisson trop avide,
Ou d'un plomb qui suit l'œil et part avec l'éclair,
Je vais faire la guerre aux habitants de l'air.
Une table au retour, propre et non magnifique,
Nous présente un repas agréable et rustique :
Là, sans s'assujettir aux dogmes du Broussain,
Tout ce qu'on boit est bon, tout ce qu'on mange est sain;
La maison le fournit, la fermière l'ordonne,
Et mieux que Bergerat[3] l'appétit l'assaisonne.
O fortuné séjour! ô champs aimés des cieux!
Que, pour jamais foulant vos prés délicieux,
Ne puis-je ici fixer ma course vagabonde,
Et connu de vous seuls oublier tout le monde!
  Mais à peine, du sein de vos vallons chéris,
Arraché malgré moi, je rentre dans Paris,
Qu'en tous lieux les chagrins m'attendent au passage.
Un cousin, abusant d'un fâcheux parentage,
Veut qu'encor tout poudreux, et sans me débotter,
Chez vingt juges pour lui j'aille solliciter :
Il faut voir de ce pas les plus considérables,
L'un demeure au Marais et l'autre aux Incurables.
Je reçois vingt avis qui me glacent d'effroi :
Hier, dit-on, de vous on parla chez le roi,
Et d'attentat horrible on traita la satire.
Et le roi, que dit-il? Le roi se prit à rire.

[1] Chrétien-François de Lamoignon, depuis président à mortier, fils de Guillaume de Lamoignon, premier président du parlement de Paris.
[2] Hautile, petite seigneurie près de la Roche-Guyon, appartenant à mon neveu l'illustre M. Dongois, greffier en chef du parlement.
[3] Fameux traiteur.

Contre vos derniers vers on est fort en courroux :
Pradon a mis au jour un livre contre vous;
Et chez le chapelier du coin de notre place
Autour d'un caudebec[1] j'en ai lu la préface :
L'autre jour sur un mot la cour vous condamna :
Le bruit court qu'avant-hier on vous assassina :
Un écrit scandaleux sous votre nom se donne :
D'un pasquin qu'on a fait, au Louvre on vous soupçonne.
Moi? Vous : on nous l'a dit dans le Palais-Royal[2].
Douze ans sont écoulés depuis le jour fatal
Qu'un libraire, imprimant les essais de ma plume,
Donna, pour mon malheur, un trop heureux volume.
Toujours, depuis ce temps, en proie aux sots discours,
Contre eux la vérité m'est un faible secours.
Vient-il de la province une satire fade,
D'un plaisant du pays insipide boutade,
Pour la faire courir on dit qu'elle est de moi :
Et le sot campagnard le croit de bonne foi.
J'ai beau prendre à témoin et la cour et la ville :
Non; à d'autres, dit-il; on connaît votre style.
Combien de temps ces vers vous ont-ils bien coûté?
Ils ne sont point de moi, monsieur, en vérité :
Peut-on m'attribuer ces sottises étranges?
Ah! monsieur, votre mépris vous servent de louanges.
  Ainsi de cent chagrins dans Paris accablé,
Juge si, toujours triste, interrompu, troublé,
Lamoignon, j'ai le temps de courtiser les muses.
Le monde cependant se rit de mes excuses,
Croit que, pour m'inspirer sur chaque événement,
Apollon doit venir au premier mandement.
  Un bruit court que le roi va tout réduire en poudre,
Et dans Valencienne est entré comme un foudre;
Que Cambrai, des Français l'épouvantable écueil,
A vu tomber enfin ses murs et son orgueil;
Que, devant Saint-Omer, Nassau, par sa défaite,
De Philippe vainqueur[3] rend la gloire complète.
Dieu sait comme les vers chez vous s'en vont couler!
Dit d'abord un ami qui veut me cajoler,
Et, dans ce temps guerrier et fécond en Achilles,
Croit que l'on fait les vers comme l'on prend les villes.
Mais moi, dont le génie est mort en ce moment,
Je ne sais que répondre à ce vain compliment;
Et, justement confus de mon peu d'abondance,
Je me tais un chagrin du bonheur de la France.
  Qu'heureux est le mortel qui, du monde ignoré,
Vit content de soi-même en un coin retiré;
Que l'amour de ce rien qu'on nomme renommée
N'a jamais enivré d'une vaine fumée;
Qui de sa liberté forme tout son plaisir,
Et ne rend qu'à lui seul compte de son loisir!
Il n'a point à souffrir d'affronts ni d'injustices,
Et du peuple inconstant il brave les caprices.
Mais nous autres faiseurs de livres et d'écrits,
Sur les bords du Permesse aux louanges nourris,
Nous ne saurions briser nos fers et nos entraves,
Du lecteur dédaigneux honorables esclaves.
Du rang où notre esprit une fois s'est fait voir,
Sans un fâcheux éclat nous ne saurions déchoir.
Le public, enrichi du tribut de nos veilles,
Croit qu'on doit ajouter merveilles sur merveilles.
Au comble parvenus il veut que nous croissions :
Il veut en vieillissant que nous rajeunissions.
Cependant tout décroît; et moi-même à qui l'âge
D'aucune ride encor n'a flétri le visage,
Déjà moins plein de feu, pour animer ma voix
J'ai besoin du silence et de l'ombre des bois :
Ma muse, qui se plait dans leurs routes perdues,
Ne saurait plus marcher sur le pavé des rues.
Ce n'est que dans ces bois, propres à l'enthousiasme,
Qu'Apollon quelquefois daigne encor m'écouter.
  Ne demande donc plus par quelle humeur sauvage
Tout l'été, loin de toi, demeurant au village,
J'y passe obstinément les ardeurs du Lion,
Et montre pour Paris si peu de passion.
C'est à toi, Lamoignon, que le rang, la naissance,
Le mérite éclatant, et la haute éloquence,
Appellent dans Paris aux sublimes emplois,
Qu'il sied bien d'y veiller pour le maintien des lois.
Tu dois là tous tes soins au bien de la patrie :
Tu ne t'en peux bannir que l'orphelin ne crie;

[1] Sorte de chapeaux de laine qui se font à Caudebec en Normandie.
[2] Allusion aux nouvellistes qui s'assemblent dans le jardin de ce palais.
[3] La bataille de Cassel, gagnée par Monsieur, Philippe de France, frère unique du roi, en 1677.

Que l'oppresseur ne montre un front audacieux :
Et Thémis pour voir clair a besoin de tes yeux.
Mais pour moi, de Paris citoyen inhabile,
Qui ne lui puis fournir qu'un rêveur inutile,
Il me faut du repos, des prés et des forêts,
Laisse-moi donc ici, sous leurs ombrages frais,
Attendre que septembre ait ramené l'automne,
Et que Cérès contente ait fait place à Pomone.
Quand Bacchus comblera de ses nouveaux bienfaits
Le vendangeur ravi de ployer sous le faix,
Aussitôt ton ami, redoutant moins la ville,
T'ira joindre à Paris pour s'enfuir à Bâville [1].
Là, dans le seul loisir que Thémis t'a laissé,
Tu me verras souvent, à te suivre empressé,
Pour monter à cheval rappelant mon audace,
Apprenti cavalier galoper sur ta trace.
Tantôt sur l'herbe assis, au pied de ces coteaux
Où Polycrène [2] épand ses libérales eaux,
Lamoignon, nous irons, libres d'inquiétude,
Discourir des vertus dont tu fais ton étude;
Chercher quels sont les biens véritables ou faux;
Si l'honnête homme en soi doit souffrir des défauts;
Quel chemin le plus droit à la gloire nous guide,
Ou la vaste science, ou la vertu solide.
C'est ainsi que chez toi tu sauras m'attacher.
Heureux si les fâcheux, prompts à nous y chercher,
N'y viennent point semer l'ennuyeuse tristesse!
Car, le grand concours d'hommes de toute espèce
Que sans cesse à Bâville attire le devoir,
Au lieu de quatre amis qu'on attendait le soir,
Quelquefois de fâcheux arrivent trois volées,
Qui du parc à l'instant assiégent les allées.
Alors sauve qui peut : et quatre fois heureux
Qui sait pour s'échapper quelque autre ignoré d'eux!

ÉPÎTRE VII.

A M. RACINE.

Que tu sais bien, Racine, à l'aide d'un acteur,
Émouvoir, étonner, ravir un spectateur!
Jamais Iphigénie, en Aulide immolée,
N'a coûté tant de pleurs à la Grèce assemblée,
Que dans l'heureux spectacle à nos yeux étalé
En a fait sous son nom verser la Champmêlé [3].
Ne crois pas toutefois, par tes savants ouvrages,
Entraînant tous les cœurs, gagner tous les suffrages.
Sitôt que d'Apollon un génie inspiré
Trouve loin du vulgaire un chemin ignoré,
En cent lieux contre lui les cabales s'amassent,
Ses rivaux obscurcis autour de lui croassent;
Et son trop de lumière, importunant les yeux,
De ses propres amis lui fait des envieux.
La mort seule ici-bas, en terminant sa vie,
Peut calmer sur son nom l'injustice et l'envie;
Faire au poids du bon sens peser tous ses écrits,
Et donner à ses vers leur légitime prix.
Avant qu'un peu de terre, obtenu par prière,
Pour jamais sous la tombe eût enfermé Molière,
Mille de ses beaux traits, aujourd'hui si vantés,
Furent des sots esprits à nos yeux rebutés.
L'ignorance et l'erreur à ses naissantes pièces
En habits de marquis, en robes de comtesses,
Venaient pour diffamer son chef-d'œuvre nouveau,
Et secouaient la tête à l'endroit le plus beau.
Le commandeur voulait la scène plus exacte;
Le vicomte indigné sortait au second acte;
L'un, défenseur zélé des bigots mis en jeu,
Pour prix de ses bons mots le condamnait au feu;
L'autre, fougueux marquis, lui déclarant la guerre,
Voulait venger la cour immolée au parterre.
Mais, sitôt que d'un trait de ses fatales mains
La Parque l'eut rayé du nombre des humains,
On reconnut le prix de sa muse éclipsée.
L'aimable Comédie, avec lui terrassée,
En vain d'un coup si rude espéra revenir,
Et sur ses brodequins ne put plus se tenir.
Tel fut chez nous le sort du théâtre comique.
Toi donc qui, t'élevant sur la scène tragique,

Suis les pas de Sophocle, et, seul de tant d'esprits,
De Corneille vieilli sais consoler Paris;
Cesse de t'étonner si l'envie animée,
Attachant à ton nom sa rouille envenimée,
La calomnie en main, quelquefois te poursuit.
En cela, comme en tout, le ciel qui nous conduit,
Racine, fait briller sa profonde sagesse.
Le mérite en repos s'endort dans la paresse;
Mais par les envieux un génie excité
Au comble de son art est mille fois monté;
Plus on veut l'affaiblir, plus il croît et s'élance.
Au Cid persécuté Cinna doit sa naissance,
Et peut-être ta plume aux censeurs de Pyrrhus
Doit les plus nobles traits dont tu peignis Burrhus.
Moi-même, dont la gloire ici moins répandue
Des pâles envieux ne blesse point la vue,
Mais qu'une humeur trop libre, un esprit peu soumis,
De bonne heure a pourvu d'utiles ennemis,
Je dois plus à leur haine, il faut que je l'avoue,
Qu'au faible et vain talent dont la France me loue.
Leur venin, qui sur moi brûle de s'épancher,
Tous les jours en marchant m'empêche de broncher.
Je songe, à chaque trait que ma plume hasarde,
Que d'un œil dangereux leur troupe me regarde.
Je sais sur leurs avis corriger mes erreurs,
Et je mets à profit leurs malignes fureurs.
Sitôt que sur un vice ils pensent me confondre,
C'est en me guérissant que je sais leur répondre;
Et plus en criminel ils pensent m'ériger,
Plus, croissant en vertu, je songe à me venger.
Imite mon exemple; et lorsqu'une cabale,
Un flot de vains auteurs follement te ravale,
Profite de leur haine et de leur mauvais sens,
Ris du bruit passager de leurs cris impuissants.
Que peut contre tes vers une ignorance vaine?
Le Parnasse français, ennobli par ta veine,
Contre tous ces complots saura te maintenir,
Et soulever pour toi l'équitable avenir.
Et qui, voyant un jour la douleur vertueuse
De Phèdre malgré soi perfide, incestueuse,
D'un si noble travail justement étonné,
Ne bénira d'abord le siècle fortuné
Qui, rendu plus fameux par tes illustres veilles,
Vit naître sous ta main ces pompeuses merveilles?
Cependant laisse ici gronder quelques censeurs
Qu'aigrissent de tes vers les charmantes douceurs.
Et qu'importe à nos vers que Perrin [1] les admire,
Que l'auteur de Jonas s'empresse pour les lire;
Qu'ils charment de Senlis le poëte idiot [2],
Ou le sec traducteur du français d'Amyot :
Pourvu qu'avec éclat leurs rimes débitées
Soient du peuple, des grands, des provinces goûtées;
Pourvu qu'ils puissent plaire au plus puissant des rois;
Qu'à Chantilly Condé les savoure quelquefois;
Qu'Enghien en soit touché; que Colbert et Vivone,
Que La Rochefoucauld, Marsillac et Pompone,
Et mille autres qu'ici je ne puis faire entrer,
A leurs traits délicats se laissent pénétrer?
Et plût au ciel encor, pour couronner l'ouvrage,
Que Montausier voulût leur donner son suffrage!
C'est à de tels lecteurs que j'offre mes écrits.
Mais pour un tas grossier de frivoles esprits
Admirateurs zélés de toute œuvre insipide,
Que, non loin de la place où Brioché [3] préside,
Sans chercher dans les vers ni cadence ni son,
Il s'en aille admirer le savoir de Pradon!

ÉPÎTRE VIII.

AU ROI.

Grand roi, cesse de vaincre, ou je cesse d'écrire.
Tu sais bien que mon style est né pour la satire;
Mais mon esprit, contraint de la désavouer,
Sous ton règne étonnant ne veut plus que louer.
Tantôt, dans les ardeurs de ce zèle incommode,
Je songe à mesurer les syllabes d'une ode;
Tantôt, d'une Enéide auteur ambitieux,
Je m'en forme déjà le plan audacieux :
Ainsi, toujours flatté d'une douce manie,
Je sens de jour en jour dépérir mon génie;

---

[1] Maison de campagne de M. de Lamoignon.
[2] Fontaine à une demi-lieue de Bâville, ainsi nommée par feu M. le premier président de Lamoignon.
[3] Célèbre comédienne.

[1] Il a traduit l'Enéide, et a fait le premier opéra qui ait paru en
[2] Linière. — [3] Fameux joueur de marionnettes.

Et mes vers, en ce style ennuyeux, sans appas,
Déshonorent ma plume, et ne t'honorent pas.
Encor si ta valeur, à tout vaincre obstinée,
Nous laissait, pour le moins, respirer une année,
Peut-être mon esprit, prompt à ressusciter,
Du temps qu'il a perdu saurait se racquitter.
Sur ses nombreux défauts, merveilleux à décrire,
Le siècle m'offre encor plus d'un bon mot à dire.
Mais à peine Dinan et Limbourg sont forcés,
Qu'il faut chanter Bouchain et Condé terrassés.
Ton courage, affamé de péril et de gloire,
Court d'exploits en exploits, de victoire en victoire.
Souvent ce qu'un seul jour te voit exécuter
Nous laisse pour un an d'actions à conter.
Que si quelquefois, las de forcer des murailles,
Le soin de tes sujets te rappelle à Versailles,
Tu viens m'embarrasser de mille autres vertus;
Te voyant de plus près, je t'admire encor plus.
Dans les nobles douceurs d'un séjour plein de charmes,
Tu n'es pas moins héros qu'au milieu des alarmes,
De ton trône agrandi portant seul tout le faix,
Tu cultives les arts; tu répands les bienfaits;
Tu sais récompenser jusqu'aux muses critiques.
Ah! crois-moi, c'en est trop. Nous autres satiriques,
Propres à relever les sottises du temps,
Nous sommes un peu nés pour être mécontents:
Notre muse, souvent paresseuse et stérile,
A besoin, pour marcher, de colère et de bile.
Notre style languit dans un remerciment:
Mais, grand roi, nous savons nous plaindre élégamment.
Oh! que, si je vivais sous les règnes sinistres
De ces rois nés valets de leurs propres ministres,
Et qui, jamais en main ne prenant le timon,
Aux exploits de leur temps ne prêtaient que leur nom;
Que, sans les fatiguer d'une louange vaine,
Aisément les bons mots couleraient de ma veine!
Mais toujours sous ton règne il faut se récrier:
Toujours, les yeux au ciel, il faut remercier.
Sans cesse à t'admirer ma critique forcée
N'a plus de écrivant de maligne pensée;
Et mes chagrins, sans fiel et presque évanouis,
Font grâce à tout le siècle en faveur de Louis.
En ton lieux cependant la Pharsale [1] approuvée,
Sans crainte de mes vers, va la tête levée;
La licence partout règne dans les écrits:
Déjà le mauvais sens reprenant ses esprits
Songe à nous redonner des poèmes épiques [2],
S'empare des discours mêmes académiques:
Perrin a de ses vers obtenu le pardon,
Et la scène française est en proie à Pradon.
Et moi, sur ce sujet loin d'exercer ma plume,
J'amasse de tes faits le pénible volume;
Et ma muse occupée à cet unique emploi,
Ne regarde, n'entend, ne connaît plus que toi.
Tu le sais bien pourtant, cette ardeur empressée
N'est point en moi l'effet d'une âme intéressée.
Avant que tes bienfaits courussent me chercher,
Mon zèle impatient ne se pouvait cacher:
Je n'admirais que toi. Le plaisir de te dire
Vint m'apprendre à louer au sein de la satire,
Et, depuis que tes dons sont venus m'accabler,
Loin de sentir mes vers avec eux redoubler,
Quelquefois, le dirai-je? un remords légitime,
Au fort de mon ardeur, vient refroidir ma rime.
Il me semble, grand roi, dans mes nouveaux écrits,
Que mon encens payé n'est plus du même prix.
J'ai peur que l'univers, qui sait ma récompense,
N'impute mes transports à ma reconnaissance;
Et que par tes présents mon vers décrédité
N'ait au moins de poids pour toi dans la postérité.
Toutefois je sais vaincre un remords qui te blesse,
Si tout ce qui reçoit des fruits de la largesse
A peindre tes exploits ne doit point s'engager,
Qui d'un si juste soin se pourra donc charger?
Ah! plutôt de nos sons redoublons l'harmonie:
Le zèle à mon esprit tiendra lieu de génie.
Horace tant de fois dans mes vers imité,
De vapeurs en son temps, comme moi, tourmenté,
Pour amortir le feu de sa rate indocile,
Dans l'encre quelquefois sut égayer sa bile:
Mais de la même main qui peignit Tullius [3],

[1] La Pharsale de Brébeuf.
[2] *Childebrand* et *Charlemagne*, poèmes qui n'ont point réussi.
[3] Sénateur romain. César l'exclut du sénat; mais il y rentra après sa mort.

Qui d'affronts immortels couvrit Tigellius [1],
Il sut fléchir Glycère, il sut vanter Auguste,
Et marquer sur la lyre une cadence juste.
Suivons les pas fameux d'un si noble écrivain.
A ces mots, quelquefois prenant la lyre en main,
Au récit que pour toi je suis près d'entreprendre,
Je crois voir les rochers accourir pour m'entendre;
Et déjà mon vers coulé à flots précipités,
Quand j'entends le lecteur qui me crie: Arrêtez!
Horace eut cent talents; mais la nature avare
Ne vous a rien donné qu'un peu d'humeur bizarre:
Vous passez en audace et Perse et Juvénal;
Mais sur le ton flatteur Pinchêne est votre égal.
A ce discours, grand roi, que pourrais-je répondre?
Je me sens sur ce point trop facile à confondre,
Et, sans trop relever des reproches si vrais,
Je m'arrête à l'instant, j'admire, et je me tais.

ÉPITRE IX.

A M. LE MARQUIS DE SEIGNELAY, SECRÉTAIRE D'ÉTAT.

Dangereux ennemi de tout mauvais flatteur,
Seignelay [2], c'est en vain qu'un ridicule auteur,
Prêt à porter ton nom de l'Ebre [3] jusqu'au Gange [4],
Croit te prendre aux filets d'une sotte louange.
Aussitôt ton esprit, prompt à se révolter,
S'échappe, et rompt le piége où l'on veut l'arrêter.
Il n'en est pas ainsi de ces esprits frivoles
Que tout flatteur endort au son de ses paroles;
Qui, dans un vain sonnet placés au rang des dieux,
Se plaisent à fouler l'Olympe radieux;
Et, fiers du haut étage où la Serre les loge,
Avalent sans dégoût le plus grossier éloge.
Tu ne te repais point d'encens à si bas prix.
Non que tu sois pourtant de ces rudes esprits
Qui regimbent toujours, quelque main qui les flatte:
Tu souffres la louange adroite et délicate
Dont la trop forte odeur n'ébranle point les sens.
Mais un auteur novice à répandre l'encens
Souvent à son héros, dans un bizarre ouvrage,
Donne de l'encensoir au travers du visage;
Va louer Monterey [5] d'Oudenarde forcé,
Ou vante aux électeurs Turenne repoussé.
Tout éloge imposteur blesse une âme sincère.
Si, pour faire sa cour à ton illustre père,
Seignelay, quelque auteur, d'un faux zèle emporté,
Au lieu de peindre en lui la noble activité,
La solide vertu, la vaste intelligence,
Le zèle pour son roi, l'ardeur, la vigilance,
La constante équité, l'amour pour les beaux arts,
Lui donnait les vertus d'Alexandre ou de Mars;
Et, pouvant justement l'égaler à Mécène,
Le comparait au fils [6] de Pélée ou d'Alcmène [7]:
Ses yeux, dans un tel discours faiblement éblouis,
Bientôt dans ce tableau reconnaîtraient Louis;
Et, glaçant d'un regard la muse et le poëte,
Imposeraient silence à sa verve indiscrète.
Un cœur noble est content de ce qu'il trouve en lui,
Et ne s'applaudit point des qualités d'autrui.
Que me sert en effet qu'un admirateur fade
Vante mon embonpoint, si je me sens malade;
Si dans cet instant même un feu séditieux
Fait bouillonner mon sang et pétiller mes yeux?
Rien n'est beau que le vrai, le vrai seul est aimable;
Il doit régner partout et même dans la fable:
De toute fiction l'adroite fausseté
Ne tend qu'à faire aux yeux briller la vérité.
Sais-tu pourquoi mes vers sont lus dans les provinces,
Sont recherchés du peuple, et reçus chez les princes?
Ce n'est pas que leurs sons, agréables, nombreux,
Soient toujours à l'oreille également heureux;
Qu'en plus d'un lieu le sens n'y gêne la mesure,
Et qu'un mot quelquefois n'y brave la césure:
Mais c'est qu'en eux le vrai, du mensonge vainqueur,
Partout se montre aux yeux et va saisir le cœur;
Que le bien et le mal y sont prisés au juste;
Que jamais un faquin n'y tient un rang auguste;

[1] Fameux musicien, fort chéri d'Auguste.
[2] Jean-Baptiste Colbert, ministre et secrétaire d'État, mort en 1690, fils de Jean-Baptiste Colbert, ministre et secrétaire d'État.
[3] Rivière d'Espagne. — [4] Rivière des Indes.
[5] Gouverneur des Pays-Bas. — [6] Achille — [7] Hercule.

Et que mon cœur, toujours conduisant mon esprit,
Ne dit rien aux lecteurs, qu'à soi-même il n'ait dit.
Ma pensée au grand jour partout s'offre et s'expose;
Et mon vers, bien ou mal, dit toujours quelque chose.
C'est là ce quelquefois que ma rime surprend :
C'est là ce que n'ont point Jonas ni Childebrand,
Ni tous ces vains amas de frivoles sornettes,
Montre, Miroir d'amours, Amitiés, Amourettes,
Dont le titre souvent est l'unique soutien,
Et qui, parlant beaucoup, ne disent jamais rien.
    Mais peut-être, enivré des vapeurs de ma muse,
Moi-même en ma faveur, Seignelay, je m'abuse.
Cessons de nous flatter. Il n'est esprit si droit
Qui ne soit imposteur et faux par quelque endroit :
Sans cesse on prend le masque, et, quittant la nature,
On craint de se montrer sous sa propre figure.
Par là le plus sincère assez souvent déplaît.
Rarement un esprit ose être ce qu'il est.
Vois-tu cet importun que tout le monde évite;
Cet homme à toujours fuir, qui jamais ne vous quitte?
Il n'est pas sans esprit : mais, né triste et pesant,
Il veut être folâtre, évaporé, plaisant;
Il s'est fait de la joie une loi nécessaire,
Et ne déplaît enfin que pour vouloir trop plaire.
    La simplicité plaît sans étude et sans art.
Tout charme en un enfant dont la langue sans fard,
A peine du filet encor débarrassée,
Sait d'un air innocent bégayer sa pensée.
Le faux est toujours fade, ennuyeux, languissant :
Mais la nature est vraie, et d'abord on la sent;
C'est elle seule en tout qu'on admire et qu'on aime.
Un esprit né chagrin plaît par son chagrin même.
Chacun pris dans son air est agréable en soi :
Ce n'est que l'air d'autrui qui peut déplaire en moi.
    Ce marquis était né doux, commode, agréable :
On vantait en tous lieux son ignorance aimable.
Mais, depuis quelques mois devenu grand docteur,
Il a pris un faux air, une sotte hauteur :
Il ne veut plus parler que de rime et de prose;
Des auteurs décriés il prend en main la cause;
Il rit du mauvais goût de tant d'hommes divers,
Et va voir l'opéra seulement pour les vers.
Voulant se redresser, soi-même on s'estropie,
Et d'un original on fait une copie.
L'ignorance vaut mieux qu'un savoir affecté.
Rien n'est beau, je reviens, que par la vérité :
C'est par elle qu'on plaît et qu'on peut longtemps plaire.
L'esprit lasse aisément, si le cœur n'est sincère.
En vain par sa grimace un bouffon odieux
A table nous fait rire, et divertit nos yeux :
Ses bons mots ont besoin de farine et de plâtre.
Prenez-le tête à tête, ôtez-lui son théâtre,
Ce n'est plus qu'un cœur bas, un coquin ténébreux :
Son visage essuyé n'a plus rien que d'affreux.
J'aime un esprit aisé qui se montre, qui s'ouvre,
Et qui plaît d'autant plus, que plus il se découvre.
Mais la seule vertu peut souffrir la clarté :
Le vice, toujours sombre, aime l'obscurité;
Pour paraître au grand jour il faut qu'il se déguise :
C'est lui qui de nos mœurs a banni la franchise.
Jadis l'homme vivait au travail occupé,
Et, ne trompant jamais, n'était jamais trompé :
On ne connaissait point la ruse et l'imposture;
Le Normand même alors ignorait le parjure :
Aucun rhéteur encore, arrangeant le discours,
N'avait d'un art menteur enseigné les détours.
Mais sitôt qu'aux humains, faciles à séduire,
L'abondance eut donné le loisir de se nuire,
La mollesse amena la fausse vanité.
Chacun chercha pour plaire un visage emprunté;
Pour éblouir les yeux, la fortune arrogante
Affecta d'étaler une pompe insolente;
L'or éclata partout sur les riches habits;
On polit l'émeraude, on tailla le rubis;
Et la laine et la soie, en cent façons nouvelles,
Apprirent à quitter leurs couleurs naturelles :
La trop courte beauté monta sur les patins :
La coquette tendit ses lacs tous les matins;
Et, mettant la céruse et le plâtre en usage,
Composa de sa main les fleurs de son visage :
L'ardeur de s'enrichir chassa la bonne foi :
Le courtisan n'eut plus de sentiments à soi.
Tout ne fut plus que fard, qu'erreur, que tromperie :
On vit partout régner la basse flatterie
Le Parnasse surtout, fécond en imposteurs,

Diffama le papier par ses propos menteurs.
De là vint cet amas d'ouvrages mercenaires,
Stances, odes, sonnets, épîtres liminaires,
Où toujours le héros passe pour sans pareil,
Et, fût-il louche et borgne, est réputé soleil.
    Ne crois pas toutefois, sur ce discours bizarre,
Que, d'un frivole encens malignement avare,
J'en veuille sans raison frustrer tout l'univers.
La louange agréable est l'âme des beaux vers :
Mais je tiens, comme toi, qu'il faut qu'elle soit vraie,
Et que son tour adroit n'ait rien qui nous effraie,
Alors, comme j'ai dit, tu la sais écouter,
Et sans crainte à tes yeux on pourrait t'exalter.
Mais, sans t'aller chercher des vertus dans les nues,
Il faudrait peindre en toi des vérités connues;
Décrire ton esprit ami de la raison;
Ton ardeur pour ton roi puisée en ta maison;
A servir ses desseins ta vigilance heureuse;
Ta probité sincère, utile, officieuse.
Tel qui hait à se voir peint en de faux portraits,
Sans chagrin voit tracer ses véritables traits,
Condé même [1], Condé, ce héros formidable,
Et non moins qu'aux Flamands aux flatteurs redoutable,
Ne s'offenserait pas si quelque adroit pinceau
Traçait de ses exploits le fidèle tableau;
Et, dans Senef [2] en feu contemplant sa peinture,
Ne désavouerait pas Malherbe ni Voiture.
Mais malheur au poëte insipide, odieux,
Qui viendrait le glacer d'un éloge ennuyeux!
Il aurait beau crier : « Premier prince du monde!
» Courage sans pareil! lumière sans seconde [3]! »
Ses vers, jetés d'abord sans tourner le feuillet,
Iraient dans l'antichambre amuser Pacolet [4].

PRÉFACE

POUR LES TROIS DERNIÈRES ÉPÎTRES.

Je ne sais si les trois nouvelles épîtres que je donne ici au public auront beaucoup d'approbateurs; mais je sais bien que mes censeurs y trouveront abondamment de quoi exercer leur critique; car tout y est extrêmement hasardé. Dans le premier de ces trois ouvrages, sous prétexte de faire le procès à mes derniers vers, je fais moi-même mon éloge, et n'oublie rien de ce qui peut être dit à mon avantage; dans le second, je m'entretiens avec mon jardinier de choses très-basses et très-petites; et dans le troisième, je décide hautement du plus grand et du plus important point de la religion, je veux dire de l'amour de Dieu. J'ouvre donc un beau champ à ces censeurs pour attaquer en moi le poëte orgueilleux, et le villageois grossier, et le théologien téméraire. Quelque fortes pourtant que soient leurs attaques, je doute qu'elles ébranlent la ferme résolution que j'ai prise il y a longtemps de ne rien répondre, mais sur le ton sérieux, à tout ce qu'ils écriront contre moi.

A quoi bon en effet perdre inutilement du papier? Si mes épîtres sont mauvaises, tout ce que je dirai ne les fera pas trouver bonnes; et si elles sont bonnes, tout ce qu'ils diront ne les fera pas trouver mauvaises. Le public n'est pas un ouvrage qu'on puisse corriger, ni qui se règle par les passions d'autrui. Enfin, tous ces écrits qui se font ordinairement contre des ouvrages où l'on court, ne servent qu'à y faire encore plus courir et à en mieux marquer le mérite. Il est de l'essence d'un bon livre d'avoir des censeurs; et la plus grande disgrâce qui puisse arriver à un livre qu'on met au jour, ce n'est pas que beaucoup de gens en disent du mal, c'est que personne n'en dise rien.

Je me garderai donc bien de trouver mauvais qu'on attaque mes trois épîtres. Ce qu'il y a de certain, c'est que je les ai fort travaillées, et principalement celle de l'amour de Dieu, que j'ai retouchée plus d'une fois, et où j'avoue que j'ai employé tout le peu que je puis avoir d'esprit et de lumières. J'avais dessein d'abord de la donner toute seule, les deux autres me paraissant même trop frivoles pour être présentées au grand jour de l'impression avec un ouvrage si sérieux. Mais des amis très-sensés m'ont fait comprendre que ces deux épîtres, quoique dans le style enjoué, étant pourtant des épîtres morales, où il n'était rien enseigné que de vertueux; qu'ainsi, étant liées avec l'autre, bien loin de lui nuire, elles pourraient même faire une diversité agréable; et que d'ailleurs beaucoup d'honnêtes gens souhaitant de les avoir toutes trois ensemble, je ne pouvais pas avec bienséance leur dispenser de leur donner une si légère satisfaction. Je me suis rendu à ce sentiment, et on les trouvera rassemblées ici dans un même cahier. Cependant, comme il y a des gens de piété qui peut-être se soucieront

[1] Louis de Bourbon, prince de Condé, mort en 1686.
[2] Combat fameux de monseigneur le prince.
[3] Commencement du poème de Charlemagne.
[4] Fameux valet de pied de monseigneur le prince.

guère de lire les entretiens que je puis avoir avec mon jardinier et avec mes vers, il est bon de les avertir qu'il y a ordre de leur distribuer à part la dernière, savoir celle qui traite de l'amour de Dieu; et que non-seulement je ne trouverai pas étrange qu'ils ne lisent que celle-là, mais que je me sens quelquefois même en des dispositions d'esprit où je voudrais de bon cœur n'avoir de ma vie composé que ce seul ouvrage, qui vraisemblablement sera la dernière pièce de poésie qu'on aura de moi, mon génie pour les vers commençant à s'épuiser, et mes emplois historiques ne me laissant guère le temps de m'appliquer à chercher et à ramasser des rimes.

Voilà ce que j'avais à dire aux lecteurs. Avant, néanmoins, que de finir cette préface, il ne sera pas hors de propos, ce me semble, de rassurer des personnes timides, qui n'ayant pas une fort grande idée de ma capacité en matière de théologie, douteront peut-être que tout ce que j'avance en mon épître soit fort infaillible, et appréhenderont qu'en voulant les conduire je ne les égare. Afin donc qu'elles marchent sûrement, je leur dirai, vanité à part, que j'ai lu plusieurs fois cette épître à un fort grand nombre de docteurs de Sorbonne, de pères de l'Oratoire, et de jésuites très-célèbres, qui tous y ont applaudi, et en ont trouvé la doctrine très-saine et très-pure : que beaucoup de prélats illustres à qui je l'ai récitée en ont jugé comme eux : que monseigneur l'évêque de Meaux [1], c'est-à-dire une des grandes lumières qui aient éclairé l'Église dans les derniers siècles, a eu long-temps mon ouvrage entre les mains; et qu'après l'avoir lu et relu plusieurs fois il m'a non-seulement donné son approbation, mais a trouvé bon que je le publiasse à tout le monde qu'il me la donnait : enfin, que, pour mettre le comble à ma gloire, ce saint archevêque [2] dans le diocèse duquel j'ai le bonheur de me trouver, ce grand prélat, dis-je, aussi éminent en doctrine et en vertus qu'en dignités et en naissance, que le plus grand roi de l'univers, par un choix visiblement inspiré du ciel, a donné à la ville capitale de son royaume, pour assurer l'innocence et pour détruire l'erreur, monseigneur l'archevêque de Paris, en un mot, a bien daigné aussi examiner soigneusement mon épître, et a eu même la bonté de me donner sur plus d'un endroit des conseils que j'ai suivis, et m'a enfin accordé aussi son approbation, avec des éloges dont je suis également ravi et confus.

Au reste, comme il y a des gens qui ont publié que mon épître n'était qu'une vaine déclamation qui n'attaquait rien de réel ni qu'aucun homme eût jamais avancé, je veux bien, pour l'intérêt de la vérité, mettre ici la proposition que j'y combats, la langue et dans les termes qu'on la soutient en plus d'une école. La voici : *Attritio ex gehennæ metu sufficit, etiam sine ulla Dei dilectione, et sine ullo ad Deum offensum respectu; quia talis honesta et supernaturalis est.* C'est cette proposition que j'attaque et que je soutiens fausse, abominable, et plus contraire à la vraie religion que le luthéranisme ni le calvinisme. Cependant je ne crois pas qu'on puisse nier qu'on ne l'ait encore soutenue depuis peu, et qu'on ne l'ait même insérée dans quelques catéchismes en des mots fort approchants des termes latins que je viens de rapporter.

ÉPITRE X.

A MES VERS.

J'ai beau vous arrêter, ma remontrance est vaine,
Allez, partez, mes Vers, dernier fruit de ma veine.
C'est trop languir chez moi dans un obscur séjour :
La prison vous déplaît, vous cherchez le grand jour;
Et déjà chez Barbin [3], ambitieux libelles,
Vous brûlez d'étaler vos feuilles criminelles.
Vains et faibles enfants dans ma vieillesse nés,
Vous croyez, sur les pas de vos heureux aînés,
Voir bientôt vos bons mots, passant du peuple aux princes,
Charmer également la ville et les provinces,
Et, par le prompt effet d'un sel réjouissant,
Devenir quelquefois proverbes en naissant.
Mais perdez cette erreur dont l'appât vous amorce :
Le temps n'est plus, mes Vers, où ma muse en sa force,
Du Parnasse français formant les nourrissons,
De si riches couleurs habillait ses leçons.
Quand mon esprit, poussé d'un courroux légitime,
Vint devant la raison plaider contre la rime,
A tout le genre humain sut faire le procès,
Et s'attira soi-même avec tant de succès.
Alors il n'était point de lecteur si sauvage
Qui ne se déridât en lisant mon ouvrage,
Et qui, pour s'égayer, souvent, dans ses discours,
D'un mot pris en mes vers n'empruntât le secours.
Mais aujourd'hui qu'enfin la vieillesse venue,
Sous mes faux cheveux blonds [4] déjà toute chenue,

---

[1] Jacques-Bénigne Bossuet.
[2] Louis-Antoine de Noailles, cardinal, archevêque de Paris.
[3] Libraire du palais. — [4] L'auteur avait pris la perruque.

A jeté sur ma tête, avec ses doigts pesants,
Onze lustres complets, surchargés de trois ans,
Cessez de présumer dans vos folles pensées,
Mes Vers, de voir en foule à vos rimes glacées
Courir, l'argent en main, les lecteurs empressés.
Nos beaux jours sont finis, nos honneurs sont passés;
Dans peu vous allez voir vos froides rêveries
Du public exciter les justes moqueries;
Et leur auteur, jadis à Regnier préferé,
A Pinchêne, à Linière, à Perrin, comparé,
Vous aurez beau crier : « O vieillesse ennemie!
« N'a-t-il donc tant vécu que pour cette infamie [1]? »
Vous n'entendrez partout qu'injurieux brocards
Et sur vous et sur lui fondre de toutes parts.
Que veut-il? dira-t-on; quelle fougue indiscrète
Ramène sur les rangs encor ce vain athlète?
Quels pitoyables vers ! quel style languissant !
Malheureux, laisse en paix ton cheval vieillissant,
De peur que tout à coup, efflanqué, sans haleine,
Il ne laisse en tombant son maître sur l'arène.
Ainsi s'expliqueront nos censeurs sourcilleux.
Et bientôt vous verrez mille auteurs pointilleux,
Pièce à pièce épluchant vos sons et vos paroles,
Interdire chez vous l'entrée aux hyperboles;
Traiter tout noble mot de terme hasardeux,
Et dans tous vos discours, comme monstres hideux,
Huer la métaphore et la métonymie,
Grands mots que Pradon croit des termes de chimie;
Vous soutenir qu'un lit ne peut être effronté [2];
Que nommer la luxure est une impureté.
En vain contre ce flot d'aversion publique
Vous tiendrez quelque temps ferme sur la boutique;
Vous irez à la fin, honteusement exclus,
Trouver au magasin Pyrame et Régulus [3],
Ou couvrir chez Thierry, d'une feuille encor neuve,
Les méditations de Buzée et d'Hayneuve;
Puis, en tristes lambeaux semés dans les marchés,
Souffrir tous les affronts du Jonas reprochés.
Mais quoi ! de ces discours bravant la vaine attaque,
Déjà, comme les vers de Cinna, d'Andromaque,
Vous croyez à grands pas chez la postérité
Courir, marqués au coin de l'immortalité !
Hé bien ! contentez donc l'orgueil qui vous enivre;
Montrez-vous, j'y consens : mais du moins, dans mon livre,
Commencez par vous joindre à mes premiers écrits.
C'est là qu'à la faveur de vos frères chéris,
Peut-être enfin soufferts comme enfants de ma plume,
Vous pourrez vous sauver, épars dans le volume.
Que si mêmes un jour le lecteur gracieux,
Amorcé par mon nom, sur vous tourne les yeux,
Pour m'en récompenser, mes Vers, avec usure,
De votre engeance alors faites-lui la peinture :
Et surtout prenez soin d'effacer bien les traits
Dont tant de peintres faux ont flétri mes portraits.
Déposez hardiment qu'au fond cet homme horrible,
Ce censeur qu'ils ont peint si noir et si terrible,
Fut un esprit doux, simple, ami de l'équité,
Qui, cherchant dans ses vers la seule vérité,
Fit, sans être malin, ses plus grandes malices,
Et qu'enfin sa candeur seule a fait tous ses vices.
Dites que, harcelé par les plus vils rimeurs,
Jamais, blessant leurs vers, il n'effleura leurs mœurs :
Libre dans ses discours, mais pourtant toujours sage,
Assez faible de corps, assez doux de visage,
Ni petit, ni trop grand, très-peu voluptueux,
Ami de la vertu plutôt que vertueux.
Que si quelqu'un, mes Vers, alors vous importune
Pour savoir mes parents, ma vie et ma fortune,
Contez-lui qu'allié d'assez hauts magistrats,
Fils d'un père greffier, né d'aïeux avocats,
Dès le berceau perdant une fort jeune mère,
Réduit seize ans après à pleurer mon vieux père,
J'allai d'un pas hardi, par moi-même guidé,
Et de mon seul génie en marchant secondé,
Studieux amateur et de Perse et d'Horace,
Assez près de Regnier m'asseoir sur le Parnasse,
Que, par un coup du sort au grand jour amené,
Et des bords du Permesse à la cour entraîné,
Je sus, prenant l'essor par des routes nouvelles,
Elever assez haut mes poétiques ailes,
Que ce roi dont le nom fait trembler tant de rois
Voulut bien que ma main crayonnât ses exploits;

---

[1] Vers du Cid. — [2] Terme de la dixième satire.
[3] Pièce de théâtre de Pradon.

Que plus d'un grand m'aima jusques à la tendresse,
Que ma vue à Colbert inspirait l'allégresse;
Qu'aujourd'hui même encor, de deux sens affaibli,
Retiré de la cour, et non mis en oubli,
Plus d'un héros, épris des fruits de mon étude,
Vient quelquefois chez moi[1] goûter la solitude.
  Mais des heureux regards de mon astre étonnant
Marquez bien cet effet encor plus surprenant,
Qui dans mon souvenir aura toujours sa place :
Que de tant d'écrivains de l'école d'Ignace
Étant, comme je suis, ami si déclaré,
Ce docteur toutefois si craint, si révéré,
Qui contre eux de sa plume épuisa l'énergie,
Arnauld, le grand Arnauld, fit mon apologie[2].
Sur mon tombeau futur, mes Vers, pour l'énoncer,
Courez en lettres d'or de ce pas vous placer :
Allez, jusqu'où l'Aurore en naissant voit l'Hydaspe[3],
Chercher, pour l'y graver, le plus précieux jaspe.
Surtout à mes rivaux sachez bien l'étaler.

LE GROS EVRARD.
Pour moi, je lis la Bible autant que l'Alcoran.
Vingt muids rangés chez moi font ma bibliothèque.

  Mais je vous retiens trop. C'est assez vous parler.
Déjà, plein du beau feu qui pour vous le transporte,
Barbin impatient chez moi frappe à la porte;
Il vient pour vous chercher. C'est lui : j'entends sa voix.
Adieu, mes Vers, adieu, pour la dernière fois.

ÉPITRE XI.

A MON JARDINIER.

Laborieux valet du plus commode maître
Qui pour te rendre heureux ici-bas pouvait naître,
Antoine, gouverneur de mon jardin d'Auteuil,
Qui diriges chez moi l'if et le chèvrefeuil,
Et sur mes espaliers, industrieux génie,
Sais si bien exercer l'art de La Quintinie[4];
Oh! que de mon esprit triste et mal ordonné,
Ainsi que de ce champ par toi si bien orné,
Ne puis-je faire ôter les ronces, les épines,
Et des défauts sans nombre arracher les racines!

[1] A Auteuil.
[2] M. Arnauld a fait une dissertation où il me justifie contre mes censeurs.
[3] Fleuve des Indes. — [4] Célèbre directeur des jardins du roi.

Mais parle : raisonnons. Quand, du matin au soir,
Chez moi poussant la bêche ou portant l'arrosoir,
Tu fais d'un sable aride une terre fertile
Et rends tout mon jardin à tes lois si docile,
Que dis-tu de m'y voir rêveur, capricieux,
Tantôt baissant le front, tantôt levant les yeux,
De paroles dans l'air par élans envolées
Effrayer les oiseaux perchés dans mes allées?
Ne soupçonnes-tu point qu'agité du démon,
Ainsi que ce cousin[1] des quatre fils Aimon
Dont tu lis quelquefois la merveilleuse histoire,
Je rumine en marchant quelque endroit du grimoire?
Mais non : tu te souviens qu'au village on t'a dit
Que ton maître est nommé pour coucher par écrit
Les faits d'un roi plus grand en sagesse, en vaillance,
Que Charlemagne aidé des douze pairs de France.
Tu crois qu'il y travaille, et qu'au long de ce mur
Peut-être en ce moment il prend Mons et Namur.
  Que penserais-tu donc si l'on t'allait apprendre
Que ce grand chroniqueur des gestes d'Alexandre,
Aujourd'hui méditant un projet tout nouveau,
S'agite, se démène et s'use le cerveau
Pour te faire à toi-même en rimes insensées
Un bizarre portrait de ses folles pensées?
Mon maître, dirais-tu, passe pour un docteur
Et parle quelquefois mieux qu'un prédicateur :
Sous ces arbres pourtant de si vaines sornettes
Il n'irait point troubler la paix de ces fauvettes,
S'il lui fallait toujours, comme moi, s'exercer,
Labourer, couper, tondre, aplanir, palisser,
Et, dans l'eau de ces puits sans relâche tirée,
De ce sable étancher la soif démesurée.
  Antoine, de nous deux tu crois donc, je le vois,
Que le plus occupé dans ce jardin c'est toi!
Oh! que tu changerais d'avis et de langage
Si deux jours seulement, libre du jardinage,
Tout à coup devenu poëte et bel esprit,
Tu t'allais engager à polir un écrit
Qui dît, sans s'avilir, les plus petites choses,
Fît des plus secs chardons des œillets et des roses,
Et sût même aux discours de la rusticité
Donner de l'élégance et de la dignité;
Un ouvrage, en un mot, qui, juste en tous ses termes,
Sût plaire à d'Aguesseau[2], sût satisfaire Termes,
Sût, dis-je, contenter, en paraissant au jour,
Ce qu'ont d'esprits plus fins et la ville et la cour!
Bientôt de ce travail revenu sec et pâle,
Et le teint plus jauni que de vingt ans de hâle,
Tu dirais, reprenant ta pelle et ton râteau :
J'aime mieux mettre encor cent arpents au niveau
Que d'aller follement, égaré dans les nues,
Me lasser à chercher des visions cornues,
Et, pour lier des mots si mal s'entr'accordants,
Prendre dans ce jardin la lune avec les dents.
  Approche donc et viens; qu'un paresseux t'apprenne,
Antoine, ce que c'est que fatigue et que peine.
L'homme ici-bas, toujours inquiet et gêné,
Est, dans le repos même, au travail condamné.
La fatigue l'y suit. C'est en vain qu'aux poëtes
Les neuf trompeuses sœurs dans leurs douces retraites
Promettent du repos sous leurs ombrages frais :
Dans ces tranquilles bois par eux plantés exprès,
La cadence aussitôt, la rime, la césure,
La riche expression, la nombreuse mesure,
Sorcières dont l'amour sait d'abord les charmer,
De fatigues sans fin viennent les consumer.
Sans cesse poursuivant ces fugitives fées[3],
On voit sous les lauriers haleter les Orphées.
Leur esprit toutefois se plaît dans son tourment,
Et se fait de sa peine un noble amusement.
Mais je ne trouve point de fatigue si rude
Que l'ennuyeux loisir d'un mortel sans étude,
Qui, jamais ne sortant de sa stupidité,
Soutient, dans les langueurs de son oisiveté,
D'une lâche indolence esclave volontaire,
Le pénible fardeau de n'avoir rien à faire.
Vainement offusqué de ses pensers épais,
Loin du trouble et du bruit il croit trouver la paix :
Dans le calme odieux de sa sombre paresse,
Tous les honteux plaisirs, enfants de la mollesse,
Usurpant sur son âme un absolu pouvoir,

[1] Maugis.
[2] Alors avocat général, et maintenant procureur général.
[3] Les Muses.

De monstrueux désirs le viennent émouvoir,
Irritent de ses sens la fureur endormie,
Et le font le jouet de leur triste infamie.
Puis sur leurs pas soudain arrivent les remords,
Et bientôt avec eux tous les fléaux du corps,
La pierre, la colique et les gouttes cruelles,
Guénaud, Rainssant, Brayer [1], presque aussi tristes qu'elles,
Chez l'indigne mortel courent tous s'assembler,
De travaux douloureux le viennent accabler;
Sur le duvet d'un lit, théâtre de ses gênes,
Lui font scier des rocs, lui font fendre des chênes,
Et le mettent au point d'envier ton emploi.
Reconnais donc, Antoine, et conclus avec moi
Que la pauvreté mâle, active et vigilante,
Est, parmi les travaux, moins lasse et plus contente
Que la richesse oisive au sein des voluptés.
Je te vais sur cela prouver deux vérités :
L'une, que le travail, aux hommes nécessaire,
Fait leur félicité plutôt que leur misère;
Et l'autre, qu'il n'est point de coupable en repos.

(LUTRIN. — CHANT IV).
Ils sortent à l'instant, et, par d'heureux efforts
Du lugubre instrument font crier les ressorts.

C'est ce qu'il faut ici montrer en peu de mots.
Suis-moi donc. Mais je vois, sur ce début de prône,
Que ta bouche déjà s'ouvre large d'une aune,
Et que, les yeux fermés, tu baisses le menton.
Ma foi, le plus sûr est de finir ce sermon.
Aussi bien j'aperçois ces melons qui t'attendent,
Et ces fleurs qui là-bas entre elles se demandent
S'il est fête au village, et pour quel saint nouveau
On les laisse aujourd'hui si longtemps manquer d'eau.

ÉPITRE XII.

SUR L'AMOUR DE DIEU.

A M. L'ABBÉ RENAUDOT.

Docte abbé, tu dis vrai, l'homme, au crime attaché,
En vain, sans aimer Dieu, croit sortir du péché.

[1] Fameux médecins.

Toutefois, n'en déplaise aux transports frénétiques
Du fougueux moine [1] auteur des troubles germaniques,
Des tourments de l'enfer la salutaire peur
N'est pas toujours l'effet d'une noire vapeur
Qui, de remords sans fruit agitant le coupable,
Aux yeux de Dieu le rende encor plus haïssable :
Cette utile frayeur, propre à nous pénétrer,
Vient souvent de la grâce en nous prête d'entrer,
Qui veut dans notre cœur se rendre la plus forte,
Et pour se faire ouvrir déjà frappe à la porte.
Si le pécheur, poussé de ce saint mouvement,
Reconnaissant son crime, aspire au sacrement,
Souvent Dieu tout à coup d'un vrai zèle l'enflamme;
Le Saint-Esprit revient habiter dans son âme,
Y convertit enfin les ténèbres en jour,
Et la crainte servile en filial amour.
C'est ainsi que souvent la sagesse suprême
Pour chasser le démon se sert du démon même.
Mais lorsqu'en sa malice un pécheur obstiné,
Des horreurs de l'enfer vainement étonné,
Loin d'aimer, humble fils, son véritable père,
Craint et regarde Dieu comme un tyran sévère,
Au bien qu'il nous promet ne trouve aucun appas,
Et souhaite en son cœur que ce Dieu ne soit pas :
En vain, la peur sur lui remportant la victoire,
Aux pieds d'un prêtre il court décharger sa mémoire;
Vil esclave toujours sous le joug du péché,
Au démon qu'il redoute il demeure attaché.
L'amour, essentiel à notre pénitence,
Doit être l'heureux fruit de notre repentance.
Non, quoi que l'ignorance enseigne sur ce point,
Dieu ne fait jamais grâce à qui ne l'aime point.
A le chercher la peur nous dispose et nous aide :
Mais il ne vient jamais que l'amour ne succède.
Cessez de m'opposer vos discours imposteurs,
Confesseurs insensés, ignorants séducteurs,
Qui, pleins des vains propos que l'erreur vous débite,
Vous figurez qu'en vous un pouvoir sans limite
Justifie à coup sûr tout pécheur alarmé,
Et que sans aimer Dieu l'on peut en être aimé.
Quoi donc! cher Renaudot, un chrétien effroyable,
Qui jamais, servant Dieu, n'eut d'objet que le diable,
Pourra, marchant toujours dans des sentiers maudits,
Par des formalités gagner le paradis !
Et parmi les élus, dans la gloire éternelle,
Pour quelques sacrements reçus sans aucun zèle,
Dieu fera voir aux yeux des saints épouvantés
Son ennemi mortel assis à ses côtés !
Peut-on se figurer de si folles chimères!
On voit pourtant, on voit des docteurs même austères
Qui, les semant partout, s'en vont pieusement
De toute piété saper le fondement;
Qui, le cœur infecté d'erreurs si criminelles,
Se disent hautement les purs, les vrais fidèles;
Traitant d'abord d'impie et d'hérétique affreux
Quiconque ose pour Dieu se déclarer contre eux.
De leur audace en vain les vrais chrétiens gémissent :
Prêts à la repousser les plus hardis mollissent,
Et, voyant contre Dieu le diable accrédité,
N'osent en bégayant prêcher la vérité.
Mollirons-nous aussi? Non, sans peur, sur ta trace,
Docte abbé, de ce pas j'irai leur dire en face :
Ouvrez les yeux enfin, aveugles dangereux,
Oui, je le soutiens, il serait moins affreux
De ne point reconnaître un Dieu maître du monde,
Et qui règle à son gré le ciel, la terre et l'onde,
Qu'en avouant qu'il est et qu'il sut tout former,
D'oser dire qu'on peut lui plaire sans l'aimer.
Un si bas, si honteux, si faux christianisme
Ne vaut pas des Platons l'éclairé paganisme;
Et chérir les vrais biens, sans en savoir l'auteur,
Vaut mieux que, sans l'aimer, connaître un Créateur.
Expliquons-nous pourtant. Par cette ardeur si sainte,
Que je veux qu'en un cœur amène enfin la crainte,
Je n'entends pas ici ce doux saisissement,
Ces transports pleins de joie et de ravissement
Qui font des bienheureux la juste récompense,
Et qu'un cœur rarement goûte ici par avance.
Dans nous l'amour de Dieu, fécond en saints désirs,
N'y produit pas toujours de sensibles plaisirs.
Souvent le cœur qui l'a ne le sait pas lui-même :
Tel craint de n'aimer pas qui sincèrement aime,
Et tel croit au contraire être brûlant d'ardeur

[1] Luther.

Qui n'eut jamais pour Dieu que glace et que froideur.
C'est ainsi quelquefois qu'un indolent mystique [1],
Au milieu des péchés tranquille fanatique,
Du plus parfait amour pense avoir l'heureux don,
Et croit posséder Dieu dans les bras du démon.
Voulez-vous donc savoir si la foi dans votre âme
Allume les ardeurs d'une sincère flamme?
Consultez-vous vous-même. A ses règles soumis,
Pardonnez-vous sans peine à tous vos ennemis?
Combattez-vous vos sens? domptez-vous vos faiblesses?
Dieu dans le pauvre est-il l'objet de vos largesses?
Enfin dans tous ses points pratiquez-vous sa loi?
Oui, dites-vous. Allez, vous l'aimez, croyez-moi.
Qui fait exactement ce que ma loi commande,
A pour moi, dit ce Dieu, l'amour que je demande.
Faites-le donc; et, sûr qu'il nous veut sauver tous,
Ne vous alarmez point pour quelques vains dégoûts
Qu'en sa ferveur souvent la plus sainte âme éprouve;
Marchez, courez à lui : qui le cherche le trouve.
Et que de votre cœur il paraît s'écarter,
Plus par vos actions songez à vous arrêter.
Mais ne soutenez point cet horrible blasphème,
Qu'un sacrement reçu, qu'un prêtre, que Dieu même,
Quoi que vos faux docteurs osent vous avancer,
De l'amour qu'on lui doit puissent vous dispenser.
Mais s'il faut qu'avant tout dans une âme chrétienne,
Diront ces grands docteurs, l'amour de Dieu survienne,
Puisque ce seul amour suffit pour nous sauver,
De quoi le sacrement viendra-t-il nous laver?
Sa vertu n'est donc plus qu'une vertu frivole?
Oh! le bel argument digne de leur école!
Quoi! dans l'amour divin en nos cœurs allumé,
Le vœu du sacrement n'est-il pas renfermé?
Un païen converti, qui croit un Dieu suprême,
Peut-il être chrétien qu'il n'aspire au baptême,
Ni le chrétien en pleurs être vraiment touché,
Qu'il ne veuille à l'église avouer son péché?
Du funeste esclavage où le démon nous traîne
C'est le sacrement seul qui peut rompre la chaîne :
Aussi l'amour d'abord y court avidement;
Mais lui-même il en est l'âme et le fondement.
Lorsqu'un pécheur, ému d'une humble repentance,
Par les degrés prescrits court à la pénitence,
S'il n'y peut parvenir, Dieu sait le supposer.
Le seul amour manquant ne peut point s'excuser :
C'est par lui que dans nous la grâce fructifie;
C'est lui qui nous ranime et qui nous vivifie;
Pour nous rejoindre à Dieu, lui seul est le lien;
Et sans lui, foi, vertus, sacrements, tout n'est rien.
A ces discours pressants que saurait-on répondre?
Mais approchez; je veux encor mieux vous confondre,
Docteurs. Dites-moi donc : quand nous sommes absous,
Le Saint-Esprit est-il ou n'est-il pas en nous?
S'il est en nous, peut-il, n'étant qu'amour lui-même,
Ne nous échauffer point de son amour suprême?
Et s'il n'est pas en nous, Satan toujours vainqueur
Ne demeure-t-il pas maître de notre cœur?
Avouez donc qu'il faut qu'en nous l'amour renaisse;
Et n'allez point, pour fuir la raison qui vous presse,
Donner le nom d'amour au trouble inanimé
Qu'au cœur d'un criminel la peur seule a formé.
L'ardeur qui justifie, et que Dieu nous envoie,
Quoiqu'ici-bas souvent inquiète et sans joie,
Est pourtant cette ardeur, c'est même feu d'amour,
Dont brûle un bienheureux en l'éternel séjour.
Dans le fatal instant qui borne notre vie,
Il faut que de ce feu notre âme soit remplie;
Et Dieu, sourd à nos cris s'il ne l'y trouve pas,
Ne l'y rallume plus après notre trépas.
Rendez-vous donc enfin à ces clairs syllogismes,
Et ne prétendez plus, par vos confus sophismes,
Pouvoir encore aux yeux du fidèle éclairé
Cacher l'amour de Dieu dans l'école égaré.
Apprenez que la gloire où le ciel nous appelle
Un jour des vrais enfants doit couronner le zèle,
Et non les froids remords d'un esclave craintif,
Où crut voir Abeli [2] quelque amour négatif.

[1] .Quiétistes, dont les erreurs ont été condamnées par les papes Innocent XI et Innocent XII.
[2] Auteur de la Moelle théologique, qui soutient la fausse attrition par les raisons réfutées dans cette épître.

Mais quoi! j'entends déjà plus d'un fier scholastique
Qui, me voyant ici sur ce ton dogmatique
En vers audacieux traiter ces points sacrés,
Curieux, me demande où j'ai pris mes degrés,
Et si, pour m'éclairer sur ces sombres matières,
Deux cents auteurs extraits m'ont prêté leurs lumières.
Non. Mais pour décider que l'homme, qu'un chrétien
Est obligé d'aimer l'unique auteur du bien,
Le Dieu qui le nourrit, le Dieu qui le fit naître,
Qui nous vint par sa mort donner un second être,
Faut-il avoir reçu le bonnet doctoral,
Avoir extrait Gamache, Isambert et du Val?
Dieu, dans son livre saint, sans chercher d'autre ouvrage,
Ne l'a-t-il pas écrit lui-même à chaque page?
De vains docteurs encore, ô prodige honteux!
Oseront nous en faire un problème douteux!
Viendront traiter d'erreur digne de l'anathème
L'indispensable loi d'aimer Dieu pour lui-même,
Et, par un dogme faux, dans nos jours enfanté,
Des devoirs du chrétien rayer la charité!
Si j'allais consulter chez eux le moins sévère,
Et lui disais : Un fils doit-il aimer son père?
Ah! peut-on en douter? dirait-il brusquement.
Et quand je leur demande en ce même moment :
L'homme, ouvrage d'un Dieu seul bon et seul aimable,
Doit-il aimer ce Dieu, son père véritable?
Leur plus rigide auteur n'ose le décider,
Et craint, en l'affirmant, de se trop hasarder!
Je ne m'en puis défendre; il faut que je t'écrive
La figure bizarre, et pourtant assez vive,
Que je sus l'autre jour employer dans son lieu,
Et qui déconcerta ces ennemis de Dieu.
Au sujet d'un écrit qu'on nous venait de lire,
Un d'entre eux m'insulta sur ce que j'osai dire
Qu'il faut, pour être absous d'un crime confessé,
Avoir pour Dieu du moins un amour commencé.
Ce dogme, me dit-il, est un pur calvinisme.
O ciel! me voilà donc dans l'erreur, dans le schisme,
Et partant réprouvé! Mais, poursuivis-je alors,
Quand Dieu viendra juger les vivants et les morts,
Et des humbles agneaux, objets de sa tendresse,
Séparera des boucs la troupe pécheresse,
A tous il nous dira, sévère ou gracieux,
Ce qui nous fit impurs ou justes à ses yeux.
Selon vous donc, à moi réprouvé, bouc infâme,
Va brûler, dira-t-il, en l'éternelle flamme,
Malheureux qui soutins que l'homme dut m'aimer,
Et qui, sur ce sujet trop prompt à déclamer,
Prétendis qu'il fallait, pour fléchir ma justice,
Que le pécheur, touché de l'horreur de son vice,
De quelque ardeur pour moi sentît les mouvements,
Et gardât le premier de mes commandements!
Dieu, si je vous en crois, me tiendra ce langage?
Mais à vous, tendre agneau, son plus cher héritage,
Orthodoxe ennemi d'un dogme si blâmé,
Venez, vous dira-t-il, vous, mon bien-aimé :
Vous qui, dans les détours de vos raisons subtiles
Embarrassez les mots d'un des plus saints conciles [1],
Avez délivré l'homme, ô l'utile docteur!
De l'importun fardeau d'aimer son créateur;
Entrez au ciel, venez, comblé de mes louanges,
Du besoin d'aimer Dieu désabuser les anges.
A de tels mots, si Dieu pouvait les prononcer,
Pour moi je répondrais, je crois, sans l'offenser :
Oh! que pour vous mon cœur moins dur et moins farouche,
Seigneur, n'a-t-il, hélas! parlé comme ma bouche!
Ce serait ma réponse à ce Dieu fulminant.
Mais vous, de ses douceurs objet fort surprenant,
Je ne sais pas comment, ferme en votre doctrine,
Des ironiques mots de sa bouche divine
Vous pourriez, sans rougeur et sans confusion,
Soutenir l'amertume et la dérision.
L'audace du docteur, de ce discours frappée,
Demeura sans réplique à ma prosopopée.
Il sortit tout à coup, et, murmurant tout bas.
Quelques termes d'aigreur que je n'entendis pas,
S'en alla chez Rinsfeld, ou chez Basile Ponce [2],
Sur l'heure à mes raisons chercher une réponse.

[1] Le concile de Trente.
[2] Deux défenseurs de la fausse attrition. Le premier était chanoine de Trèves, et l'autre était de l'ordre de Saint-Augustin.

LE LUTRIN.

AVIS AU LECTEUR.

Il serait inutile maintenant de nier que le poëme suivant a été composé à l'occasion d'un différend assez léger, qui s'émut, dans une des plus célèbres églises de Paris, entre le trésorier et le chantre. Mais c'est tout ce qu'il y a de vrai. Le reste, depuis le commencement jusqu'à la fin, est une pure fiction : et tous les personnages y sont non-seulement inventés, mais j'ai eu soin même de les faire d'un caractère directement opposé au caractère de ceux qui desservent cette église, dont la plupart, et principalement les chanoines, sont tous gens, non-seulement d'une fort grande probité, mais de beaucoup d'esprit, et entre lesquels il y en a tel à qui je demanderais aussi volontiers son sentiment sur mes ouvrages, qu'à beaucoup de messieurs de l'Académie. Il ne faut donc pas s'étonner si personne n'a été offensé de l'impression de ce poëme, puisqu'il n'y a en effet personne qui y soit véritablement attaqué. Un prodigue ne s'avise guère de s'offenser de voir rire d'un avare, ni un dévot de voir tourner en ridicule un libertin.

Je ne dirai point comment je fus engagé à travailler à cette bagatelle sur une espèce de défi qui me fut fait en riant par feu M. le premier président de Lamoignon, qui est celui que j'y peins sous le nom d'Ariste. Ce détail, à mon avis, n'est pas fort nécessaire. Mais je croirais me faire un trop grand tort si je laissais échapper cette occasion d'apprendre à ceux qui l'ignorent, que ce grand personnage, durant sa vie, m'a honoré de son amitié. Je commençai à le connaître dans le temps que mes satires faisaient le plus de bruit; et l'accès obligeant qu'il me donna dans son illustre maison fit avantageusement mon apologie contre ceux qui voulaient m'accuser alors de libertinage et de mauvaises mœurs. C'était un homme d'un savoir étonnant, et passionné admirateur de tous les bons livres de l'antiquité; et c'est ce qui lui fit plus aisément souffrir mes ouvrages, où il crut entrevoir quelque goût des anciens. Comme sa piété était sincère, elle était aussi fort gaie, et n'avait rien d'embarrassant. Il ne s'effraya point du nom de satire que portaient ces ouvrages, où il ne vit en effet que des vers et des auteurs attaqués. Il me loua même plusieurs fois d'avoir purgé, pour ainsi dire, ce genre de poésie de la saleté qui lui avait été jusqu'alors comme affectée. J'eus donc le bonheur de ne lui être pas désagréable. Il m'appela à tous ses plaisirs et à tous ses divertissements; c'est-à-dire à ses lectures et à ses promenades. Il me favorisa même quelquefois de sa plus étroite confidence, et me fit voir à fond son âme entière. Et que n'y vis-je point! Quel trésor surprenant de probité et de justice! Quel fonds inépuisable de piété et de zèle! Bien que sa vertu jetât un fort grand éclat au dehors, c'était tout autre chose au dedans; et on voyait bien qu'il avait soin d'en tempérer les rayons, pour ne pas blesser les yeux d'un siècle aussi corrompu que le nôtre. Je fus sincèrement épris de tant de qualités admirables; et s'il eut beaucoup de bonne volonté pour moi, j'eus aussi pour lui une très-forte attache. Les soins que je lui rendis ne furent mêlés d'aucune raison d'intérêt mercenaire; et je songeai bien plus à profiter de sa conversation que de son crédit. Il mourut dans le temps que cette amitié était en son plus haut point; et le souvenir de sa perte m'afflige encore tous les jours. Pourquoi faut-il que des hommes si dignes de vivre soient sitôt enlevés du monde, tandis que des misérables et des gens de rien arrivent à une extrême vieillesse! Je ne m'étendrai pas davantage sur un sujet si triste : car je sens bien que si je continuais à en parler, je ne pourrais m'empêcher de mouiller peut-être de larmes la préface d'un ouvrage de pure plaisanterie.

ARGUMENT.

Le trésorier remplit la première dignité du chapitre dont il est ici parlé, et il officie dans toutes les marques de l'épiscopat. Le chantre remplit la seconde dignité. Il y avait autrefois dans le chœur, à la place de celui-ci, un énorme pupitre ou lutrin, qui le couvrait presque tout entier. Le trésorier voulut le faire remettre. De là arriva une dispute, qui fait le sujet de ce poëme.

CHANT PREMIER.

Je chante les combats, et ce prélat terrible
Qui, par ses longs travaux et sa force invincible,
Dans une illustre église exerçant son grand cœur,
Fit placer à la fin un lutrin dans le chœur.
C'est en vain que le chantre, abusant de son titre,
Deux fois l'en fit ôter par les mains du chapitre :
Ce prélat, sur le banc de son rival altier
Deux fois le reportant, l'en couvrit tout entier.
Muse, redis-moi donc quelle ardeur de vengeance
De ces hommes sacrés rompit l'intelligence,
Et troubla si longtemps deux célèbres rivaux !
Tant de fiel entre-t-il dans l'âme des dévots !
    Et toi, fameux héros[1], dont la sage entremise
De ce schisme naissant débarrassa l'Église,
Viens d'un regard heureux animer mon projet,
Et garde-toi de rire en ce grave sujet.
    Parmi les doux plaisirs d'une paix fraternelle
Paris voyait fleurir son antique chapelle :
Ses chanoines vermeils et brillants de santé
S'engraissaient d'une longue et sainte oisiveté;
Sans sortir de leurs lits, plus doux que leurs hermines,
Ces pieux fainéants faisaient chanter matines,
Veillaient à bien dîner, et laissaient en leur lieu
A des chantres gagés le soin de louer Dieu.
Quand la Discorde, encor toute noire de crimes,
Sortant des Cordeliers pour aller aux Minimes[2],
Avec cet air hideux qui fait frémir la Paix,
S'arrêta près d'un arbre au pied de son palais.
Là, d'un œil attentif contemplant son empire,
A l'aspect du tumulte elle-même s'admire.

[1] M. le premier président de Lamoignon.
[2] Il y eut de grandes brouilleries dans ces deux couvents, à l'occasion de quelques supérieurs qu'on y voulait élire.

Elle y voit par le coche et d'Evreux et du Mans
Accourir à grands flots ses fidèles Normands :
Elle y voit aborder le marquis, la comtesse,
Le bourgeois, le manant, le clergé, la noblesse;
Et partout des plaideurs les escadrons épars
Faire autour de Thémis flotter ses étendards.
Mais une église seule à ses yeux immobile
Garde au sein du tumulte une assiette tranquille :
Elle seule la brave; elle seule aux procès
De ses paisibles murs veut défendre l'accès.
La Discorde, à l'aspect d'un calme qui l'offense,
Fait siffler ses serpents, s'excite à la vengeance :
Sa bouche se remplit d'un poison odieux,
Et de longs traits de feu lui sortent par les yeux.
    Quoi ! dit-elle d'un ton qui fit trembler les vitres,
J'aurai jusqu'ici brouiller tous les chapitres,
Diviser Cordeliers, Carmes et Célestins;
J'aurai fait soutenir un siége aux Augustins :
Et cette église seule, à mes ordres rebelle,
Nourrira dans son sein une paix éternelle!
Suis-je donc la Discorde? et, parmi les mortels,
Qui voudra désormais encenser mes autels[1]?
    A ces mots, d'un bonnet couvrant sa tête énorme,
Elle prend d'un vieux chantre et la taille et la forme :
Elle peint de bourgeois son visage guerrier,
Et s'en va de ce pas trouver le trésorier.
    Dans le réduit obscur d'une alcôve enfoncée
S'élève un lit de plume à grands frais amassée :
Quatre rideaux pompeux, par un double contour,
En défendent l'entrée à la clarté du jour.
Là, parmi les douceurs d'un tranquille silence,
Règne sur le duvet une heureuse indolence :
C'est là que le prélat, muni d'un déjeuner,
Dormant d'un léger somme, attendait le dîner.
La jeunesse en sa fleur brille sur son visage :
Son menton sur son sein descend à double étage;
Et son corps ramassé dans sa courte grosseur
Fait gémir les coussins sous sa molle épaisseur.
    La déesse en entrant, qui voit la nappe mise,
Admire un si bel ordre, et reconnaît l'Église,
Et, marchant à grands pas vers le lieu du repos,

[1] Virgile, Énéide, liv. 1, v. 52.

Au prélat sommeillant elle adresse ces mots :
  Tu dors, prélat, tu dors, et là-haut à ta place
Le chantre aux yeux du chœur étale son audace,
Chante les OBREMUS , fait des processions,
Et répand à grands flots les bénédictions.
Tu dors ! Attends-tu donc que, sans bulle et sans titre,
Il te ravisse encor le rochet et la mitre ?
Sors de ce lit oiseux qui te tient attaché,
Et renonce au repos, ou bien à l'évêché.
  Elle dit, et, du vent de sa bouche profane,
Lui souffle avec ces mots l'ardeur de la chicane.
Le prélat se réveille, et, plein d'émotion,
Lui donne toutefois la bénédiction.
  Tel qu'on voit un taureau qu'une guêpe en furie
A piqué dans les flancs aux dépens de sa vie ;
Le superbe animal, agité de tourments,
Exhale sa douleur en longs mugissements :
Tel le fougueux prélat, que ce songe épouvante,
Querelle en se levant et laquais et servante :
Et, d'un juste courroux rallumant sa vigueur,
Même avant le dîner, parle d'aller au chœur.
Le prudent Gilotin, son aumônier fidèle,
En vain par ses conseils sagement le rappelle ;
Lui montre le péril ; que midi va sonner ;
Qu'il va faire, s'il sort, refroidir le dîner.
  Quelle fureur, dit-il, quel aveugle caprice,
Quand le dîner est prêt, vous appelle à l'office ?
De votre dignité soutenez mieux l'éclat :
Est-ce pour travailler que vous êtes prélat ?
A quoi bon ce dégoût et ce zèle inutile ?
Est-il donc pour jeûner quatre-temps ou vigile ?
Reprenez vos esprits, et souvenez-vous bien
Qu'un dîner réchauffé ne valut jamais rien.
  Ainsi dit Gilotin ; et ce ministre sage
Sur table, au même instant, fait servir le potage.
Le prélat voit la soupe, et, plein d'un saint respect,
Demeure quelque temps muet à cet aspect.
Il cède, il dîne enfin : mais, toujours plus farouche,
Les morceaux trop hâtés se pressent dans sa bouche.
Gilotin en gémit, et, sortant de fureur,
Chez tous ses partisans va semer la terreur.
On voit courir chez lui leurs troupes éperdues,
Comme l'on voit marcher les bataillons de grues [1],
Quand le Pygmée altier, redoublant ses efforts,
De l'Hèbre [2] ou du Strymon [3] vient d'occuper les bords.
A l'aspect imprévu de leur foule agréable,
Le prélat radouci veut se lever de table :
La couleur lui renaît, sa voix change de ton ;
Il fait par Gilotin rapporter un jambon.
Lui-même le premier, pour honorer la troupe,
D'un vin pur et vermeil il fait remplir sa coupe ;
Il l'avale d'un trait : et, chacun l'imitant,
La cruche au large ventre est vide en un instant.
Sitôt que du nectar la troupe est abreuvée,
On dessert ; et soudain, la nappe étant levée,
Le prélat, d'une voix conforme à son malheur,
Leur confie en ces mots sa trop juste douleur :
  Illustres compagnons de mes longues fatigues,
Qui m'avez soutenu par vos pieuses ligues,
Et par qui, maître enfin d'un chapitre insensé,
Seul à MAGNIFICAT je me vois encensé ;
Souffrirez-vous toujours qu'un orgueilleux m'outrage,
Que le chantre à vos yeux détruise votre ouvrage,
Usurpe tous mes droits, et, s'égalant à moi,
Donne à votre lutrin et le ton et la loi ?
Ce matin même encor, ce n'est point un mensonge,
Une divinité me l'a fait voir en songe,
L'insolent, s'emparant du fruit de mes travaux,
A prononcé pour moi le BENEDICAT vos !
Oui, pour mieux m'égorger, il prend mes propres armes.
  Le prélat à ces mots verse un torrent de larmes.
Il veut, mais vainement, poursuivre son discours ;
Ses sanglots redoublés en arrêtent le cours.
Le zélé Gilotin, qui prend part à sa gloire,
Pour lui rendre la voix fait rapporter à boire :
Quand Sidrac, à qui l'âge allonge le chemin,
Arrive dans la chambre, un bâton à la main.
Ce vieillard dans le chœur a déjà vu quatre âges :
Il sait de tous les temps les différents usages :
Et son rare savoir, de simple marguillier [4],

[1] Homère, Iliade, liv. III, v. 6.
[2] Fleuve de Thrace.
[3] Fleuve de l'ancienne Thrace.
[4] C'est celui qui a soin des reliques.

L'éleva par degrés au rang de chevecier [1].
A l'aspect du prélat qui tombe en défaillance,
Il devine son mal, il se ride, il s'avance ;
Et d'un ton paternel réprimant ses douleurs :
  Laisse au chantre, dit-il, la tristesse et les pleurs,
Prélat ; et, pour sauver tes droits et ton empire,
Ecoute seulement ce que le ciel m'inspire.
Vers cet endroit du chœur où le chantre orgueilleux
Montre, assis à ta gauche, un front si sourcilleux,
Sur ce rang d'ais serrés qui forment sa clôture
Fut jadis un lutrin d'inégale structure,
Dont les flancs élargis de leur vaste contour
Ombrageaient pleinement tous les lieux d'alentour.
Derrière ce lutrin, ainsi qu'au fond d'un antre,
A peine sur son banc on discernait le chantre :
Tandis qu'à l'autre banc le prélat radieux,
Découvert au grand jour, attirait tous les yeux.
Mais un démon, fatal à cette ample machine,
Soit qu'une main la nuit eût hâté sa ruine,
Soit qu'ainsi de tout temps l'ordonnât le destin,
Fit tomber à nos yeux le pupitre un matin.
J'eus beau prendre le ciel et le chantre à partie,
Il fallut l'emporter dans notre sacristie,
Où depuis trente hivers, sans gloire enseveli,
Il languit tout poudreux dans un honteux oubli.
Entends-moi donc, prélat. Dès que l'ombre tranquille
Viendra d'un crêpe noir envelopper la ville,
Il faut que trois de nous, sans tumulte et sans bruit,
Partent à la faveur de la naissante nuit
Et, du lutrin rompu réunissant la masse,
Aillent d'un zèle adroit le remettre en sa place.
Si le chantre demain ose le renverser,
Alors de cent arrêts tu le peux terrasser.
Pour soutenir tes droits, que le ciel autorise,
Abîme tout plutôt ; c'est l'esprit de l'Eglise :
C'est par là qu'un prélat signale sa vigueur.
Ne borne pas ta gloire à prier dans un chœur :
Ces vertus dans Aleth peuvent être en usage ;
Mais dans Paris plaidons, c'est là notre partage.
Tes bénédictions dans le trouble croissant,
Tu pourras les répandre et par vingt et par cent ;
Et, pour braver le chantre en son orgueil extrême,
Les répandre à ses yeux, et le bénir lui-même.
  Ce discours aussitôt frappe tous les esprits ;
Et le prélat charmé l'approuve par des cris.
Il veut que, sur le champ, dans la troupe on choisisse
Les trois que Dieu destine à ce pieux office :
Mais chacun prétend part à cet illustre emploi.
Le sort, dit le prélat, vous servira de loi [2].
Que l'on tire au billet ceux que l'on doit élire.
Il dit, on obéit, on se presse d'écrire.
Aussitôt trente noms, sur le papier tracés,
Sont au fond d'un bonnet par billets entassés.
Pour tirer ces billets avec moins d'artifice,
Guillaume, enfant de chœur, prête sa main novice :
Son front nouveau-tondu, symbole de candeur,
Rougit, en approchant, d'une honnête pudeur.
Cependant le prélat, l'œil au ciel, la main nue,
Bénit trois fois les noms, et trois fois les remue.
Il tourne le bonnet : l'enfant tire ; et Brontin
Est le premier des noms qu'apporte le destin.
Le prélat en conçoit un favorable augure,
Et ce nom dans la troupe excite un doux murmure.
On se tait ; et bientôt on voit paraître au jour
Le nom, le fameux nom du perruquier l'Amour [3].
Ce nouvel Adonis, à la blonde crinière,
Est l'unique souci d'Anne sa perruquière :
Ils s'adorent l'un l'autre ; et ce couple charmant
S'unit longtemps, dit-on, avant le sacrement :
Mais, depuis trois moissons, à leur saint assemblage
L'official a joint le nom de mariage.
Ce perruquier superbe est l'effroi du quartier,
Et son courage est peint sur son visage altier.
Un des noms reste encore, et le prélat par grâce
Une dernière fois les brouille et les repasse.
Chacun croit que son nom est le dernier des trois.
Mais, que ne dis-tu point, ô puissant porte-croix,
Boirude, sacristain, cher appui de ton maître,
Lorsqu'aux yeux du prélat tu vis ton nom paraître !
On dit que ton front jaune, et tel sans couleur,

[1] C'est celui qui a soin des chapes et de la cire.
[2] Homère, Iliade, liv. VII, v. 171.
[3] Molière a peint le caractère de cet homme dans son *Médecin malgré lui*, à la fin de la première scène, sur ce que M. Despréaux lui en avait dit.

Perdit en ce moment son antique pâleur ;
Et que ton corps goutteux, plein d'une ardeur guerrière,
Pour sauter au plancher fit deux pas en arrière.
Chacun bénit tout haut l'arbitre des humains,
Qui remet leur bon droit en de si bonnes mains.
Aussitôt on se lève ; et l'assemblée en foule,
Avec un bruit confus, par les portes s'écoule.
Le prélat resté seul calme un peu son dépit,
Et jusques au souper se couche et s'assoupit.

CHANT DEUXIÈME.

Cependant cet oiseau qui prône les merveilles [1],
Ce monstre composé de bouches et d'oreilles,
Qui, sans cesse volant de climats en climats,
Dit partout ce qu'il sait et ce qu'il ne sait pas,
La Renommée enfin, cette prompte courrière,
Va d'un mortel effroi glacer la perruquière,
Lui dit que son époux, d'un faux zèle conduit,
Pour placer un lutrin doit veiller cette nuit.
À ce triste récit, tremblante, désolée,
Elle accourt, l'œil en feu, la tête échevelée,
Et trop sûre d'un mal qu'on pense lui celer :
Oses-tu bien encor, traître, dissimuler [2]?
Dit-elle ; et ni la foi que ta main m'a donnée,
Ni nos embrassements qu'a suivis l'hyménée,
Ni ton épouse enfin toute prête à périr,
Ne sauraient donc t'ôter cette ardeur de courir !
Perfide ! si du moins, à ton devoir fidèle,
Tu veillais pour orner quelque tête nouvelle !
L'espoir d'un juste gain consolant ma langueur
Pourrait de ton absence adoucir la longueur.
Mais quel zèle indiscret, quelle aveugle entreprise
Arme aujourd'hui ton bras en faveur d'une église !
Où vas-tu, cher époux ? est-ce que tu me fuis ?
As-tu donc oublié tant de si douces nuits ?
Quoi ! d'un œil sans pitié vois-tu couler mes larmes ?
Au nom de nos baisers jadis si pleins de charmes,
Si mon cœur de tout temps facile à tes désirs,
N'a jamais d'un moment différé tes plaisirs ;
Si, pour te prodiguer mes plus tendres caresses,
Je n'ai point exigé ni serments, ni promesses ;
Si toi seul à mon lit enfin eus toujours part,
Diffère au moins d'un jour ce funeste départ.
En achevant ces mots, cette amante enflammée
Sur un placet voisin tombe demi-pâmée.
Son époux s'en émeut, et son cœur éperdu
Entre deux passions demeure suspendu ;
Mais enfin rappelant son audace première :
Ma femme, lui dit-il d'une voix douce et fière,
Je ne veux point nier les solides bienfaits
Dont ton amour prodigue a comblé mes souhaits,
Et le Rhin de ses flots ira grossir la Loire
Avant que tes faveurs sortent du mon de mémoire.
Mais ne présume pas qu'en te donnant ma foi,
L'hymen m'ait pour jamais asservi sous ta loi.
Si le ciel en mes mains eût mis ma destinée,
Nous aurions fui tous deux le joug de l'hyménée ;
Et, sans nous opposer ces devoirs prétendus,
Nous goûterions encor des plaisirs défendus.
Cesse donc à mes yeux d'étaler un vain titre :
Ne m'ôte pas l'honneur d'élever un pupitre ;
Et toi-même, donnant un frein à tes désirs,
Raffermis ma vertu, qu'ébranlent tes soupirs.
Que te dirai-je enfin ? c'est le ciel qui m'appelle.
Une église, un prélat m'engage en sa querelle.
Il faut partir : j'y cours. Dissipe tes douleurs,
Et ne me trouble plus par ces indignes pleurs.
Il la quitte à ces mots. Son amante effarée
Demeure le teint pâle et la vue égarée :
La force l'abandonne ; et sa bouche, trois fois
Voulant le rappeler, ne trouve plus de voix.
Elle fuit, et, de pleurs inondant son visage,
Seule pour s'enfermer vole au cinquième étage.
Mais, d'un bouge prochain accourant à ce bruit,
Sa servante Alizon la rattrape et la suit.
Les ombres cependant, sur la ville épandues,
Du faîte des maisons descendent dans les rues [3],
Le souper hors du chœur chasse les chapelains,
Et de chantres buvants les cabarets sont pleins.

Le redouté Brontin, que son devoir éveille,
Sort à l'instant, chargé d'une triple bouteille
D'un vin dont Gilotin, qui savait tout prévoir,
Au sortir du conseil eut soin de le pourvoir.
L'odeur d'un jus si doux lui rend le faix moins rude.
Il est bientôt suivi du sacristain Boirude ;
Et tous deux, de ce pas, s'en vont avec chaleur
Du trop lent perruquier réveiller la valeur.
Partons, lui dit Brontin : déjà le jour plus sombre,
Dans les eaux s'éteignant, va faire place à l'ombre.
D'où vient ce noir chagrin que je lis dans tes yeux ?
Quoi ! le pardon sonnant te retrouve en ces lieux !
Où donc est ce grand cœur dont tantôt l'allégresse
Semblait du jour trop long accuser la paresse ?
Marche, et suis-nous du moins où l'honneur nous attend.
Le perruquier honteux rougit en l'écoutant.
Aussitôt de longs clous il prend une poignée :
Sur son épaule il charge une lourde cognée ;
Et derrière son dos, qui tremble sous le poids,
Il attache une scie en forme de carquois :
Il sort au même instant, il se met à leur tête.
À suivre ce grand chef l'un et l'autre s'apprête :
Leur cœur semble allumé d'un zèle tout nouveau ;
Brontin tient un maillet, et Boirude un marteau.
La lune, qui du ciel voit leur démarche altière,
Retire en leur faveur sa paisible lumière.
La Discorde en sourit, et, les suivant des yeux,
De joie, en les voyant, pousse un cri dans les cieux.
L'air, qui gémit du cri de l'horrible déesse,
Va jusque dans Cîteaux réveiller la Mollesse.
C'est là qu'en un dortoir elle fait son séjour :
Les Plaisirs nonchalants folâtrent à l'entour ;
L'un pétrit dans un coin l'embonpoint des chanoines ;
L'autre broie en riant le vermillon des moines :
La Volupté la sert avec des yeux dévots,
Et toujours le Sommeil lui verse des pavots.
Ce soir, plus que jamais, en vain il les redouble.
La Mollesse à ce bruit se réveille et se trouble ;
Quand la nuit, qui déjà va tout envelopper,
D'un funeste récit vient encor la frapper :
Lui conte du prélat l'entreprise nouvelle :
Aux pieds des murs sacrés d'une sainte chapelle,
Elle a vu trois guerriers, ennemis de la paix,
Marcher à la faveur de ses voiles épais :
La Discorde en ces lieux semble s'accroître :
Demain avec l'aurore un lutrin va paraître,
Qui doit y soulever un peuple de mutins.
Ainsi le ciel l'écrit au livre des destins.
À ce triste discours, qu'un long soupir achève,
La Mollesse, en pleurant, sur un bras se relève,
Ouvre un œil languissant, et, d'une faible voix,
Laisse tomber ces mots qu'elle interrompt vingt fois :
Ô Nuit ! que m'as-tu dit ? quel démon sur la terre
Souffle dans tous les cœurs la fatigue et la guerre ?
Hélas ! qu'est devenu ce temps, cet heureux temps,
Où les rois s'honoraient du nom de fainéants,
S'endormaient sur le trône, et, me servant sans honte,
Laissaient leur sceptre aux mains ou d'un maire ou d'un comte ?
Aucun soin n'approchait de leur paisible cour :
On reposait la nuit, on dormait tout le jour.
Seulement au printemps, quand Flore dans les plaines
Faisait taire des vents les bruyantes haleines,
Quatre bœufs attelés, d'un pas tranquille et lent,
Promenaient dans Paris le monarque indolent.
Ce doux siècle n'est plus. Le ciel impitoyable
A placé sur leur trône un prince infatigable.
Il brave mes douceurs, il est sourd à ma voix,
Tous les jours il m'éveille au bruit de ses exploits.
Rien ne peut arrêter sa vigilante audace :
L'été n'a point de feux, l'hiver n'a point de glace.
J'entends à son seul nom tous mes sujets frémir.
En vain deux fois la paix a voulu l'endormir ;
Loin de moi son courage, entraîné par la gloire,
Ne se plaît qu'à courir de victoire en victoire.
Je me fatiguerais à te tracer le cours
Des outrages cruels qu'il me fait tous les jours.
Je croyais, loin des lieux d'où ce prince m'exile,
Que l'Église du moins m'assurait un asile.
Mais en vain j'espérais y régner sans effroi :
Moines, abbés, prieurs, tout s'arme contre moi ;
Par mon exil honteux la Trappe [1] est ennoblie ;
J'ai vu dans saint-Denis la réforme établie.

[1] Énéide, liv. IV, v. 173. — [2] Énéide, liv. IV, v. 305.
[3] Virgile, églog. 1, v. 83.

[1] Abbaye de saint Bernard, dans laquelle l'abbé Armand Bouthillier de Rancé a mis la réforme.

Le Carme, le Feuillant, s'endurcit aux travaux;
Et la règle déjà se remet dans Clairvaux.
Cîteaux dormait encore, et la Sainte-Chapelle
Conservait du vieux temps l'oisiveté fidèle :
Et voici qu'un lutrin, prêt à tout renverser,
D'un séjour si chéri vient encor me chasser!
O toi, de mon repos compagne aimable et sombre,
A de si noirs forfaits prêteras-tu ton ombre?
Ah! Nuit, si tant de fois dans les bras de l'amour,
Je t'admis aux plaisirs que je cachais au jour,
Du moins ne permets pas... La Mollesse oppressée
Dans sa bouche à ce mot sent sa langue glacée;
Et, lasse de parler, succombant sous l'effort,
Soupire, étend les bras, ferme l'œil, et s'endort.

CHANT TROISIÈME.

Mais la Nuit aussitôt de ses ailes affreuses
Couvre des Bourguignons les campagnes vineuses,
Revole vers Paris, et, hâtant son retour,
Déjà de Montlhéri voit la fameuse tour [1].
Ses murs, dont le sommet se dérobe à la vue,
Sur la cime d'un roc s'allongent dans la nue,
Et, présentant de loin leur objet ennuyeux,
Du passant qui le fuit semblent suivre les yeux.
Mille oiseaux effrayants, mille corbeaux funèbres,
De ces murs désertés habitent les ténèbres.
Là, depuis trente hivers, un hibou retiré
Trouvait contre le jour un refuge assuré.
Des désastres fameux ce messager fidèle
Sait toujours des malheurs la première nouvelle,
Et, tout prêt d'en semer le présage odieux,
Il attendait la Nuit dans ces sauvages lieux.
Aux cris qu'à son abord vers le ciel il envoie,
Il rend tous ses voisins attristés de sa joie.
La plaintive Progné de douleur en frémit;
Et, dans les bois prochains, Philomèle en gémit.
Suis-moi, lui dit la Nuit. L'oiseau plein d'allégresse
Reconnaît à ce ton la voix de sa maîtresse.
Il la suit : et tous deux, d'un cours précipité,
De Paris à l'instant abordent la cité.
Là, s'élançant d'un vol que le vent favorise,
Ils montent au sommet de la fatale église.
La Nuit baisse la vue, et, du haut du clocher,
Observe les guerriers, les regarde marcher.
Elle voit le barbier qui, d'une main légère,
Tient un verre de vin qui rit dans la fougère,
Et chacun, tour à tour s'inondant de ce jus,
Célébrer, en buvant, Gilotin et Bacchus.
Ils triomphent, dit-elle, et leur âme abusée
Se promet dans mon ombre une victoire aisée :
Mais allons; il est temps qu'ils connaissent la Nuit.
A ces mots, regardant le hibou qui la suit,
Elle perce les murs de la voûte sacrée,
Jusqu'en la sacristie elle s'ouvre une entrée,
Et, dans le ventre creux du pupitre fatal,
Va placer de ce pas le sinistre animal.
Mais les trois champions, pleins de vin et d'audace,
Du palais cependant passent la grande place;
Et, suivant de Bacchus les auspices sacrés,
De l'auguste chapelle ils montent les degrés.
Ils atteignaient déjà le superbe portique
Où Ribou le libraire, au fond de sa boutique,
Sous vingt fidèles clefs, garde en un dépôt
L'amas toujours entier des écrits de Haynaut :
Quand Boirude, qui voit que le péril approche,
Les arrête, et, tirant un fusil de sa poche,
Des veines d'un caillou [2], qu'il frappe au même instant,
Il fait jaillir un feu qui pétille en sortant;
Et bientôt, au brasier d'une mèche enflammée,
Montre, à l'aide du soufre, une cire allumée.
Cet astre tremblotant, dont le jour les conduit,
Est pour eux un soleil au milieu de la nuit.
Le temple à sa faveur est ouvert par Boirude :
Ils passent de la nef la vaste solitude,
Et dans la sacristie entrant, non sans terreur,
En percent jusqu'au fond la ténébreuse horreur.
C'est là que du lutrin gît la machine énorme :
La troupe quelque temps en admire la forme.

[1] Tour très-haute, à cinq lieues de Paris, sur le chemin d'Orléans.
[2] Virgile, Géorgiques, liv. I, v. 135, et Enéide, liv. I, v. 176.

Mais le barbier, qui tient les moments précieux :
Ce spectacle n'est pas pour amuser nos yeux,
Dit-il : le temps est cher, portons-le dans le temple;
C'est là qu'il faut demain qu'un prélat le contemple,
Et d'un bras, à ces mots, qui peut tout ébranler;
Lui-même, se courbant, s'apprête à le rouler.
Mais à peine il y touche [1], ô prodige incroyable!
Que du pupitre sort une voix effroyable.
Brontin en est ému; le sacristain pâlit,
Le perruquier commence à regretter son lit.
Dans son hardi projet toutefois il s'obstine;
Lorsque des flancs poudreux de la vaste machine
L'oiseau sort en courroux, et, d'un vol menaçant,
Achève d'étonner le barbier frémissant :
De ses ailes dans l'air secouant la poussière,
Dans la main de Boirude il éteint la lumière.
Les guerriers à ce coup demeurent confondus;
Ils regagnent la nef, de frayeur éperdus :
Sous leurs corps tremblotants leurs genoux s'affaiblissent,
D'une subite horreur leurs cheveux se hérissent,
Et bientôt, au travers des ombres de la nuit,
Le timide escadron se dissipe et s'enfuit.
Ainsi lorsqu'en un coin, qui leur tient lieu d'asile,
D'écoliers libertins une troupe indocile,
Loin des yeux d'un préfet au travail assidu,
Va tenir quelquefois un brelan défendu;
Si du veillant Argus la figure effrayante
Dans l'ardeur du plaisir à leurs yeux se présente,
Le jeu cesse à l'instant, l'asile est déserté,
Et tout fuit à grands pas le tyran redouté.
La Discorde, qui voit leur honteuse disgrâce,
Dans les airs cependant tonne, éclate, menace,
Et, malgré la frayeur dont leurs cœurs sont glacés,
S'apprête à réunir ses soldats dispersés.
Aussitôt de Sidrac elle emprunte l'image :
Elle ride son front, allonge son visage,
Sur un bâton noueux laisse courber son corps,
Dont la chicane semble animer les ressorts;
Prend un cierge en sa main, et, d'une voix cassée,
Vient ainsi gourmander la troupe terrassée :
Lâches, où fuyez-vous? quelle peur vous abat?
Aux cris d'un oiseau vous cédez sans combat!
Où sont ces beaux discours jadis si pleins d'audace?
Craignez-vous d'un hibou l'impuissante grimace?
Que feriez-vous, hélas! si quelque exploit nouveau
Chaque jour, comme moi, vous traînait au barreau;
S'il fallait, sans amis, briguant une audience,
D'un magistrat glacé soutenir la présence,
Ou, d'un nouveau procès hardi sollicitant,
Aborder sans argent un clerc de rapporteur?
Croyez-moi, mes enfants, je vous parle à bon titre :
J'ai moi seul autrefois plaidé tout un chapitre;
Et le barreau n'a point de monstres si hagards,
Dont mon zèle n'ait cent fois soutenu les regards.
Tous les jours sans trembler j'assiégeais leurs passages,
L'Église était alors fertile en grands courages:
Le moindre d'entre nous, sans argent, sans appui,
Eût plaidé le prélat et le chantre avec lui.
Le monde, de qui l'âge avance les ruines,
Ne peut plus enfanter de ces âmes divines :
Mais que vos cœurs, du moins, imitant leurs vertus,
De l'aspect d'un hibou ne soient pas abattus.
Songez quel déshonneur va souiller votre gloire,
Quand le chantre demain entendra sa victoire;
Vous verres tous les jours le chanoine insolent,
Au seul mot de hibou, vous sourire en parlant.
Votre âme, à ce penser, de colère murmure :
Allez donc de ce pas en prévenir l'injure;
Méritez les lauriers qui vous sont réservés,
Et ressouvenez-vous quel prélat vous servez.
Mais déjà la fureur dans vos yeux étincelle;
Marchez, courez, volez où l'honneur vous appelle.
Que le prélat, surpris d'un changement si prompt,
Apprenne la vengeance aussitôt que l'affront.
En achevant ces mots, la déesse guerrière
De son pied trace par un sillon de lumière,
Rend aux trois champions leur intrépidité,
Et les laisse tout pleins de sa divinité.
C'est ainsi, grand Condé, qu'en ce combat célèbre,
Où ton bras fit trembler le Rhin, l'Escaut et l'Ebre,
Lorsqu'aux plaines de Lens nos bataillons poussés
Furent presque à tes yeux ouverts et renversés,

[1] Enéide, livre III, v. 39.
[2] Iliade, liv. I, Discours de Nestor. — [3] En 1648.

Ta valeur, arrêtant les troupes fugitives,
Rallia d'un regard leurs cohortes craintives;
Répandit dans leurs rangs ton esprit belliqueux,
Et força la victoire à te suivre avec eux.
   La colère à l'instant succédant à la crainte,
Ils rallument le feu de leur bougie éteinte :
Ils rentrent; l'oiseau sort : l'escadron raffermi
Rit du honteux départ d'un si faible ennemi.
Aussitôt dans le chœur la machine emportée
Est sur le banc du chantre à grand bruit remontée.
Ses ais demi-pourris, que l'âge a relâchés,
Sont à coups de maillet unis et rapprochés.
Sous les coups redoublés tous les bancs retentissent,
Les murs en sont émus, les voûtes en mugissent,
Et l'orgue même en pousse un long gémissement.
   Que fais-tu, chantre, hélas! dans ce triste moment?
Tu dors d'un profond somme, et ton cœur sans alarmes
Ne sait pas qu'on bâtit l'instrument de tes larmes.
Oh! que si quelque bruit, par un heureux réveil,
T'annonçait du lutrin le funeste appareil,
Avant que de souffrir qu'on en posât la masse,
Tu viendrais en apôtre expirer dans ta place,
Et, martyr glorieux d'un point d'honneur nouveau,
Offrir ton corps aux clous et ta tête au marteau.
Mais déjà sur ton banc la machine enclavée
Est, durant ton sommeil, à ta honte élevée.
Le sacristain achève en deux coups de rabot;
Et le pupitre enfin tourne sur son pivot.

CHANT QUATRIÈME.

Les cloches, dans les airs, de leurs voix argentines,
Appelaient à grand bruit les chantres à matines;
Quand leur chef [1], agité d'un sommeil effrayant,
Encor tout en sueur, se réveille en criant.
Aux élans redoublés de sa voix douloureuse,
Tous ses valets tremblants quittent la plume oiseuse.
Le vigilant Girot court à lui le premier.
C'est d'un maître si saint le plus digne officier :
La porte dans le chœur à sa garde est commise :
Valet souple au logis, fier huissier à l'église.
   Quel chagrin, lui dit-il, trouble votre sommeil?
Quoi! voulez-vous au chœur prévenir le soleil?
Ah! dormez, et laissez à des chantres vulgaires
Le soin d'aller sitôt mériter leurs salaires.
   Ami, lui dit le chantre encor pâle d'horreur,
N'insulte point, de grâce, à ma juste terreur :
Mêle plutôt ici tes soupirs à mes plaintes,
Et tremble en écoutant le sujet de mes craintes.
Pour la seconde fois un sommeil gracieux
Avait sous ses pavots appesanti mes yeux :
Quand „l'esprit enivré d'une douce fumée,
J'ai cru remplir au chœur ma place accoutumée,
Là, triomphant aux yeux des chantres impuissants,
Je bénissais le peuple, et j'avalais l'encens;
Lorsque du fond caché de notre sacristie
Une épaisse nuée à longs flots est sortie,
Qui, s'ouvrant à mes yeux, dans son bleuâtre éclat
M'a fait voir un serpent conduit par le prélat.
Du corps de ce dragon, plein de soufre et de nitre,
Une tête sortait en forme de pupitre,
Dont le triangle affreux, tout hérissé de crins,
Surpassait en grosseur nos plus épais lutrins.
Animé par son guide, en sifflant il s'avance :
Contre moi son banc se va choir qui s'élance.
J'ai crié, mais en vain : et, fuyant sa fureur,
Je me suis réveillé plein de trouble et d'horreur.
   Le chantre, s'arrêtant à cet endroit funeste,
A ses yeux effrayés laisse dire le reste.
Girot en vain l'assure, et, riant de sa peur,
Nomme sa vision l'effet d'une vapeur.
Le désolé vieillard, qui hait la raillerie,
Lui défend de parler, sort du lit en furie.
On approche à l'instant ses somptueux habits,
Où sur l'ouate molle éclate le tabis.
D'une longue soutane il endosse la moire,
Prend ses gants violets, les marques de sa gloire,
Et saisit, en pleurant, ce rochet qu'altère
Le prélat trop jaloux lui rogna de trois doigts.
Aussitôt, d'un bonnet ornant sa tête grise,

[1] Le chantre.

Déjà l'aumuce en main il marche vers l'église;
Et, hâtant de ses ans l'importune langueur,
Court, vole, et, le premier, arrive dans le chœur.
O toi qui, sur ces bords qu'une eau dormante mouille,
Vis combattre autrefois le rat et la grenouille [1],
Qui, par les traits hardis d'un bizarre pinceau,
Mis l'Italie en feu pour la perte d'un seau [2];
Muse, prête à ma bouche une voix plus sauvage,
Pour chanter le dépit, la colère, la rage,
Que le chantre sentit allumer dans son sang
A l'aspect du pupitre élevé sur son ...
D'abord pâle et muet, de colère immobile,
A force de douleur il demeura tranquille;
Mais sa voix s'échappant au travers des sanglots
Dans sa bouche à la fin fit passage à ces mots :
La voilà donc, Girot, cette hydre épouvantable
Que m'a fait voir un songe, hélas! trop véritable!
Je le vois ce dragon tout prêt à m'égorger,
Ce pupitre fatal qui me doit ombrager!
Prélat, que t'ai-je fait? quelle rage envieuse
Rend pour me tourmenter ton âme ingénieuse?
Quoi! même dans ton lit, cruel, entre deux draps,
Ta profane fureur ne se repose pas!
O ciel, quoi! sur mon banc une honteuse masse
Désormais me va faire un cachot de ma place!
Inconnu dans l'église, ignoré dans ce lieu,
Je ne pourrai donc plus être vu que de Dieu!
Ah! plutôt qu'un moment cet affront m'obscurcisse,
Renonçons à l'autel, abandonnons l'office,
Et, sans lasser le ciel par des chants superflus,
Ne voyons plus un chœur où l'on ne nous voit plus.
Sortons.... Mais cependant mon ennemi tranquille
Jouira sur son banc de ma rage inutile,
Et verra dans le chœur le pupitre exhaussé
Tourner sur le pivot où sa main l'a placé!
Non, s'il n'est abattu, je ne saurais plus vivre.
A moi, Girot, je veux que ton bras m'en délivre.
Périssons, s'il le faut : mais de ses ais brisés
Entraînons, en mourant, les restes divisés.
   A ces mots, d'une main par la rage affermie,
Il saisissait déjà la machine ennemie,
Lorsqu'en ce sacré lieu, par un heureux hasard,
Entrent Jean le choriste et le sonneur Girard,
Deux museaux renommés, en qui l'expérience
Pour les procès est jointe à la vaste science.
L'un et l'autre aussitôt prend part à son affront;
Toutefois condamnant un mouvement trop prompt,
Du lutrin, disent-ils, abattons la machine :
Mais ne nous chargeons pas tout seuls de sa ruine;
Et que tantôt, aux yeux du chapitre assemblé,
Il soit sous trente mains en plein jour accablé.
Ces mots des mains du chantre arrachent le pupitre.
J'y consens, leur dit-il; assemblons le chapitre.
Allez donc de ce pas, par de saints hurlements,
Vous-mêmes appeler les chanoines dormants.
Partez. Mais ce discours les surprend et les glace.
Nous! qu'en ce vain projet, pleins d'une folle audace,
Nous allions, dit Girard, la nuit nous engager!
De notre complaisance osez-vous l'exiger?
Hé! seigneur! quand nos cris pourraient, du fond des rues,
De leurs appartements percer les avenues,
Réveiller ces valets autour d'eux étendus,
De leur sacré repos ministres assidus,
Et pénétrer des lits au bruit inaccessibles;
Pensez-vous, au moment que les ombres paisibles
A ces lits enchanteurs ont su les attacher,
Que la voix d'un mortel les en puisse arracher?
Deux chantres feront-ils, dans l'ardeur de vous plaire,
Ce que depuis trente ans six cloches n'ont pu faire?
   Ah! je vois bien où tend tout ce discours trompeur,
Reprend le chaud vieillard : le prélat vous fait peur.
Je vous ai vus cent fois, sous sa main bénissante,
Courber servilement une épaule tremblante.
Hé bien! allez; sous lui fléchissez les genoux :
Je saurai réveiller les chanoines sans vous.
Viens, Girot, seul ami qui me reste fidèle :
Prenons du saint jeudi la bruyante crécelle [3].
Suis-moi. Qu'à son lever le soleil aujourd'hui
Trouve tout le chapitre éveillé devant lui.
   Il dit. Du fond poudreux d'une armoire sacrée
Par les mains de Girot la crécelle est tirée.

[1] Homère a fait le poème de la Guerre des rats et des grenouilles.
[2] La Secchia rapita, poème italien.
[3] Instrument dont on se sert le jeudi saint au lieu de cloches.

Ils sortent à l'instant, et, par d'heureux efforts,
Du lugubre instrument font crier les ressorts.
Pour augmenter l'effroi, la Discorde infernale
Monte dans le palais, entre dans la grand'salle,
Et, du fond de cet antre, au travers de la nuit,
Fait sortir le démon du tumulte et du bruit.
Le quartier alarmé n'a plus d'yeux qui sommeillent;
Déjà de toutes parts les chanoines s'éveillent :
L'un croit que le tonnerre est tombé sur les toits,
Et que l'église brûle une seconde fois[1];
L'autre, encore agité de vapeurs plus funèbres,
Pense être au jour au roi, croit que l'on dit ténèbres,
Et déjà tout confus, tenant midi sonné,
En soi-même frémit de n'avoir point dîné.

PLAINTES D'ANNE, LA PERRUQUIÈRE, AU PERRUQUIER L'AMOUR.

Où vas-tu, cher époux? est-ce que tu me fuis?
As-tu donc oublié tant de si douces nuits?

Ainsi, lorsque tout prêt à briser cent murailles
Louis, la foudre en main, abandonnant Versailles,
Au retour du soleil et des zéphyrs nouveaux,
Fait dans les champs de Mars déployer ses drapeaux :
Au seul bruit répandu de sa marche tonnante,
Le Danube s'émeut, le Tage s'épouvante,
Bruxelle attend le coup qui la doit foudroyer,
Et le Batave encore est prêt à se noyer.
Mais en vain dans leurs lits un juste effroi les presse :
Aucun ne laisse encor la plume enchanteresse.
Pour les en arracher Girot s'inquiétant
Va crier qu'au chapitre un repas les attend.
Ce mot dans tous les cœurs répand la vigilance :
Tout s'ébranle, tout sort, tout marche en diligence.
Ils courent au chapitre, et chacun se pressant
Flatte d'un doux espoir son appétit naissant.
Mais, ô d'un déjeuner vaine et frivole attente!
A peine ils sont assis que, d'une voix dolente,
Le chantre désolé, lamentant son malheur,
Fait mourir l'appétit et naître la douleur.
Le seul chanoine Evrard, d'abstinence incapable,
Ose encor proposer qu'on apporte la table.
Mais il a beau presser, aucun ne lui répond :
Quand, le premier rompant ce silence profond,
Alain tousse et se lève; Alain, ce savant homme,
Qui de Bauny vingt fois a lu toute la somme,

[1] Le toit de la Sainte-Chapelle fut brûlé en 1608.

Qui possède Abéli, qui sait tout Raconis,
Et même entend, dit-on, le latin d'A-Kempis.
N'en doutez point, leur dit ce savant canoniste,
Ce coup part, j'en suis sûr, d'une main janséniste.
Mais yeux en sont témoins : j'ai vu moi-même hier
Entrer chez le prélat le chapelain Garnier.
Arnauld, cet hérétique ardent à nous détruire,
Par ce ministre adroit tente de le séduire :
Sans doute il aura lu dans son saint Augustin
Qu'autrefois saint Louis érigea ce lutrin;
Il va nous inonder des torrents de sa plume.
Il faut, pour lui répondre, ouvrir plus d'un volume.
Consultons sur ce point quelque auteur signalé;
Voyons si des lutrins Bauny n'a point parlé :
Etudions enfin, il en est temps encore;
Et, pour ce grand projet, tantôt dès que l'aurore
Rallumera le jour dans l'onde enseveli,
Que chacun prenne en main le moelleux Abéli[1].
Ce conseil imprévu de nouveau les étonne :
Surtout le gras Evrard d'épouvante en frissonne.
Moi, dit-il, qu'à mon âge, écolier tout nouveau,
J'aille pour un lutrin me troubler le cerveau!
O le plaisant conseil! Non, non, songeons à vivre :
Va maigrir, si tu veux, et sécher sur un livre.
Pour moi, je lis la Bible autant que l'Alcoran :
Je sais ce qu'un fermier nous doit rendre par an;
Sur quelle vigne à Reims nous avons hypothèque :
Vingt muids rangés chez moi font ma bibliothèque.
En plaçant un pupitre on croit nous rabaisser :
Mon bras seul sans latin saura le renverser.
Que m'importe qu'Arnauld me condamne ou m'approuve?
J'abats ce qui me nuit partout où je le trouve :
C'est là mon sentiment. A quoi bon tant d'apprêts?
Du reste déjeunons, messieurs, et buvons frais.

(LUTRIN. — CHANT V.)

Et, sur le couple pâle et déjà demi-mort,
Fait tomber à deux mains l'effroyable tonnerre

Ce discours, que soutient l'embonpoint du visage,
Rétablit l'appétit, réchauffe le courage :
Mais le chantre surtout en paraît rassuré.
Oui, dit-il, le pupitre a déjà trop duré :
Allons sur sa ruine assurer ma vengeance :
Donnons à ce grand œuvre une heure d'abstinence;
Et qu'au retour tantôt un ample déjeuner
Longtemps nous tienne à table, et s'unisse au dîner.

[1] Fameux auteur, qui a fait la *Moelle théologique* (*Medulla theologica*).

Paris. —Typographie Walder, rue Bonaparte, 44.

Aussitôt il se lève, et la troupe fidèle
Par ces mots attirants sent redoubler son zèle.
Ils marchent droit au chœur d'un pas audacieux,
Et bientôt le lutrin se fait voir à leurs yeux.
A ce terrible objet aucun d'eux ne consulte,
Sur l'ennemi commun ils fondent en tumulte,
Ils sapent le pivot, qui se défend en vain;
Chacun sur lui d'un coup veut honorer sa main,
Enfin sous tant d'efforts la machine succombe,
Et son corps entr'ouvert chancelle, éclate et tombe.
Tel sur les monts glacés des farouches Gélons [1]
Tombe un chêne battu de voisins aquilons;
Ou tel, abandonné de ses poutres usées,
Fond enfin un vieux toit sous ses tuiles brisées.
La masse est emportée, et ses ais arrachés
Sont aux yeux des mortels chez le chantre cachés.

CHANT CINQUIÈME.

L'Aurore cependant, d'un juste effroi troublée,
Des chanoines levés voit la troupe assemblée,
Et contemple longtemps, avec des yeux confus,
Ces visages fleuris qu'elle n'a jamais vus.
Chez Sidrac aussitôt Brontin d'un pied fidèle
Du pupitre abattu va porter la nouvelle.
Le vieillard de ses soins bénit l'heureux succès,
Et sur un bois détruit bâtit mille procès.
L'espoir d'un doux tumulte échauffant son courage,
Il ne sent plus le poids ni les glaces de l'âge;
Et chez le trésorier, de ce pas, à grand bruit,
Vient étaler au jour les crimes de la nuit.
Au récit imprévu de l'horrible insolence,

On l'appelle chicane; et ce monstre odieux
Jamais pour l'équité n'eut d'oreilles ni d'yeux.

Le prélat hors du lit impétueux s'élance.
Vainement d'un breuvage à deux mains apporté
Gilotin avant tout le veut voir humecté :
Il veut partir à jeun. Il se peigne, il s'apprête;
L'ivoire trop hâté deux fois rompt sur sa tête,
Et deux fois de sa main le buis tombe en morceaux :
Tel Hercule filant rompait tous les fuseaux.
Il sort demi-paré. Mais déjà sur sa porte
Il voit de saints guerriers une ardente cohorte,
Qui tous, remplis pour lui d'une égale vigueur,
Sont prêts, pour le servir, à déserter le chœur.
Mais le vieillard condamne un projet inutile.
Nos destins sont, dit-il, écrits chez la sibylle :
Son antre n'est pas loin; allons la consulter,
Et subissons la loi qu'elle nous va dicter.
Il dit : à ce conseil, où la raison domine,
Sur ses pas au barreau la troupe s'achemine,
Et bientôt, dans le temple, entend, non sans frémir,
De l'antre redouté les soupiraux gémir.
Entre ces vieux appuis dont l'affreuse grand'salle
Soutient l'énorme poids de sa voûte infernale,
Est un pilier fameux [2], des plaideurs respecté,
Et toujours de Normands à midi fréquenté.
Là, sur des tas poudreux de sacs et de pratique,

Hurle tous les matins une sibylle étique :
On l'appelle Chicane; et ce monstre odieux
Jamais pour l'équité n'eut d'oreilles ni d'yeux.
La Disette au teint blême et la triste Famine,
Les Chagrins dévorants et l'infâme Ruine,
Enfants infortunés de ses raffinements,
Troublent l'air d'alentour de longs gémissements.
Sans cesse feuilletant les lois et la coutume,
Pour consumer autrui le monstre se consume;
Et, dévorant maisons, palais, châteaux entiers,
Rend pour des monceaux d'or de vains tas de papiers.
Sous le coupable effort de sa noire insolence,
Thémis a vu cent fois chanceler sa balance.
Incessamment il va de détour en détour;
Comme un hibou, souvent il se dérobe au jour :
Tantôt, les yeux en feu, c'est un lion superbe;
Tantôt, humble serpent, il se glisse sous l'herbe.
En vain, pour le dompter, le plus juste des rois
Fit régler le chaos des ténébreuses lois :
Ses griffes, vaincues par Pussort [1] accourcies,
Se rallongent déjà, toujours d'encre noircies;
Et ses ruses, perçant et digues et remparts,
Par cent brèches déjà rentrent de toutes parts.
Le vieillard humblement l'aborde et le salue;

[1] Peuples de Sarmatie, voisins du Borysthène
[2] Le pilier des consultations.

[1] M. Pussort, conseiller d'État, est celui qui a le plus contribué à faire le Code.

Et faisant, avant tout, briller l'or à sa vue :
Reine des longs procès, dit-il, dont le savoir
Rend la force inutile et les lois sans pouvoir,
Toi pour qui dans le Mans le laboureur moissonne,
Pour qui naissent à Caen tous les fruits de l'automne ;
Si, dès mes premiers ans, heurtant tous les mortels,
L'encre a toujours pour moi coulé sur tes autels,
Daigne encor me connaître en ma saison dernière,
D'un prélat qui t'implore exauce la prière.
Un rival orgueilleux, de sa gloire offensé,
A détruit le lutrin par nos mains redressé.
Epuise en sa faveur ta science fatale :
Du Digeste et du Code ouvre-nous le dédale ;
Et montre-nous cet art, connu de tes amis,
Qui, dans ses propres lois, embarrasse Thémis.
  La Sibylle, à ces mots, déjà hors d'elle-même,
Fait lire sa fureur sur son visage blême,
Et, pleine du démon qui la vient oppresser,
Par ces mots étonnants tâche à le repousser :
  Chantres, ne craignez plus une audace insensée.
Je vois, je vois au chœur la masse replacée :
Mais il faut des combats. Tel est l'arrêt du sort ;
Et surtout évitez un dangereux accord.
  Là bornant son discours, encor tout écumante,
Elle souffle aux guerriers l'esprit qui la tourmente,
Et dans leurs cœurs brûlants de la soif de plaider
Verse l'amour de nuire, et la peur de céder.
  Pour tracer à loisir une longue requête,
A retourner chez soi leur brigade s'apprête.
Sous leurs pas diligents le chemin disparoît,
Et le pilier, loin d'eux, déjà baisse et décroît.
  Loin du bruit cependant les chanoines à table
Immolent trente mets à leur faim indomptable.
Leur appétit fougueux, par l'objet excité,
Parcourt tous les recoins d'un monstrueux pâté ;
Par le sel irritant la soif est allumée :
Lorsque d'un pied léger la prompte Renommée,
Semant partout l'effroi, vient au chantre éperdu
Conter l'affreux détail de l'oracle rendu.
Il se lève, enflammé de muscat et de bile,
Et prétend à son tour consulter la Sibylle.
Evrard à son retour du repas déserté,
Lui-même est au barreau par le nombre emporté.
Par les détours écartés d'une barrière oblique,
Ils gagnent les degrés et le perron antique
Où sans cesse, étalant bons et méchants écrits,
Barbin vend aux passants des auteurs à tout prix [1].
Là le chantre à grand bruit arrive et se fait place,
Dans le fatal instant que, d'une égale audace,
Le prélat et sa troupe, à pas tumultueux,
Descendaient du palais l'escalier tortueux.
L'un et l'autre rival, s'arrêtant au passage,
Se mesure des yeux, s'observe, s'envisage ;
Une égale fureur anime leurs esprits :
Tels deux fougueux taureaux [2], de jalousie épris,
Auprès d'une génisse au front large et superbe,
Oubliant tous les jours le pâturage et l'herbe,
A l'aspect l'un de l'autre embrasés, furieux,
Déjà le front baissé se menacent des yeux.
Mais Evrard, en passant coudoyé par Boirude,
Ne sait point contenir son aigre inquiétude :
Il entre chez Barbin, et, d'un bras irrité,
Saisissant du Cyrus un volume écarté,
Il lance au sacristain le tome épouvantable.
Boirude fuit le coup : le volume effroyable
Lui rase le visage, et, droit dans l'estomac,
Va frapper en sifflant l'infortuné Sidrac.
Le vieillard, accablé de l'horrible Artamène,
Tombe aux pieds du prélat, sans pouls et sans haleine.
Sa troupe le croit mort, et chacun empressé
Se croit frappé du coup dont il le voit blessé.
Aussitôt contre Evrard vingt champions s'élancent ;
Pour soutenir leur choc les chanoines s'avancent.
La Discorde triomphe, et du combat fatal
Par un cri donne en l'air l'effroyable signal.
  Chez le libraire absent tout entre, tout se mêle :
Les livres sur Evrard fondent comme la grêle
Qui, dans un grand jardin, à coups impétueux,
Abat l'honneur naissant des rameaux fructueux.
Chacun s'arme au hasard du livre qu'il rencontre :
L'un tient l'Edit d'amour, l'autre en saisit la Montre [3] ;
L'un prend le seul Jonas qu'on ait vu relié ;

[1] Barbin se piquait de savoir vendre des livres quoique méchants.
[2] Virgile, Géorgiques, liv. III, v. 215. — [3] De Bonnecorse.

L'autre un Tasse français [1], en naissant oublié.
L'élève de Barbin, commis à la boutique,
Veut en vain s'opposer à leur fureur gothique ;
Les volumes, sans choix à la tête jetés,
Sur le perron poudreux volent de tous côtés :
Là, près d'un Guarini, Térence tombe à terre ;
Là, Xénophon dans l'air heurte contre un La Serre.
Oh ! que d'écrits obscurs, de livres ignorés
Furent en ce grand jour de la poudre tirés !
Vous en fûtes tirés, Almerinde et Simandre :
Et toi, rebut du peuple, inconnu Caloandre [2],
Dans ton repos, dit-on, saisi par Gaillerbois,
Tu vis le jour alors pour la première fois.
Chaque coup sur la chair laisse une meurtrissure :
Déjà plus d'un guerrier se plaint d'une blessure.
D'un le Vayer épais Giraut est renversé :
Marineau, d'un Brébeuf à l'épaule blessé,
En sent par tout le bras une douleur amère,
Et maudit la Pharsale aux provinces si chère.
D'un Pinchêne in-quarto Dodillon étourdi
A longtemps le teint pâle et le cœur affadi.
Au plus fort du combat le chapelain Garagne,
Vers le sommet du front atteint d'un Charlemagne,
(Des vers de ce poëme effet prodigieux !)
Tout prêt à s'endormir, bâille et ferme les yeux.
A plus d'un combattant la Clélie est fatale :
Girou dix fois par elle éclate et se signale.
Mais tout cède aux efforts du chanoine Fabri.
Ce guerrier, dans l'église aux querelles nourri,
Est robuste de corps, terrible de visage,
Et de l'eau dans son vin n'a jamais su l'usage.
Il terrasse lui seul et Guibert et Grasset,
Et Gorillon la basse, et Grandin le fausset,
Et Gerbais l'agréable, et Guérin l'insipide.
Des chantres désormais la brigade timide
S'écarte, et du palais regagne les chemins :
Telle, à l'aspect d'un loup, terreur des champs voisins,
Fuit d'agneaux effrayés une troupe bêlante ;
Où tels devant Achille, aux campagnes du Xanthe,
Les Troyens se sauvaient à l'abri de leurs tours ;
Quand Brontin à Boirude adresse ce discours :
Illustre porte-croix, par qui notre bannière
N'a jamais en marchant fait un pas en arrière,
Un chanoine lui seul triomphant du prélat,
Du rochet à nos yeux ternira-t-il l'éclat ?
Non, non : pour te couvrir de sa main redoutable [3],
Accepte de mon corps l'épaisseur favorable.
Viens, et, sous ce rempart, à ce guerrier hautain
Fais voler ce Quinault qui me reste à la main.
A ces mots, il lui tend le doux et tendre ouvrage.
Le sacristain, bouillant de zèle et de courage,
Le prend, se cache, approche, et, droit entre les yeux,
Frappe du noble écrit l'athlète audacieux :
Mais c'est pour l'ébranler une faible tempête,
Le livre sans vigueur mollit contre sa tête.
Le chanoine les voit, de colère embrasé :
Attendez, leur dit-il, couple lâche et rusé,
Et jugez si ma main, aux grands exploits novice,
Lance à mes ennemis un livre qui mollisse.
A ces mots il saisit un vieil Infortiat [4],
Grossi des visions d'Accurse et d'Alciat,
Inutile ramas de gothique écriture,
Dont quatre ais mal unis formaient la couverture,
Entourée à demi d'un vieux parchemin noir,
Où pendait à trois clous un reste de fermoir.
Sur l'ais qui le soutient auprès d'un Avicenne [5],
Deux des plus forts mortels l'ébranleraient à peine :
Le chanoine pourtant l'enlève sans effort,
Et, sur le couple pâle et déjà demi-mort,
Fait tomber à deux mains l'effroyable tonnerre.
Les guerriers de ce coup vont mesurer la terre,
Et, du bois et des clous meurtris et déchirés,
Longtemps, loin du perron, roulent sur les degrés.
  Au spectacle étonnant de leur chute imprévue,
Le prélat pousse un cri qui pénètre la nue.
Il maudit dans son cœur le démon des combats,
Et de l'horreur du coup il recule six pas.
Mais bientôt rappelant son antique prouesse,
Il tire du manteau sa dextre vengeresse,
Il part, et, de ses doigts saintement allongés,
Bénit tous les passants, en deux files rangés.

[1] Traduction de Le Clerc.
[2] Roman italien, traduit par Scudéri. — [3] Iliade, liv VIII, v. 267.
[4] Livre de droit d'une grosseur énorme. — [5] Auteur arabe.

Il sait que l'ennemi, que ce coup va surprendre,
Désormais sur ses pieds ne l'oserait attendre,
Et déjà voit pour lui tout le peuple en courroux
Crier aux combattants : Profanes, à genoux !
Le chantre, qui de loin voit approcher l'orage,
Dans son cœur éperdu cherche en vain du courage :
Sa fierté l'abandonne, il tremble, il cède, il fuit.
Le long des sacrés murs sa brigade le suit :
Tout s'écarte à l'instant ; mais aucun n'en réchappe ;
Partout le doigt vainqueur les suit et les rattrape.
Evrard seul, en un coin prudemment retiré,
Se croyait à couvert de l'insulte sacré :
Mais le prélat vers lui fait une marche adroite :
Il l'observe de l'œil ; et, tirant vers la droite,
Tout d'un coup tourne à gauche, et d'un bras fortuné
Bénit subitement le guerrier consterné.
Le chanoine, surpris de la foudre mortelle,
Se dresse, et lève en vain une tête rebelle ;
Sur ses genoux tremblants il tombe à cet aspect,
Et donne à la frayeur ce qu'il doit au respect.
Dans le temple aussitôt le prélat plein de gloire
Va goûter les doux fruits de sa sainte victoire :
Et de leur vain projet les chanoines punis
S'en retournent chez eux éperdus et bénis.

CHANT SIXIÈME.

Tandis que tout conspire à la guerre sacrée,
La Piété sincère, aux Alpes retirée [1],
Du fond de son désert entend les tristes cris
De ses sujets cachés dans les murs de Paris.
Elle quitte à l'instant sa retraite divine :
La Foi, d'un pas certain, devant elle chemine,
L'Espérance au front gai l'appuie et la conduit ;
Et, la bourse à la main, la Charité la suit.
Vers Paris elle vole, et, d'une audace sainte,
Vient aux pieds de Thémis proférer cette plainte :
Vierge, effroi des méchants, appui de mes autels,
Qui, la balance en main, règles tous les mortels,
Ne viendrai-je jamais en tes bras salutaires,
Que pousser des soupirs et pleurer mes misères !
Ce n'est donc pas assez qu'au mépris de tes lois
L'Hypocrisie ait pris et mon nom et ma voix ;
Que, sous ce nom sacré, partout ses mains avares
Cherchent à me ravir crosses, mitres, tiares !
Faudra-il voir encor cent monstres furieux
Ravager mes États usurpés à tes yeux !
Dans les temps orageux de mon naissant empire,
Au sortir du baptême on courait au martyre.
Chacun, plein de mon nom, ne respirait que moi :
Le fidèle, attentif aux règles de sa loi,
Fuyant des vanités la dangereuse amorce,
Aux honneurs appelé n'y montait que par force ;
Ces cœurs, que les bourreaux ne faisaient point frémir,
A l'offre d'une mitre étaient prêts à gémir ;
Et, sans peur des travaux, sur mes traces divines
Couraient chercher le ciel au travers des épines.
Mais, depuis que l'Eglise eut, aux yeux des mortels,
De son sang en tous lieux cimenté ses autels,
Le calme dangereux succédait aux orages,
Une lâche tiédeur s'empara des courages :
De leur zèle brûlant l'ardeur se ralentit ;
Sous le joug des péchés leur foi s'appesantit :
Le moine secoua le cilice et la haire,
Le chanoine indolent apprit à ne rien faire ;
Le prélat, par la brigue aux honneurs parvenu,
Ne sut plus qu'abuser d'un ample revenu,
Et pour toutes vertus fit au dos d'un carrosse
A côté d'une mitre armorier sa crosse.
L'Ambition partout chassa l'Humilité ;
Dans la crasse du froc logea la Vanité.
Alors de tous les cœurs l'union fut détruite.
Dans mes cloîtres sacrés la Discorde introduite
Y bâtit de mon bien ses plus sûrs arsenaux,
Traîna tous mes sujets au pied des tribunaux.
En vain à ses fureurs j'opposai mes prières ;
L'insolente, à mes yeux, marcha sous mes bannières.
Pour comble de misère, un tas de faux docteurs
Vint flatter les péchés de discours imposteurs,
Infectant les esprits d'exécrables maximes,
Voulut faire à Dieu même approuver tous les crimes,

[1] La Grande Chartreuse est dans les Alpes.

Une servile peur tint lieu de charité ;
Le besoin d'aimer Dieu passa pour nouveauté :
Et chacun à mes pieds, conservant sa malice,
N'apporta de vertu que l'aveu de son vice.
Pour éviter l'affront de ces noirs attentats,
J'allai chercher le calme au séjour des frimas,
Sur ces monts entourés d'une éternelle glace
Où jamais au printemps les hivers n'ont fait place.
Mais, jusque dans la nuit de mes sacrés déserts,
Le bruit de mes malheurs fait retentir les airs.
Aujourd'hui même encore une voix trop fidèle
M'a d'un triste désastre apporté la nouvelle :
J'apprends que, dans ce temple où le plus saint [1] des rois
Consacra tout le fruit de ses pieux exploits,
Et signala pour moi sa pompeuse largesse,
L'implacable Discorde et l'infâme Mollesse,
Foulant aux pieds les lois, l'honneur et le devoir,
Usurpent en mon nom le souverain pouvoir.
Souffriras tu, ma sœur, une action si noire?
Quoi ! ce temple, à ta porte, élevé pour ma gloire,
Où jadis des humains j'attirais tous les vœux,
Sera de leurs combats le théâtre honteux!
Non, non, il faut enfin que ma vengeance éclate :
Assez et trop longtemps l'impunité les flatte.
Prends ton glaive, et, fondant sur ces audacieux,
Viens aux yeux des mortels justifier les cieux.
Ainsi parle à sa sœur cette vierge enflammée :
La grâce est dans ses yeux d'un feu pur allumée.
Thémis sans différer lui promet son secours,
La flatte, la rassure, et lui tient ce discours :
Chère et divine sœur, dont les mains secourables
Ont tant de fois séché les pleurs des misérables,
Pourquoi toi-même, en proie à tes vives douleurs,
Cherches-tu sans raison à grossir tes malheurs?
En vain de tes sujets l'ardeur est ralentie ;
D'un ciment éternel ton Eglise est bâtie,
Et jamais de l'enfer les noirs frémissements
N'en sauraient ébranler les fermes fondements.
Au milieu des combats, des troubles, des querelles,
Ton nom encor chéri vit au sein des fidèles.
Crois-moi, dans ce lieu même où l'on veut t'opprimer,
Le trouble qui t'étonne est facile à calmer ;
Et, pour y rappeler la paix tant désirée,
Je vais t'ouvrir, ma sœur, une route assurée.
Prête-moi donc l'oreille, et retiens tes soupirs.
Vers ce temple fameux, si cher à tes désirs,
Où le ciel fut pour toi si prodigue en miracles,
Non loin de ce palais où parlent mes oracles,
Est un vaste séjour des mortels révéré,
Et de clients soumis à toute heure entouré.
Là, sous le faix pompeux de ma pourpre honorable,
Veille au soin de ma gloire un homme incomparable [2],
Ariste, dont le Ciel et Louis ont fait choix
Pour régler ma balance et dispenser mes lois.
Par lui dans le barreau sur mon trône affermie,
Je vois hurler en vain la chicane ennemie :
Par lui la vérité ne craint plus l'imposteur,
Et l'orphelin n'est plus dévoré du tuteur.
Mais pourquoi vainement en retracer l'image?
Tu le connais assez ; Ariste est ton ouvrage.
C'est toi qui le formas dès ses plus jeunes ans :
Son mérite sans tache est un de tes présents.
Tes divines leçons, avec le lait sucées,
Allumèrent l'ardeur de ses nobles pensées.
Aussi son cœur pour toi brûlant d'un si beau feu,
N'en fit point dans le monde un lâche désaveu ;
Et son zèle hardi, toujours prêt à paroître,
N'alla point se cacher dans les ombres d'un cloître.
Va le trouver, ma sœur : à ton auguste nom,
Tout s'ouvrira d'abord en sa sainte maison.
Ton visage est connu de sa noble famille ;
Tout y garde les lois, enfants, sœur, femme, fille.
Tes yeux d'un seul regard sauront le pénétrer
Et pour obtenir tout tu n'as qu'à te montrer.
Là s'arrête Thémis. La Piété charmée
Sent renaître la joie en son âme calmée.
Elle court chez Ariste ; et s'offrant à ses yeux :
Que me sert, lui dit-elle, Ariste, qu'en tous lieux
Tu signales pour moi ton zèle et ton courage,
Si la Discorde impie à ta porte m'outrage?
Deux puissants ennemis, par elle envenimés,
Dans ces murs, autrefois si saints, si renommés,

[1] Saint Louis, fondateur de la Sainte-Chapelle.
[2] M. de Lamoignon, premier président.

A mes sacrés autels font un profane insulte,
Remplissent tout d'effroi, de trouble et de tumulte.
De leur crime à leurs yeux va-t'en peindre l'horreur :
Sauve-moi, sauve-les de leur propre fureur.
   Elle sort à ces mots. Le héros en prière
Demeure tout couvert de feux et de lumière.
De la céleste fille il reconnaît l'éclat,
Et mande au même instant le chantre et le prélat.
   Muse, c'est à ce coup que mon esprit timide
Dans sa course élevée a besoin qu'on le guide,
Pour chanter par quels soins, par quels nobles travaux
Un mortel sut fléchir ces superbes rivaux.
Mais plutôt, toi qui fis ce merveilleux ouvrage,
Ariste, c'est à toi d'en instruire notre âge.
Seul tu peux révéler par quel art tout-puissant
Tu rendis tout à coup le chantre obéissant :
Tu sais par quel conseil rassemblant le chapitre
Lui-même de sa main reporta le pupitre;
Et comment le prélat, de ses respects content,
Le fit du banc fatal enlever à l'instant.

Parle donc : c'est à toi d'éclaircir ces merveilles.
Il me suffit pour moi d'avoir su, par mes veilles,
Jusqu'au sixième chant pousser ma fiction,
Et fait d'un vain pupitre un second Ilion.
Finissons. Aussi bien, quelque ardeur qui m'inspire,
Quand je songe au héros qui me reste à décrire,
Qu'il faut parler de toi, mon esprit éperdu
Demeure sans parole, interdit, confondu.
Ariste, c'est ainsi qu'en ce sénat illustre
Où Thémis, par tes soins, reprend son premier lustre,
Quand, la première fois, un athlète nouveau
Vient combattre en champ clos aux joutes du barreau,
Souvent sans y penser ton auguste présence
Troublant par trop d'éclat sa timide éloquence,
Le nouveau Cicéron, tremblant, décoloré,
Cherche en vain son discours sur sa langue égaré :
En vain, pour gagner temps, dans ses transes affreuses,
Traîne d'un dernier mot les syllabes honteuses;
Il hésite, il bégaie; et le triste orateur
Demeure enfin muet aux yeux du spectateur [1].

L'ART POÉTIQUE.

CHANT PREMIER.

C'est en vain qu'au Parnasse un téméraire auteur
Pense de l'art des vers atteindre la hauteur :
S'il ne sent point du ciel l'influence secrète,
Si son astre en naissant ne l'a formé poëte,
Dans son génie étroit il est toujours captif;
Pour lui Phébus est sourd et Pégase est rétif.
   O vous donc qui, brûlant d'une ardeur périlleuse,
Courez du bel esprit la carrière épineuse,
N'allez pas sur des vers sans fruit vous consumer,
Ni prendre pour génie un amour de rimer :
Craignez d'un vain plaisir les trompeuses amorces,
Et consultez longtemps votre esprit et vos forces.
   La Nature, fertile en esprits excellents,
Sait entre les auteurs partager les talents :
L'un peut tracer en vers une amoureuse flamme;
L'autre, d'un trait plaisant aiguiser l'épigramme :
Malherbe d'un héros peut vanter les exploits;
Racan, chanter Philis, les bergers et les bois.
Mais souvent un esprit qui se flatte et qui s'aime
Méconnaît son génie et s'ignore soi-même :
Ainsi tel [1] autrefois qu'on vit avec Faret [2]
Charbonner de ses vers les murs d'un cabaret
S'en va mal à propos, d'une voix insolente,
Chanter du peuple hébreu la fuite triomphante,
Et, poursuivant Moïse au travers des déserts,
Court avec Pharaon se noyer dans les mers.
   Quelque sujet qu'on traite, ou plaisant ou sublime,
Que toujours le bon sens s'accorde avec la rime :
L'un l'autre vainement ils semblent se haïr;
La rime est une esclave et ne doit qu'obéir.
Lorsqu'à la bien chercher d'abord on s'évertue,
L'esprit à la trouver aisément s'habitue;
Au joug de la raison sans peine elle fléchit,
Et, loin de la gêner, la sert et l'enrichit.
Mais lorsqu'on la néglige elle devient rebelle,
Et pour la rattraper le sens court après elle.
Aimez donc la raison : que toujours vos écrits
Empruntent d'elle seule et leur lustre et leur prix.
   La plupart, emportés d'une fougue insensée,
Toujours loin du droit sens vont chercher leur pensée;
Ils croiraient s'abaisser, dans leurs vers monstrueux,
S'ils pensaient ce qu'un autre a pu penser comme eux.
Évitons ces excès : laissons à l'Italie
De tous ces faux brillants l'éclatante folie.
Tout doit tendre au bon sens : mais pour y parvenir
Le chemin est glissant et pénible à tenir;
Pour peu qu'on s'en écarte, aussitôt on se noie.

La raison pour marcher n'a souvent qu'une voie.
   Un auteur quelquefois trop plein de son objet
Jamais sans l'épuiser n'abandonne un sujet.
S'il rencontre un palais, il m'en dépeint la face;
Il me promène après de terrasse en terrasse;
Ici s'offre un perron; là, un règne un corridor;
Là ce balcon s'enferme en un balustre d'or.
Il compte des plafonds les ronds et les ovales :
« Ce ne sont que festons, ce ne sont qu'astragales [2]. »
Je saute vingt feuillets pour en trouver la fin;
Et je me sauve à peine au travers du jardin.
Fuyez de ces auteurs l'abondance stérile,
Et ne vous chargez point d'un détail inutile.
Tout ce qu'on dit de trop est fade et rebutant;
L'esprit rassasié le rejette à l'instant.
Qui ne sait se borner ne sut jamais écrire.
   Souvent la peur d'un mal nous conduit dans un pire :
Un vers était trop faible, et vous le rendez dur :
J'évite d'être long, et je deviens obscur :
L'un n'est point trop fardé, mais sa muse est trop nue;
L'autre a peur de ramper, il se perd dans la nue.
   Voulez-vous du public mériter les amours,
Sans cesse en écrivant variez vos discours.
Un style trop égal et toujours uniforme
En vain brille à nos yeux, il faut qu'il nous endorme.
On lit peu ces auteurs, nés pour nous ennuyer,
Qui toujours sur un ton semblent psalmodier.
   Heureux qui, dans ses vers, sait d'une voix légère
Passer du grave au doux, du plaisant au sévère!
Son livre, aimé du ciel et chéri des lecteurs,
Est souvent chez Barbin entouré d'acheteurs.
   Quoi que vous écriviez, évitez la bassesse :
Le style le moins noble a pourtant sa noblesse.
Au mépris du bon sens, le burlesque [3] effronté
Trompa les yeux d'abord, plut par sa nouveauté :
On ne vit plus en vers que pointes triviales;
Le Parnasse parla le langage des halles :
La licence à rimer alors n'eut plus de frein;
Apollon travesti devint un Tabarin.
Cette contagion infecta les provinces,
Du clerc et du bourgeois passa jusques aux princes :
Le plus mauvais plaisant eut ses approbateurs,
Et, jusqu'à d'Assouci [4], tout trouva des lecteurs.
Mais de ce style enfin la cour désabusée
Dédaigna de ces vers l'extravagance aisée,
Distingua le naïf du plat et du bouffon,

---

[1] Saint-Amand, auteur du *Moïse sauvé*.
[2] Auteur du livre intitulé l'*Honnête Homme* et ami de Saint-Amand.

---

[1] L'orateur demeurant muet, il n'y a plus d'auditeurs; il reste seulement des spectateurs.
[2] Vers de Scudéri.
[3] Le style burlesque fut extrêmement en vogue depuis le commencement du dernier siècle jusque vers 1660, qu'il tomba.
[4] Pitoyable auteur, qui a composé l'*Ovide en belle humeur*.

Et laissa la province admirer le Typhon.
Que ce style jamais ne souille votre ouvrage.
Imitons de Marot l'élégant badinage,
Et laissons le burlesque aux plaisants [1] du Pont-Neuf.
Mais n'allez point aussi, sur le pas de Brébeuf,
Même en une Pharsale, entasser sur les rives
« De morts et de mourants cent montagnes plaintives. »
Prenez mieux votre ton. Soyez simple avec art,
Sublime sans orgueil, agréable sans fard.
N'offrez rien au lecteur que ce qui peut lui plaire.
Ayez pour la cadence une oreille sévère :
Que toujours dans vos vers le sens coupant les mots
Suspende l'hémistiche, en marque le repos.
Gardez qu'une voyelle à courir trop hâtée
Ne soit d'une voyelle en son chemin heurtée.
Il est un heureux choix de mots harmonieux.
Fuyez des mauvais sons le concours odieux :
Le vers le mieux rempli, la plus noble pensée,
Ne peut plaire à l'esprit quand l'oreille est blessée.
Durant les premiers ans du Parnasse françois,
Le caprice tout seul faisait toutes les lois.
La rime, au bout des mots assemblés sans mesure,
Tenait lieu d'ornements, de nombre et de césure.
Villon sut le premier, dans ces siècles grossiers,
Débrouiller l'art confus de nos vieux romanciers [2].
Marot bientôt après fit fleurir les ballades,
Tourna des triolets, rima des mascarades,
A des refrains réglés asservit les rondeaux,
Et montra pour rimer des chemins tout nouveaux.
Ronsard, qui le suivit, par une autre méthode,
Réglant tout, brouilla tout, fit un art à sa mode,
Et toutefois longtemps eut un heureux destin.
Mais sa muse, en français parlant grec et latin,
Vit dans l'âge suivant, par un retour grotesque,
Tomber de ses grands mots le faste pédantesque.
Ce poëte orgueilleux, trébuché de si haut,
Rendit plus retenus Desportes et Bertaut.
Enfin Malherbe vint, et, le premier en France,
Fit sentir dans les vers une juste cadence,
D'un mot mis en sa place enseigna le pouvoir,
Et réduisit la muse aux règles du devoir.
Par ce sage écrivain la langue réparée
N'offrit plus rien de rude à l'oreille épurée.
Les stances avec grâce apprirent à tomber,
Et le vers sur le vers n'osa plus enjamber.
Tout reconnut ses lois ; et ce guide fidèle
Aux auteurs de ce temps sert encor de modèle.
Marchez donc sur ses pas ; aimez sa pureté,
Et de son tour heureux imitez la clarté.
Si le sens de vos vers tarde à se faire entendre,
Mon esprit aussitôt commence à se détendre,
Et, de vos vains discours prompt à se dégoûter,
Ne suit point un auteur qu'il faut toujours chercher.
Il est certains esprits dont les sombres pensées
Sont d'un nuage épais toujours embarrassées ;
Le jour de la raison ne le saurait percer.
Avant donc que d'écrire, apprenez à penser.
Selon que notre idée est plus ou moins obscure,
L'expression la suit, ou moins nette, ou plus pure.
Ce que l'on conçoit bien s'énonce clairement,
Et les mots pour le dire arrivent aisément.
Surtout qu'en vos écrits la langue révérée
Dans vos plus grands excès vous soit toujours sacrée.
En vain vous me frappez d'un son mélodieux,
Si le terme est impropre ou le tour vicieux :
Mon esprit n'admet point un pompeux barbarisme,
Ni d'un vers ampoulé l'orgueilleux solécisme.
Sans la langue, en un mot, l'auteur le plus divin
Est toujours, quoi qu'il fasse, un méchant écrivain.
Travaillez à loisir, quelque ordre qui vous presse [3],
Et ne vous piquez point d'une folle vitesse :
Un style si rapide, et qui court en rimant,
Marque moins trop d'esprit que peu de jugement.
J'aime mieux un ruisseau qui, sur la molle arène,
Dans un pré plein de fleurs lentement se promène,
Qu'un torrent débordé qui d'un cours orageux
Roule, plein de gravier, sur un terrain fangeux.
Hâtez-vous lentement, et, sans perdre courage,

Vingt fois sur le métier remettez votre ouvrage :
Polissez-le sans cesse et le repolissez ;
Ajoutez quelquefois et souvent effacez.
C'est peu qu'en un ouvrage où les fautes fourmillent,
Des traits d'esprit semés de temps en temps pétillent :
Il faut que chaque chose y soit mis en son lieu ;
Que le début, la fin, répondent au milieu ;
Que d'un art délicat les pièces assorties
N'y forment qu'un seul tout de diverses parties ;
Que jamais du sujet le discours s'écartant
N'aille chercher trop loin quelque mot éclatant.
Craignez-vous pour vos vers la censure publique ?
Soyez-vous à vous-même un sévère critique :
L'ignorance toujours est prête à s'admirer.
Faites-vous des amis prompts à vous censurer ;
Qu'ils soient de vos écrits les confidents sincères,
Et de tous vos défauts les zélés adversaires.
Dépouillez devant eux l'arrogance d'auteur.
Mais sachez de l'ami discerner le flatteur :
Tel vous semble applaudir, qui vous raille et vous joue.
Aimez qu'on vous conseille, et non pas qu'on vous loue.
Un flatteur aussitôt cherche à se récrier :
Chaque vers qu'il entend le fait extasier.
Tout est charmant, divin ; aucun mot ne le blesse :
Il trépigne de joie, il pleure de tendresse ;
Il vous comble partout d'éloges fastueux.
La vérité n'a point cet air impétueux.
Un sage ami, toujours rigoureux, inflexible,
Sur vos fautes jamais ne vous laisse paisible :
Il ne pardonne point les endroits négligés ;
Il renvoie en leur lieu les vers mal arrangés ;
Il réprime des mots l'ambitieuse emphase ;
Ici le sens le choque, et plus loin c'est la phrase :
Votre construction semble un peu s'obscurcir :
Ce terme est équivoque ; il le faut éclaircir.
C'est ainsi que vous parle un ami véritable.
Mais souvent sur ses vers un auteur intraitable
A les protéger tous se croit intéressé,
Et d'abord prend en main le droit de l'offensé.
De ce vers, direz-vous, l'expression est basse.
Ah ! monsieur, pour ce vers je vous demande grâce,
Répondra-t-il d'abord. Ce mot me semble froid ;
Je le retrancherais. C'est le plus bel endroit !
Ce tour ne me plaît pas. Tout le monde l'admire !
Ainsi toujours constant à ne se point dédire,
Qu'un mot dans son ouvrage ait paru vous blesser,
C'est un titre chez lui pour ne point l'effacer.
Cependant, à l'entendre, il chérit la critique :
Vous avez sur ses vers un pouvoir despotique.
Mais tout ce beau discours dont il vient vous flatter
N'est rien qu'un piège adroit pour vous les réciter.
Aussitôt il vous quitte ; et, content de sa muse,
S'en va chercher ailleurs quelque fat qu'il abuse :
Car souvent il en trouve. Ainsi qu'en sots auteurs,
Notre siècle est fertile en sots admirateurs ;
Et, sans ceux que fournit la ville et la province,
Il en est chez le duc, il en est chez le prince.
L'ouvrage le plus plat, a, chez les courtisans,
De tout temps rencontré de zélés partisans ;
Et, pour finir enfin par un trait de satire,
Un sot trouve toujours un plus sot qui l'admire.

CHANT DEUXIÈME.

Telle qu'une bergère, au plus beau jour de fête,
De superbes rubis ne charge point sa tête,
Et, sans mêler à l'or l'éclat des diamants,
Cueille en un champ voisin ses plus beaux ornements ;
Telle, aimable en son air, mais humble dans son style,
Doit éclater sans pompe une élégante Idylle.
Son vers simple et naïf n'a rien de fastueux,
Et n'aime point l'orgueil d'un vers présomptueux.
Il faut que sa douceur flatte, chatouille, éveille,
Et jamais de grands mots n'épouvante l'oreille.
Mais souvent dans ce style un rimeur aux abois
Jette là, de dépit, la flûte et le hautbois ;
Et, follement pompeux, dans sa verve indiscrète,
Au milieu d'une Eglogue entonne la trompette.
De peur de l'écouter Pan fuit dans les roseaux,
Et les Nymphes, d'effroi, se cachent sous les eaux.
Au contraire cet autre, abject en son langage,
Fait parler ses bergers comme on parle au village.
Ses vers plats et grossiers, dépouillés d'agrément,

Toujours baisent la terre et rampent tristement :
On dirait que Ronsard, sur ses pipeaux rustiques,
Vient encor fredonner ses idylles gothiques,
Et changer, sans respect de l'oreille et du son,
Lycidas en Pierrot et Philis en Toinon.
  Entre ces deux excès la route est difficile.
Suivez, pour la trouver, Théocrite et Virgile :
Que leurs tendres écrits, par les Grâces dictés,
Ne quittent point vos mains, jour et nuit feuilletés.
Seuls, dans leurs doctes vers, ils pourront vous apprendre
Par quel art sans bassesse un auteur peut descendre;
Chanter Flore, les champs, Pomone, les vergers;
Au combat de la flûte animer deux bergers;
Des plaisirs de l'amour vanter la douce amorce;
Changer Narcisse en fleur, couvrir Daphné d'écorce;
Et par quel art encor l'Eglogue quelquefois
Rend dignes d'un consul[1] la campagne et les bois.
Telle est de ce poëme et la force et la grâce.
  D'un ton un peu plus haut, mais pourtant sans audace,
La plaintive Elégie, en longs habits de deuil,
Sait, les cheveux épars, gémir sur un cercueil.
Elle peint des amants la joie et la tristesse;
Flatte, menace, irrite, apaise une maîtresse.
Mais, pour bien exprimer ces caprices heureux,
C'est peu d'être poëte, il faut être amoureux.
  Je hais ces vains auteurs dont la muse forcée
M'entretient de ses feux, toujours froide et glacée,
Qui s'affligent par art, et, fous de sens rassis,
S'érigent, pour rimer, en amoureux transis.
Leurs transports les plus doux ne sont que phrases vaines :
Ils ne savent jamais que se charger de chaînes,
Que bénir leur martyre, adorer leur prison,
Et faire quereller le sens et la raison.
Ce n'était pas jadis sur ce ton ridicule
Qu'Amour dictait des vers que soupirait Tibulle,
Ou que, du tendre Ovide animant les doux sons,
Il donnait de son art les charmantes leçons.
Il faut que le cœur seul parle dans l'Elégie.
  L'Ode, avec plus d'éclat, et non moins d'énergie,
Elevant jusqu'au ciel son vol ambitieux,
Entretient dans ses vers commerce avec les dieux.
Aux athlètes dans Pise[2] elle ouvre la barrière,
Chante un vainqueur poudreux au bout de la carrière,
Mène Achille sanglant aux bords du Simoïs,
Ou fait fléchir l'Escaut sous le joug de Louis.
Tantôt, comme une abeille ardente à son ouvrage,
Elle s'en va de fleurs dépouiller le rivage;
Elle peint les festins, les danses et les ris;
Vante un baiser cueilli sur les lèvres d'Iris,
Qui mollement résiste, et, par un doux caprice,
Quelquefois le refuse, afin qu'on le ravisse[3].
Son style impétueux souvent marche au hasard :
Chez elle un beau désordre est un effet de l'art.
  Loin ces rimeurs craintifs dont l'esprit flegmatique
Garde dans ses fureurs un ordre didactique,
Qui, chantant d'un héros les progrès éclatants,
Maigres historiens, suivront l'ordre des temps.
Ils n'osent un moment perdre un sujet de vue;
Pour prendre Dole, il faut que Lille soit rendue;
Et que leur vers exact, ainsi que Mézeray,
Ait fait tomber les remparts de Courtray.
Apollon de son feu leur fut toujours avare.
  On dit, à ce propos, qu'un jour ce rime bizarre,
Voulant pousser à bout tous les rimeurs françois,
Inventa du Sonnet les rigoureuses lois;
Voulut qu'en deux quatrains de mesure pareille
La rime avec deux sons frappât huit fois l'oreille;
Et qu'ensuite six vers artistement rangés
Fussent en deux tercets par le sens partagés.
Surtout de ce poëme il bannit la licence :
Lui-même en mesura le nombre et la cadence;
Défendit qu'un vers faible y pût jamais entrer,
Ni qu'un mot déjà mis osât s'y remontrer.
Du reste il l'enrichit d'une beauté suprême :
Un sonnet sans défaut vaut seul un long poëme.
Mais en vain mille auteurs y pensent arriver,
Et cet heureux phénix est encore à trouver.
A peine dans Gombaut, Mainard et Malleville,
En peut-on admirer deux ou trois entre mille :
Le reste, aussi peu lu que ceux de Pelletier,
N'a fait de chez Sercy[4] qu'un saut chez l'épicier.

[1] Virgile, églogue IV, v. 3.
[2] Pise en Élide, où l'on célébrait les jeux olympiques.
[3] Horace, ode 12, liv. II. — [4] Libraire du palais.

Pour enfermer son sens dans la borne prescrite
La mesure est toujours trop longue ou trop petite.
  L'Epigramme, plus libre en son tour plus borné,
N'est souvent qu'un bon mot de deux rimes orné.
Jadis de nos auteurs les pointes ignorées
Furent de l'Italie en nos vers attirées.
Le vulgaire, ébloui de leur faux agrément,
A ce nouvel appât courut avidement.
La faveur du public excitant leur audace,
Leur nombre impétueux inonda le Parnasse :
Le Madrigal d'abord en fut enveloppé;
Le Sonnet orgueilleux lui-même en fut frappé;
La Tragédie[1] en fit ses plus chères délices;
L'Elégie en orna ses douloureux caprices,
Un héros sur la scène eut soin de s'en parer,
Et sans pointe un amant n'osa plus soupirer;
On vit tous les bergers, dans leurs plaintes nouvelles,
Fidèles à la pointe encor plus qu'à leurs belles;
Chaque mot eut toujours deux visages divers :
La prose la reçut aussi bien que les vers;
L'avocat au palais en hérissa son style,
Et le docteur[2] en chaire en sema l'Evangile.
  La raison outragée enfin ouvrit les yeux,
La chassa pour jamais des discours sérieux,
Et, dans tous ces écrits la déclarant infâme,
Par grâce lui laissa l'entrée en l'Epigramme,
Pourvu que sa finesse, éclatant à propos,
Roulât sur la pensée, et non pas sur les mots.
Ainsi de toutes parts les désordres cessèrent.
Toutefois à la cour les turlupins restèrent,
Insipides plaisants, bouffons infortunés,
D'un jeu de mots grossier partisans surannés.
Ce n'est pas quelquefois qu'une muse un peu fine
Sur un mot, en passant, ne joue et ne badine,
Et d'un sens détourné n'abuse avec succès :
Mais fuyez sur ce point un ridicule excès;
Et n'allez pas toujours d'une pointe frivole
Aiguiser par la queue une Epigramme folle.
  Tout poëme est brillant de sa propre beauté.
Le Rondeau, né gaulois, a la naïveté.
La Ballade, asservie à ses vieilles maximes,
Souvent doit tout son lustre au caprice des rimes.
Le Madrigal, plus simple, et plus noble en son tour,
Respire la douceur, la tendresse et l'amour.
  L'ardeur de se montrer, et non pas de médire,
Arma la Vérité du vers de la Satire.
Lucile le premier osa la faire voir;
Aux vices des Romains présenta le miroir,
Vengea l'humble vertu, de la richesse altière;
Et l'honnête homme à pied, du faquin en litière.
  Horace à cette aigreur mêla son enjouement :
On ne fut plus ni fat ni sot impunément;
Et malheur à tout nom qui, propre à la censure,
Put entrer dans un vers sans rompre la mesure.
  Perse, en ses vers obscurs mais serrés et pressants,
Affecta d'enfermer moins de mots que de sens.
  Juvénal, élevé dans les cris de l'école,
Poussa jusqu'à l'excès sa mordante hyperbole.
Ses ouvrages, tout pleins d'affreuses vérités,
Etincellent pourtant de sublimes beautés :
Soit que[3] sur un écrit arrivé de Caprée
Il brise de Séjan la statue adorée,
Soit[4] qu'il fasse au conseil courir les sénateurs,
D'un tyran soupçonneux pâles adulateurs,
Ou que[5], poussant à bout le luxure latine,
Aux portefaix de Rome il vende Messaline.
Ses écrits pleins de feu partout brillent aux yeux.
  De ces maîtres savants disciple ingénieux,
Régnier, seul parmi nous formé sur leurs modèles,
Dans son vieux style encore a des grâces nouvelles.
Heureux, si ses discours, craints du chaste lecteur,
Ne se sentaient des lieux où fréquentait l'auteur;
Et si son hardi ton de ses rimes cyniques
N'alarmait souvent les oreilles pudiques!
Le latin dans les mots brave l'honnêteté :
Mais le lecteur français veut être respecté;
Du moindre sens impur la liberté l'outrage,
Si la pudeur des mots n'en adoucit l'image.
Je veux dans la satire un esprit de candeur,
Et fuis un effronté qui prêche la pudeur.
  D'un trait de ce poëme, en bons mots si fertile,
Le Français, né malin, forma le Vaudeville;

[1] La Sylvie de Mairet. — [2] Le petit P. André, augustin.
[3] Satire 10. — [4] Satire 4. — [5] Satire 6.

Agréable indiscret, qui, conduit par le chant,
Passe de bouche en bouche, et s'accroît en marchant.
La liberté française en ses vers se déploie :
Cet enfant du plaisir veut naître dans la joie.
Toutefois n'allez pas, goguenard dangereux,
Faire Dieu le sujet d'un badinage affreux :
A la fin tous ces jeux, que l'athéisme élève,
Conduisent tristement le plaisant à la Grève.
Il faut, même en chansons, du bon sens et de l'art !
Mais pourtant on a vu le vin et le hasard
Inspirer quelquefois une muse grossière,
Et fournir, sans génie, un couplet à Linière.
Mais pour un vain bonheur qui vous a fait rimer,
Gardez qu'un sot orgueil ne vous vienne enfumer.
Souvent l'auteur altier de quelque chansonnette
Au même instant prend droit de se croire poète :
Il ne dormira plus qu'il n'ait fait un sonnet ;
Il met tous les matins six impromptus au net.
Encore est-ce un miracle, en ses vagues furies,
Si bientôt, imprimant ses sottes rêveries,
Il ne se fait graver au-devant du recueil,
Couronné de lauriers, par la main de Nanteuil [1].

CHANT TROISIÈME.

Il n'est point de serpent, ni de monstre odieux,
Qui, par l'art imité, ne puisse plaire aux yeux :
D'un pinceau délicat l'artifice agréable
Du plus affreux objet fait un objet aimable.
Ainsi, pour nous charmer, la Tragédie en pleurs
D'Œdipe tout sanglant [2] fit parler les douleurs,
D'Oreste parricide exprima les alarmes,
Et pour nous divertir nous arracha des larmes.
Vous donc qui, d'un beau feu pour le théâtre épris,
Venez en vers pompeux y disputer le prix,
Voulez-vous sur la scène étaler des ouvrages
Où tout Paris en foule apporte ses suffrages,
Et qui, toujours plus beaux plus ils sont regardés,
Soient au bout de vingt ans encor redemandés ?
Que dans tous vos discours la passion émue
Aille chercher le cœur, l'échauffe et le remue.
Si d'un beau mouvement l'agréable fureur
Souvent ne nous remplit d'une douce terreur,
Ou n'excite en notre âme une pitié charmante,
En vain vous étalez une scène savante :
Vos froids raisonnements ne feront qu'attiédir
Un spectateur toujours paresseux d'applaudir,
Et qui, des vains efforts de votre rhétorique
Justement fatigué, s'endort, ou vous critique.
Le secret est d'abord de plaire et de toucher :
Inventez des ressorts qui puissent m'attacher.
Que dès les premiers vers l'action préparée
Sans peine du sujet aplanisse l'entrée.
Je me ris d'un acteur qui, lent à s'exprimer,
De ce qu'il veut, d'abord, ne sait pas m'informer ;
Et qui, débrouillant mal une pénible intrigue,
D'un divertissement me fait une fatigue.
J'aimerais mieux encor qu'il déclinât son nom [3],
Et dit, je suis Oreste, ou bien Agamemnon,
Que d'aller, par un tas de confuses merveilles,
Sans rien dire à l'esprit, étourdir les oreilles :
Le sujet n'est jamais assez tôt expliqué.
Que le lieu de la scène y soit fixe et marqué.
Un rimeur, sans péril, delà les Pyrénées,
Sur la scène en un jour renferme des années :
Là souvent le héros d'un spectacle grossier,
Enfant au premier acte, est barbon au dernier.
Mais nous, que la raison à ses règles engage,
Nous voulons qu'avec art l'action se ménage ;
Qu'en un lieu, qu'en un jour, un seul fait accompli
Tienne jusqu'à la fin le théâtre rempli.
Jamais au spectateur n'offrez rien d'incroyable :
Le vrai peut quelquefois n'être pas vraisemblable.
Une merveille absurde est pour moi sans appas :
L'esprit n'est point ému de ce qu'il ne croit pas.
Ce qu'on ne doit point voir, qu'un récit nous l'expose :
Les yeux en le voyant saisiraient mieux la chose ;
Mais il est des objets que l'art judicieux
Doit offrir à l'oreille et reculer des yeux.
Que le trouble, toujours croissant de scène en scène,

[1] Fameux graveur. — [2] Sophocle.
[3] Il y a de pareils exemples dans Euripide.

A son comble arrivé se débrouille sans peine.
L'esprit ne se sent point plus vivement frappé
Que lorsqu'en un sujet d'intrigue enveloppé,
D'un secret tout à coup la vérité connue
Change tout, donne à tout une face imprévue.
La Tragédie, informe et grossière en naissant,
N'était qu'un simple chœur où chacun en dansant,
Et du dieu des raisins entonnant les louanges,
S'efforçait d'attirer de fertiles vendanges.
Là, le vin et la joie éveillant les esprits,
Du plus habile chantre un bouc était le prix.
Thespis fut le premier qui, barbouillé de lie,
Promena par les bourgs [1] cette heureuse folie ;
Et, d'acteurs mal ornés chargeant un tombereau,
Amusa les passants d'un spectacle nouveau.
Eschyle dans le chœur jeta les personnages,
D'un masque plus honnête habilla les visages,
Sur les ais d'un théâtre en public exhaussé
Fit paraître l'acteur d'un brodequin chaussé.
Sophocle enfin, donnant l'essor à son génie,
Accrut encor la pompe, augmenta l'harmonie,
Intéressa le chœur dans toute l'action,
Des vers trop raboteux polit l'expression,
Lui donna chez les Grecs cette hauteur divine [2]
Où jamais n'atteignit la faiblesse latine.
Chez nos dévots aïeux le théâtre abhorré
Fut longtemps dans la France un plaisir ignoré.
De pèlerins [3], dit-on, une troupe grossière
En public à Paris y monta la première ;
Et, sottement zélée en sa simplicité,
Joua les Saints, la Vierge, et Dieu, par piété.
Le savoir, à la fin dissipant l'ignorance,
Fit voir de ce projet la dévote imprudence.
On chassa ces docteurs prêchant sans mission ;
On vit renaître Hector, Andromaque, Ilion [4].
Seulement les acteurs laissant le masque antique [5],
Le violon tint lieu [6] de chœur et de musique.
Bientôt l'amour, fertile en tendres sentiments,
S'empara du théâtre ainsi que des romans.
De cette passion la sensible peinture
Est pour aller au cœur la route la plus sûre.
Peignez donc, j'y consens, les héros amoureux ;
Mais ne m'en formez pas des bergers doucereux :
Qu'Achille aime autrement que Thyrsis et Philène ;
N'allez pas d'un Cyrus nous faire un Artamène ;
Et que l'amour, souvent de remords combattu,
Paraisse une faiblesse et non une vertu.
Des héros de roman fuyez les petitesses :
Toutefois aux grands cœurs donnez quelques faiblesses.
Achille déplairait, moins bouillant et moins prompt :
J'aime à lui voir verser des pleurs pour un affront.
A ces petits défauts marqués dans sa peinture,
L'esprit avec plaisir reconnaît la nature.
Qu'il soit sur ce modèle en vos écrits tracé ;
Qu'Agamemnon soit fier, superbe, intéressé ;
Que pour ses dieux Énée ait un respect austère.
Conservez à chacun son propre caractère.
Des siècles, des pays, étudiez les mœurs :
Les climats font souvent les diverses humeurs.
Gardez donc de donner, ainsi que dans Clélie,
L'air ni l'esprit français à l'antique Italie ;
Et, sous des noms romains faisant notre portrait,
Peindre Caton galant et Brutus dameret.
Dans un roman frivole aisément tout s'excuse ;
C'est assez qu'en courant la fiction amuse ;
Trop de rigueur alors serait hors de saison :
Mais la scène demande une exacte raison ;
L'étroite bienséance y veut être gardée.
D'un nouveau personnage inventez-vous l'idée ?
Qu'en tout avec soi-même il se montre d'accord,
Et qu'il soit jusqu'au bout tel qu'on l'a vu d'abord.
Souvent, sans y penser, un écrivain qui s'aime
Forme tous ses héros semblables à soi-même :
Tout à l'humeur gasconne en un auteur gascon,
Calprenède et Juba [7] parlent du même ton.

[1] Les bourgs de l'Attique.
[2] Voyez Quintilien, livre X, chap. 1.
[3] Leurs pièces sont imprimées.
[4] Ce ne fut que sous Louis XIII que la tragédie commença à prendre
une bonne forme en France.
[5] Ce masque antique s'appliquait sur le visage de l'acteur, et représentait
le personnage que l'on introduisait sur la scène.
[6] Esther et Athalie ont montré combien on a perdu en supprimant les
chœurs et la musique.
[7] Héros de la Cléopâtre.

La nature est en nous plus diverse et plus sage;
Chaque passion parle un différent langage :
La colère est superbe, et veut des mots altiers;
L'abattement s'explique en des termes moins fiers.
Que devant Troie en flamme Hécube désolée
Ne vienne pas pousser une plainte ampoulée,
Ni sans raison décrire en quel affreux pays
Par sept bouches l'Euxin reçoit le Tanaïs[1].
Tous ces pompeux amas d'expressions frivoles
Sont d'un déclamateur amoureux des paroles.
Il faut dans la douleur que vous vous abaissiez :
Pour me tirer des pleurs, il faut que vous pleuriez.
Ces grands mots dont alors l'acteur emplit sa bouche
Ne partent point d'un cœur que sa misère touche.

ART POÉTIQUE — CHANT I.
LE FLATTEUR.
Tout est charmant, divin; aucun mot ne le blesse :
Il trépigne de joie, il pleure de tendresse.

Le théâtre, fertile en censeurs pointilleux,
Chez nous pour se produire est un champ périlleux.
Un auteur n'y fait pas de faciles conquêtes;
Il trouve à le siffler des bouches toujours prêtes :
Chacun le peut traiter de fat et d'ignorant;
C'est un droit qu'à la porte on achète en entrant.
Il faut qu'en cent façons pour plaire il se replie;
Que tantôt il s'élève et tantôt s'humilie;
Qu'en nobles sentiments il soit partout fécond;
Qu'il soit aisé, solide, agréable, profond;
Que de traits surprenants sans cesse il nous réveille;
Qu'il coure dans ses vers de merveille en merveille;
Et que tout ce qu'il dit, facile à retenir,
De son ouvrage en nous laisse un long souvenir.
Ainsi la Tragédie agit, marche et s'explique.
D'un air plus grand encor la poésie épique,
Dans le vaste récit d'une longue action,
Se soutient par la fable et vit de fiction.
Là pour nous enchanter tout est mis en usage;
Tout prend un corps, une âme, un esprit, un visage;
Chaque vertu devient une divinité :
Minerve est la prudence et Vénus la beauté.
Ce n'est plus la vapeur qui produit le tonnerre,
C'est Jupiter armé pour effrayer la terre;
Un orage terrible aux yeux des matelots,
C'est Neptune en courroux qui gourmande les flots;

Echo n'est plus un son qui dans l'air retentisse,
C'est une nymphe en pleurs qui se plaint de Narcisse.
Ainsi, dans cet amas de nobles fictions,
Le poëte s'égaie en mille inventions,
Orne, élève, embellit, agrandit toutes choses,
Et trouve sous sa main des fleurs toujours écloses.
Qu'Enée et ses vaisseaux, par le vent écartés,
Soient aux bords africains d'un orage emportés;
Ce n'est qu'une aventure ordinaire et commune,
Qu'un coup peu surprenant des traits de la fortune.
Mais que Junon, constante en son aversion,
Poursuive sur les flots les restes d'Ilion;
Qu'Eole, en sa faveur, les chassant d'Italie,
Ouvre aux vents mutinés les prisons d'Eolie;
Que Neptune en courroux s'élevant sur la mer
D'un mot calme les flots, mette la paix dans l'air,
Délivre les vaisseaux, des syrtes les arrache;
C'est là ce qui surprend, frappe, saisit, attache.
Sans tous ces ornements le vers tombe en langueur;
La poésie est morte[1], ou rampe sans vigueur;
Le poëte n'est plus qu'un orateur timide,
Qu'un froid historien d'une fable insipide.
C'est donc bien vainement que nos auteurs déçus,
Bannissant de leurs vers ces ornements reçus,
Pensent faire agir Dieu, ses saints et ses prophètes,
Comme ces dieux éclos du cerveau des poëtes,
Mettent à chaque pas le lecteur en enfer;
N'offrent rien qu'Astaroth, Belzébuth, Lucifer.
De la foi d'un chrétien les mystères terribles
D'ornements égayés ne sont point susceptibles :
L'Evangile à l'esprit n'offre de tous côtés
Que pénitence à faire et tourments mérités;
Et de vos fictions le mélange coupable
Même à ses vérités donne l'air de la fable.

ART POÉTIQUE. — CHANT II.
L'ardeur de se montrer et non pas de médire
Arma la Vérité du fouet de la satire.

Et quel objet enfin à présenter aux yeux
Que le diable toujours hurlant contre les cieux[2],
Qui de votre héros veut rabaisser la gloire,
Et souvent avec Dieu balance la victoire!
Le Tasse, dira-t-on, l'a fait avec succès.
Je ne veux point ici lui faire son procès :
Mais, quoique notre siècle à sa gloire publie,

---

[1] Sénèque le tragique, *Troade*, sc. 1.

[1] L'auteur avait en vue Saint-Sorlin des Marets, qui a écrit contre la fable. — [2] Voyez le Tasse.

Il n'eût point de son livre illustré l'Italie,
Si son sage héros, toujours en oraison,
N'eût fait que mettre enfin Satan à la raison ;
Et si Renaud, Argant, Tancrède et sa maitresse,
N'eussent de son sujet égayé la tristesse.
  Ce n'est pas que j'approuve, en un sujet chrétien [1],
Un auteur follement idolâtre et païen.
Mais, dans une profane et riante peinture,
De n'oser de la fable employer la figure ;
De chasser les Tritons de l'empire des eaux ;
D'ôter à Pan sa flûte, aux Parques leurs ciseaux ;
D'empêcher que Caron dans la fatale barque
Ainsi que le berger ne passe le monarque :
C'est d'un scrupule vain s'alarmer sottement,
Et vouloir aux lecteurs plaire sans agrément.

ART POÉTIQUE. — CHANT IV.
Dans Florence jadis vivait un médecin,
Savant hâbleur, dit-on, et célèbre assassin.

Bientôt ils défendront de peindre la Prudence,
De donner à Thémis ni bandeau ni balance,
De figurer aux yeux la Guerre au front d'airain,
Ou le Temps qui s'enfuit une horloge à la main ;
Et partout des discours, comme une idolâtrie,
Dans leur faux zèle iront chasser l'allégorie.
Laissons-les s'applaudir de leur pieuse erreur.
Mais pour nous, bannissons une vaine terreur ;
Et, fabuleux chrétiens, n'allons point, dans nos songes,
Du Dieu de vérité faire un Dieu de mensonges.
  La fable offre à l'esprit mille agréments divers :
Là tous les noms heureux semblent nés pour les vers,
Ulysse, Agamemnon, Oreste, Idoménée,
Hélène, Ménélas, Pâris, Hector, Énée.
Oh ! le plaisant projet d'un poëte ignorant,
Qui de tant de héros va choisir Childebrand !
D'un seul nom quelquefois le son dur ou bizarre
Rend un poëme entier ou burlesque ou barbare.
  Voulez-vous longtemps plaire et jamais ne lasser ?
Faites choix d'un héros propre à m'intéresser,
En valeur éclatant, en vertus magnifique ;
Qu'en lui, jusqu'aux défauts, tout se montre héroïque ;
Que ses faits surprenants soient dignes d'être ouïs ;
Qu'il soit tel que César, Alexandre, ou Louis,
Non tel que Polynice et son perfide [2] frère :
On s'ennuie aux exploits d'un conquérant vulgaire.
  N'offrez point un sujet d'incidents trop chargé.

[1] Voyez l'Arioste.
[2] Polynice et Étéocle, frères ennemis, auteurs de la guerre de Thèbes.
Voyez la *Thébaïde* de Stace.

Le seul courroux d'Achille, avec art ménagé,
Remplit abondamment une Iliade entière :
Souvent trop d'abondance appauvrit la matière.
  Soyez vif et pressé dans vos narrations,
Soyez riche et pompeux dans vos descriptions.
C'est là qu'il faut des vers étaler l'élégance :
N'y présentez jamais de basse circonstance.
N'imitez pas ce fou [1] qui, décrivant les mers,
Et peignant, au milieu de leurs flots entr'ouverts,
L'Hébreu sauvé du joug de ses injustes maitres,
Met, pour le voir passer, les poissons [2] aux fenêtres ;
Peint le petit enfant qui va, saute, revient,
Et joyeux à sa mère offre un caillou qu'il tient.
Sur de trop vains objets c'est arrêter la vue.
  Donnez à votre ouvrage une juste étendue.
Que le début soit simple et n'ait rien d'affecté.
N'allez pas dès l'abord, sur Pégase monté,
Crier à vos lecteurs d'une voix de tonnerre :
« Je chante le vainqueur des vainqueurs de la terre [3]. »
Que produira l'auteur après tous ces grands cris ?
La montagne en travail enfante une souris.
Oh ! que j'aime bien mieux cet auteur plein d'adresse
Qui, sans faire d'abord de si haute promesse,
Me dit d'un ton aisé, doux, simple, harmonieux :
« Je chante les combats et cet homme pieux
» Qui, des bords phrygiens conduit dans l'Ausonie,
» Le premier aborda les champs de Lavinie ! »
Sa muse en arrivant ne met pas tout en feu,
Et, pour donner beaucoup, ne nous promet que peu ;
Bientôt vous la verrez, prodiguant les miracles,
Du destin des Latins prononcer les oracles ;
De Styx et d'Achéron peindre les noirs torrents,
Et déjà les Césars dans l'Élysée errants.

ART POÉTIQUE. — CHANT IV.
Un lecteur sage fuit un vain amusement.

De figures sans nombre égayez votre ouvrage ;
Que tout y fasse aux yeux une riante image :
On peut être à la fois et pompeux et plaisant ;
Et je hais un sublime ennuyeux et pesant.
J'aime mieux Arioste et ses fables comiques
Que ces auteurs toujours froids et mélancoliques

[1] Saint-Amand.
[2] Les poissons ébahis les regardent passer. (*Moïse sauvé.*)
[3] *Alaric*, poëme de Scuderi, liv. I.

Qui dans leur sombre humeur se croiraient faire affront
Si les Grâces jamais leur déridaient le front.
   On dirait que pour plaire, instruit par la nature,
Homère ait à Vénus [1] dérobé sa ceinture.
Son livre est d'agréments un fertile trésor :
Tout ce qu'il a touché se convertit en or ;
Tout reçoit dans ses mains une nouvelle grâce ;
Partout il divertit, et jamais il ne lasse.
Une heureuse chaleur anime ses discours :
Il ne s'égare point en de trop longs détours.
Sans garder dans ses vers un ordre méthodique,
Son sujet de soi-même et s'arrange et s'explique ;
Tout, sans faire d'apprêts, s'y prépare aisément ;
Chaque vers, chaque mot court à l'événement.
Aimez donc ses écrits, mais d'un amour sincère :
C'est avoir profité que de savoir s'y plaire.
   Un poëme excellent, où tout marche et se suit,
N'est pas de ces travaux qu'un caprice produit :
Il veut du temps, des soins ; et ce pénible ouvrage
Jamais d'un écolier ne fut l'apprentissage.
Mais souvent parmi nous un poëte sans art,
Qu'un beau feu quelquefois échauffa par hasard,
Enflant d'un vain orgueil son esprit chimérique,
Fièrement prend en main la trompette héroïque :
Sa muse déréglée, en ses vers vagabonds,
Ne s'élève jamais que par sauts et par bonds ;
Et son feu, dépourvu de sens et de lecture,
S'éteint à chaque pas faute de nourriture.
Mais en vain le public, prompt à le mépriser,
De son mérite faux le veut désabuser ;
Lui-même, applaudissant à son maigre génie,
Se donne par ses mains l'encens qu'on lui dénie :
Virgile, au prix de lui, n'a point d'invention ;
Homère n'entend point la noble fiction.
Si contre cet arrêt le siècle se rebelle,
A la postérité d'abord il en appelle ;
Mais attendant qu'ici le bon sens de retour
Ramène triomphants ses ouvrages au jour,
Leurs tas au magasin, cachés à la lumière,
Combattent tristement les vers et la poussière.
Laissons-les donc entre eux s'escrimer en repos ;
Et, sans nous égarer, suivons notre propos.
   Des succès fortunés du spectacle tragique
Dans Athènes naquit la Comédie antique.
Là le Grec, né moqueur, par mille jeux plaisants
Distilla le venin de ses traits médisants.
Aux accès insolents d'une bouffonne joie
La sagesse, l'esprit, l'honneur, furent en proie.
On vit par le public un poëte avoué
S'enrichir aux dépens du mérite joué ;
Et Socrate par lui, dans un chœur de nuées [2],
D'un vil amas de peuple attirer les huées.
Enfin de la licence on arrêta le cours :
Le magistrat des lois emprunta le secours,
Et, rendant par édit les poëtes plus sages,
Défendit de marquer les noms et les visages.
Le théâtre perdit son antique fureur :
La Comédie apprit à rire sans aigreur,
Sans fiel et sans venin sut instruire et reprendre,
Et plut innocemment dans les vers de Ménandre.
Chacun, peint avec art dans ce nouveau miroir,
S'y vit avec plaisir, ou crut ne s'y point voir :
L'avare, des premiers, rit du tableau fidèle
D'un avare souvent tracé sur son modèle ;
Et mille fois un fat finement exprimé
Méconnut le portrait sur lui-même formé.
   Que la nature donc soit votre étude unique,
Auteurs qui prétendez aux honneurs du comique.
Quiconque voit bien l'homme, et, d'un esprit profond,
De tant de cœurs cachés a pénétré le fond ;
Qui sait bien ce que c'est qu'un prodigue, un avare,
Un honnête homme, un fat, un jaloux, un bizarre,
Sur une scène heureuse il peut les étaler,
Et les faire à nos yeux vivre, agir et parler.
Présentez-en partout les images naïves ;
Que chacun y soit peint des couleurs les plus vives.
La nature, féconde en bizarres portraits,
Dans chaque homme est marquée à de différents traits ;
Un geste la découvre, un rien la fait paraître :
Mais tout esprit n'a pas des yeux pour la connaître.
   Le temps, qui change tout, change aussi nos humeurs :
Chaque âge a ses plaisirs, son esprit et ses mœurs.
Un jeune homme, toujours bouillant dans ses caprices,

Est prompt à recevoir l'impression des vices ;
Est vain dans ses discours, volage en ses désirs,
Rétif à la censure, et fou dans les plaisirs.
L'âge viril, plus mûr, inspire un air plus sage,
Se pousse auprès des grands, s'intrigue, se ménage,
Contre les coups du sort songe à se maintenir,
Et loin dans le présent regarde l'avenir.
La vieillesse chagrine incessamment amasse ;
Garde, non pas pour soi, les trésors qu'elle entasse ;
Marche en tous ses desseins d'un pas lent et glacé ;
Toujours plaint le présent et vante le passé ;
Inhabile aux plaisirs dont la jeunesse abuse,
Blâme en eux les douceurs que l'âge lui refuse.
Ne faites point parler vos acteurs au hasard,
Un vieillard en jeune homme, un jeune homme en vieillard.
   Étudiez la cour, et connaissez la ville :
L'une et l'autre est toujours en modèles fertile.
C'est par là que Molière, illustrant ses écrits,
Peut-être de son art eût remporté le prix,
Si, moins ami du peuple, en ses doctes peintures
Il n'eût point fait souvent grimacer ses figures,
Quitté, pour le bouffon, l'agréable et le fin,
Et sans honte à Térence allié Tabarin :
Dans ce sac ridicule où Scapin s'enveloppe,
Je ne reconnais plus l'auteur du Misanthrope [1].
   Le Comique, ennemi des soupirs et des pleurs,
N'admet point en ses vers de tragiques douleurs ;
Mais son emploi n'est pas d'aller, dans une place,
De mots sales et bas charmer la populace :
Il faut que ses acteurs badinent noblement ;
Que son nœud bien formé se dénoue aisément ;
Que l'action, marchant où la raison la guide,
Ne se perde jamais dans une scène vide ;
Que son style humble et doux se relève à propos ;
Que ses discours, partout fertiles en bons mots,
Soient pleins de passions finement maniées,
Et les scènes toujours l'une à l'autre liées.
Aux dépens du bon sens gardez de plaisanter :
Jamais de la nature il ne faut s'écarter.
Contemplez de quel air un père dans Térence [2]
Vient d'un fils amoureux gourmander l'imprudence ;
De quel air cet amant écoute ses leçons,
Et court chez sa maîtresse oublier ces chansons.
Ce n'est pas un portrait, une image semblable ;
C'est un amant, un fils, un père véritable.
   J'aime sur le théâtre un agréable auteur
Qui, sans se diffamer aux yeux du spectateur,
Plaît par la raison seule, et jamais ne la choque ;
Mais un pour un faux plaisant à grossière équivoque,
Qui pour me divertir n'a que la saleté,
Qu'il s'en aille, s'il veut, sur deux tréteaux monté,
Amusant le Pont-Neuf de ses sornettes fades,
Aux laquais assemblés jouer ses mascarades.

CHANT QUATRIÈME.

Dans Florence jadis vivait un médecin,
Savant hâbleur, dit-on, et célèbre assassin.
Lui seul y fit longtemps la publique misère :
Là le fils orphelin lui redemande un père ;
Ici le frère pleure un frère empoisonné ;
L'un meurt vide de sang, l'autre plein de séné :
Le rhume à son aspect se change en pleurésie,
Et par lui la migraine est bientôt frénésie.
Il quitte enfin la ville, en tous lieux détesté.
De tous ses amis morts un seul ami resté
Le mène en sa maison de superbe structure.
C'était un riche abbé, fou de l'architecture.
Le médecin d'abord semble né dans cet art,
Déjà de bâtiments parle comme Mansard :
D'un salon qu'on élève il condamne la face ;
Au vestibule obscur il marque une autre place ;
Approuve l'escalier tourné d'autre façon.
Son ami le conçoit, et mande son maçon.
Le maçon vient, écoute, approuve, et se corrige.
Enfin, pour abréger un si plaisant prodige,
Notre assassin renonce à son art inhumain ;
Et désormais, la règle et l'équerre à la main,
Laissant de Galien la science suspecte,
De méchant médecin devient bon architecte.

[1] Iliade, liv. XIV. — [2] Les Nuées, comédie d'Aristophane.

[1] Comédie de Molière.
[2] Voyez Simon dans l'Andrienne, et Déméa dans les Adelphes.

Son exemple est pour nous un précepte excellent.
Soyez plutôt maçon, si c'est votre talent,
Ouvrier estimé dans un art nécessaire,
Qu'écrivain du commun, et poëte vulgaire.
Il est dans tout autre art des degrés différents,
On peut avec honneur remplir les seconds rangs;
Mais, dans l'art dangereux de rimer et d'écrire,
Il n'est point de degrés du médiocre au pire :
Qui dit froid écrivain dit détestable auteur.
Boyer [1] est à Pinchêne égal pour le lecteur;
On ne lit guère plus Rampale et Ménardière,
Que Magnon [2], du Souhait [3], Corbin [4] et la Morlière [5].
Un fou du moins fait rire et peut nous égayer :
Mais un froid écrivain ne sait rien qu'ennuyer.
J'aime mieux Bergerac [6] et sa burlesque audace
Que ces vers où Motin se morfond et nous glace.
Ne vous enivrez point des éloges flatteurs
Qu'un amas quelquefois de vains admirateurs
Vous donne en ces réduits, prompts à crier : Merveille!
Tel écrit récité se soutint à l'oreille,
Qui, dans l'impression au grand jour me montrant,
Ne soutient pas des yeux le regard pénétrant [7].
On sait de cent auteurs l'aventure tragique :
Et Gombaud tant loué garde encor la boutique.
Écoutez tout le monde, assidu consultant :
Un fat quelquefois ouvre un avis important.
Quelques vers toutefois qu'Apollon vous inspire,
En tous lieux aussitôt ne courez pas les lire.
Gardez-vous d'imiter ce rimeur furieux [8]
Qui, de ses vains écrits lecteur harmonieux,
Aborde en récitant quiconque le salue,
Et poursuit de ses vers les passants dans la rue.
Il n'est temple si saint des anges respecté [9]
Qui soit contre sa muse un lieu de sûreté.
Je vous l'ai déjà dit, aimez qu'on vous censure,
Et, souple à la raison, corrigez sans murmure.
Mais ne vous rendez pas dès qu'un sot vous reprend.
Souvent dans son orgueil un subtil ignorant
Par d'injustes dégoûts combat toute une pièce,
Blâme des plus beaux vers la noble hardiesse.
On a beau réfuter ses vains raisonnements;
Son esprit se complaît dans ses faux jugements;
Et sa faible raison, de clarté dépourvue,
Pense que rien n'échappe à sa débile vue.
Ses conseils sont à craindre, et, si vous les croyez,
Pensant fuir un écueil, souvent vous noyez.
Faites choix d'un censeur solide et salutaire
Que la raison conduise et le savoir éclaire,
Et dont le crayon sûr d'abord aille chercher
L'endroit que l'on sent faible et qu'on se veut cacher.
Lui seul éclaircira vos doutes ridicules,
De votre esprit tremblant lèvera les scrupules.
C'est lui qui vous dira par quel transport heureux
Quelquefois dans sa course un esprit vigoureux
Trop resserré par l'art sort des règles prescrites,
Et de l'art même apprend à franchir leurs limites.
Mais ce parfait censeur se trouve rarement.
Tel excelle à rimer qui juge sottement :
Tel s'est fait par ses vers distinguer dans la ville,
Qui jamais de Lucain n'a distingué Virgile.
Auteurs, prêtez l'oreille à mes instructions.
Voulez-vous faire aimer vos riches fictions?
Qu'en savantes leçons votre muse fertile
Partout joigne au plaisant le solide et l'utile.
Un lecteur sage fuit un vain amusement,
Et veut mettre à profit son divertissement.
Que votre âme et vos mœurs, peintes dans vos ouvrages,
N'offrent jamais de vous que de nobles images.
Je ne puis estimer ces dangereux auteurs
Qui de l'honneur, en vers, infâmes déserteurs,
Trahissant la vertu sur un papier coupable,
Aux yeux de leurs lecteurs rendent le vice aimable.
Je ne suis pas pourtant de ces tristes esprits
Qui, bannissant l'amour de tous chastes écrits,
D'un si riche ornement veulent priver la scène;
Traitent d'empoisonneurs et Rodrigue et Chimène.
L'amour le moins honnête exprimé chastement

[1] Auteur médiocre.
[2] Magnon a composé un poëme fort long, intitulé l'Encyclopédie.
[3] Du Souhait avait traduit l'Iliade en prose.
[4] Corbin avait traduit la Bible mot à mot.
[5] La Morlière, méchant poëte.
[6] Cyrano de Bergerac, auteur du Voyage de la lune.
[7] Chapelain. — [8] Du Perrier.
[9] Il récita de ses vers à l'auteur, malgré lui, dans une église.

N'excite point en nous de honteux mouvement.
Didon a beau gémir et m'étaler ses charmes;
Je condamne sa faute en partageant ses larmes.
Un auteur vertueux, dans ses vers innocents,
Ne corrompt point le cœur en chatouillant les sens :
Son feu m'allume point de criminelle flamme.
Aimez donc la vertu, nourrissez-en votre âme :
En vain l'esprit est plein d'une noble vigueur;
Le vers se sent toujours des bassesses du cœur.
Fuyez surtout, fuyez ces basses jalousies,
Des vulgaires esprits malignes frénésies.
Un sublime écrivain n'en peut être infecté;
C'est un vice qui suit la médiocrité.
Du mérite éclatant cette sombre rivale
Contre lui chez les grands incessamment cabale;
Et, sur les pieds en vain tâchant de se hausser,
Pour s'égaler à lui cherche à le rabaisser.
Ne descendons jamais dans ces lâches intrigues :
N'allons point à l'honneur par de honteuses brigues.
Que les vers ne soient pas votre éternel emploi.
Cultivez vos amis, soyez homme de foi :
C'est peu d'être agréable et charmant dans un livre;
Il faut savoir encore et converser et vivre.
Travaillez pour la gloire, et qu'un sordide gain
Ne soit jamais l'objet d'un illustre écrivain.
Je sais qu'un noble esprit peut, sans honte et sans crime,
Tirer de son travail un tribut légitime :
Mais je ne puis souffrir ces auteurs renommés
Qui, dégoûtés de gloire et d'argent affamés,
Mettent leur Apollon aux gages d'un libraire,
Et font d'un art divin un métier mercenaire.
Avant que la raison, s'expliquant par la voix,
Eût instruit les humains, eût enseigné des lois,
Tous les hommes suivaient la grossière nature,
Dispersés dans les bois couraient à la pâture;
La force tenait lieu de droit et d'équité,
Le meurtre s'exerçait avec impunité.
Mais du discours enfin l'harmonieuse adresse
De ces sauvages mœurs adoucit la rudesse,
Rassembla les humains dans les forêts épars,
Enferma les cités de murs et de remparts,
De l'aspect du supplice effraya l'insolence,
Et sous l'appui des lois mit la faible innocence.
Cet ordre fut, dit-on, le fruit des premiers vers.
De là sont nés ces bruits reçus dans l'univers,
Qu'aux accents dont Orphée emplit les monts de Thrace
Les tigres amollis dépouillaient leur audace;
Qu'aux accords d'Amphion les pierres se mouvaient,
Et sur les murs thébains en ordre s'élevaient.
L'harmonie en naissant produisit ces miracles.
Depuis, le ciel en vers fit parler les oracles;
Du sein d'un prêtre, ému d'une divine horreur,
Apollon par des vers exhala sa fureur.
Bientôt, ressuscitant les héros des vieux âges,
Homère aux grands exploits anima les courages.
Hésiode à son tour, par d'utiles leçons,
Des champs trop paresseux vint hâter les moissons.
En mille écrits fameux la sagesse tracée
Fut, à l'aide des vers, aux mortels annoncée;
Et partout des esprits ses préceptes vainqueurs,
Introduits par l'oreille, entrèrent dans les cœurs.
Pour tant d'heureux bienfaits les Muses révérées
Furent d'un juste encens dans la Grèce honorées;
Et leur art, attirant le culte des mortels,
A sa gloire en cent lieux vit dresser des autels.
Mais enfin, l'indigence amenant la bassesse,
Le Parnasse oublia sa première noblesse.
Un vil amour du gain, infectant les esprits,
De mensonges grossiers souilla tous les écrits;
Et partout enfantant mille ouvrages frivoles,
Trafiqua du discours et vendit les paroles.
Ne vous flétrissez point par un vice si bas.
Si l'or seul a pour vous d'invincibles appas,
Fuyez ces lieux charmants qu'arrose le Permesse :
Ce n'est point sur ses bords qu'habite la richesse.
Aux plus savants auteurs, comme aux plus grands guerriers,
Apollon ne promet qu'un nom et des lauriers.
Mais quoi! dans la disette une muse affamée
Ne peut pas, dira-t-on, subsister de fumée;
Un auteur qui, pressé d'un besoin importun,
Le soir entend crier ses entrailles à jeun,
Goûte peu d'Hélicon les douces promenades :
Horace a bu son soûl quand il voit les Ménades;
Et, libre du souci qui trouble Colletet,
N'attend pas pour dîner le succès d'un sonnet.

Il est vrai : mais enfin cette affreuse disgrâce
Rarement parmi nous afflige le Parnasse.
Et que craindre en ce siècle, où toujours les beaux arts
D'un astre favorable éprouvent les regards ;
Où d'un prince éclairé la sage prévoyance
Fait partout au mérite ignorer l'indigence ?
Muses, dictez sa gloire à tous vos nourrissons ;
Son nom vaut mieux pour eux que toutes vos leçons.
Que Corneille, pour lui rallumant son audace,
Soit encor le Corneille et du Cid et d'Horace :
Que Racine, enfantant des miracles nouveaux,
De ses héros sur lui forme tous les tableaux :
Que de son nom, chanté par la bouche des belles,
Benserade en tous lieux amuse les ruelles ;
Que Segrais dans l'églogue en charme les forêts ;
Que pour lui l'épigramme aiguise tous ses traits.
Mais quel heureux auteur, dans une autre Enéide,
Aux bords du Rhin tremblant conduira cet Alcide ?
Quelle savante lyre au bruit de ses exploits
Fera marcher encor les rochers et les bois ;
Chantera le Batave, éperdu dans l'orage,
Soi-même se noyant pour sortir du naufrage ;
Dira les bataillons sous Mastricht enterrés,
Dans ces affreux assauts du soleil éclairés ?
Mais tandis que je parle, une gloire nouvelle

Vers ce vainqueur rapide aux Alpes vous appelle.
Déjà Dole et Salins [1] sous le joug ont ployé ;
Besançon fume encor sous son roc foudroyé.
Où sont ces grands guerriers dont les fatales ligues
Devaient à ce torrent opposer tant de digues ?
Est-ce encore en fuyant qu'ils pensent l'arrêter,
Fiers du honteux honneur d'avoir su l'éviter ?
Que de remparts détruits ! que de villes forcées !
Que de moissons de gloire en courant amassées !
Auteurs, pour les chanter, redoublez vos transports :
Le sujet ne veut pas de vulgaires efforts.
Pour moi, qui, jusqu'ici nourri dans la satire,
N'ose encor manier la trompette et la lyre,
Vous me verrez pourtant, dans ce champ glorieux,
Vous animer du moins de la voix et des yeux ;
Vous offrir ces leçons que ma muse autrefois
Rapporta, jeune encor, du commerce d'Horace ;
Seconder votre ardeur, échauffer vos esprits,
Et vous montrer de loin la couronne et le prix.
Mais aussi pardonnez, si, plein de ce beau zèle,
De tous vos pas fameux observateur fidèle,
Quelquefois du bon ou je sépare le faux,
Et des auteurs grossiers j'attaque les défauts :
Censeur un peu fâcheux, mais souvent nécessaire,
Plus enclin à blâmer que savant à bien faire.

ODES, ÉPIGRAMMES ET POÉSIES DIVERSES.

DISCOURS SUR L'ODE.

L'ode suivante a été composée à l'occasion de ces étranges dialogues [1] qui ont paru depuis quelque temps, où tous les plus grands écrivains de l'antiquité sont traités d'esprits médiocres, de gens à être mis en parallèle avec les Chapelains et avec les Cotins, et où, voulant faire honneur à notre siècle, on l'a en quelque sorte diffamé en faisant voir qu'il s'y trouve des hommes capables d'écrire des choses si peu sensées. Pindare y est des plus maltraités. Comme les beautés de ce poëte sont extrêmement renfermées dans sa langue, l'auteur de ces dialogues, qui vraisemblablement ne sait point de grec, et qui n'a lu Pindare que dans ces traductions latines assez défectueuses, a pris pour galimatias tout ce que la faiblesse de ses lumières ne lui permettait pas de comprendre. Il a plutôt traité de ridicules ces endroits merveilleux où le poëte, pour marquer un esprit entièrement hors de soi, rompt quelquefois le dessein formé la suite de son discours; et afin de mieux entrer dans la raison, sort, s'il faut ainsi parler, de la raison même, évitant avec grand soin cet ordre méthodique et ces exactes liaisons de sens qui ôteraient l'âme à la poésie lyrique. Le censeur dont je parle n'a pas pris garde qu'en attaquant ces nobles hardiesses de Pindare il donnait lieu de croire qu'il n'a jamais conçu le sublime des psaumes de David, où, s'il est permis de parler de ces saints cantiques à propos de choses si profanes, il y a beaucoup de ces sens rompus, qui servent même quelquefois à en faire sentir la divinité. Ce critique, selon toutes les apparences, n'est pas fort convaincu du précepte que j'ai avancé dans mon *Art poétique* à propos de l'ode :

Son style impétueux souvent marche au hasard :
Chez elle un beau désordre est un effet de l'art.

Ce précepte effectivement, qui donne pour règle de ne point garder quelquefois de règles, est un mystère de l'art qu'il n'est pas aisé de faire entendre à un homme sans aucun goût, qui croit que la Clélie et nos opéras sont les modèles du genre sublime ; qui trouve Térence fade, Virgile froid, Homère de mauvais sens, et qu'une espèce de bizarrerie d'esprit rend insensible à tout ce qui frappe ordinairement les hommes. Mais ce n'est pas ici le lieu de lui montrer ses erreurs. On le fera peut-être plus à propos un de ces jours dans quelque autre ouvrage.

Pour revenir à Pindare, il ne serait pas difficile d'en faire sentir les beautés à des gens qui se seraient un peu familiarisé le grec. Mais comme cette langue est aujourd'hui assez ignorée de la plupart des hommes, et qu'il n'est pas possible de leur faire voir Pindare dans Pindare même, j'ai cru que je ne pouvais mieux justifier ce grand poëte qu'en tâchant de faire une ode en français à sa manière, c'est-à-dire pleine de mouvements et de transports, où l'esprit parût plutôt entraîné du démon de la poésie, que guidé par la raison. C'est le but que je me suis proposé dans l'ode qu'on va voir. J'ai pris pour sujet la prise de Namur, comme la plus grande action de guerre qui se soit faite de nos jours, et comme la matière la plus propre à échauffer

l'imagination d'un poëte. J'y ai jeté, autant que j'ai pu, la magnificence des mots ; et, à l'exemple des anciens poëtes dithyrambiques, j'y ai employé les figures les plus audacieuses, jusqu'à y faire un astre de la plume blanche que le roi porte ordinairement à son chapeau, et qui est en effet comme une espèce de comète fatale à nos ennemis, qui se jugent perdus dès qu'ils l'aperçoivent. Voilà le dessein de cet ouvrage. Je ne réponds pas d'y avoir réussi ; et je ne sais si le public, accoutumé aux sages emportements de Malherbe, s'accommodera de ces saillies et de ces excès pindariques. Mais, supposé que j'y aie échoué, je m'en consolerai du moins par le commencement de cette fameuse ode latine d'Horace, *Pindarum quisquis studet æmulari,* etc., où Horace donne assez à entendre que s'il eût voulu lui-même s'élever à la hauteur de Pindare il se serait cru en grand hasard de tomber.

Au reste, comme, parmi les épigrammes qui sont imprimées à la suite de cette ode, on trouvera encore une autre petite ode de ma façon, que je n'avais point jusqu'ici insérée dans mes écrits, je suis bien aise, pour ne me point brouiller avec les Anglais d'aujourd'hui, de faire ici ressouvenir le lecteur que les Anglais que j'attaque dans ce petit poëme, et qui sont un ouvrage de ma première jeunesse, ce sont les Anglais du temps de Cromwell.

J'y joint aussi à ces épigrammes un arrêt burlesque donné au Parnasse, que j'ai composé autrefois, afin de prévenir un arrêt très-sérieux, que l'Université songeait à obtenir du parlement, contre ceux qui enseigneraient dans les écoles de philosophie d'autres principes que ceux d'Aristote. La plaisanterie y descend un peu bas, et est toute dans les termes de la pratique. Mais il fallait qu'elle fût ainsi pour faire son effet, qui fut très-heureux, et obligea, pour ainsi dire, l'Université à supprimer la requête qu'elle allait présenter.

Ridiculum acri
Fortius ac meliùs magnas plerumque secat res.

ODES.

ODE

SUR LA PRISE DE NAMUR.

Quelle docte et sainte ivresse
Aujourd'hui me fait la loi ?
Chastes nymphes du Permesse,
N'est-ce pas vous que je vois ?
Accourez, troupe savante :
Des sons que ma lyre enfante
Ces arbres sont réjouis.
Marquez-en bien la cadence :
Et vous, vents, faites silence ;
Je vais parler de Louis.

Dans ses chansons immortelles,
Comme un aigle audacieux,
Pindare, étendant ses ailes,
Fuit loin des vulgaires yeux.
Mais, ô ma fidèle lyre !
Si, dans l'ardeur qui m'inspire,
Tu peux suivre mes transports,
Les chênes des monts [2] de Thrace
N'ont rien ouï que n'efface
La douceur de tes accords.

[1] Parallèle des anciens et des modernes en forme de dialogues.
[2] Hémus, Rhodope et Pangée.

[1] Places de la Franche-Comté prises en plein hiver.
[2] Hémus, Rhodope et Pangée.

Est-ce Apollon et Neptune
Qui, sur ces rocs sourcilleux,
Ont, compagnons de fortune[1],
Bâti ces murs orgueilleux ?
De leur enceinte fameuse
La Sambre, unie à la Meuse,
Défend le fatal abord :
Et, par cent bouches horribles,
L'airain sur ces monts terribles
Vomit le fer et la mort.

Dix mille vaillants Alcides,
Les bordant de toutes parts,
D'éclairs au loin homicides
Font pétiller leurs remparts ;
Et, dans son sein infidèle,
Partout la terre y recèle
Un feu prêt à s'élancer,
Qui, soudain perçant son gouffre,
Ouvre un sépulcre de soufre
A quiconque ose avancer.

Namur, devant tes murailles
Jadis la Grèce eût, vingt ans,
Sans fruit vu les funérailles
De ses plus fiers combattants.
Quelle effroyable puissance
Aujourd'hui pourtant s'avance,
Prête à foudroyer tes monts !
Quel bruit, quel feu l'environne !
C'est Jupiter en personne,
Ou c'est le vainqueur de Mons.

N'en doute point, c'est lui-même ;
Tout brille en lui, tout est roi.
Dans Bruxelles Nassau blême
Commence à trembler pour toi.
En vain il voit le Batave,
Désormais docile esclave,
Rangé sous ses étendards :
En vain un lion belgique
Il voit l'aigle germanique
Uni sous les léopards.

Plein de la frayeur nouvelle
Dont ses sens sont agités,
A son secours il appelle
Les peuples les plus vantés :
Ceux-là viennent du rivage
Où s'enorgueillit le Tage
De l'or qui roule en ses eaux ;
Ceux-ci, des champs où la neige
Des marais de la Norvége
Neuf mois couvre les roseaux.

Mais qui fait enfler la Sambre ?
Sous les Gémeaux effrayés[2],
Des froids torrents de décembre
Les champs partout sont noyés.
Cérès s'enfuit éplorée
De voir en proie à Borée
Ses guérets d'épis chargés,
Et, sous les urnes fangeuses
Des Hyades orageuses,
Tous ses trésors submergés.

Déployez toutes vos rages,
Princes, vents, peuples, frimas ;
Ramassez tous vos nuages,
Rassemblez tous vos soldats :
Malgré vous, Namur en poudre
S'en va tomber sous la foudre
Qui dompta Lille, Courtray,
Gand la superbe Espagnole,
Saint-Omer, Besançon, Dole,
Ypres, Mastricht et Cambray.

Mes présages s'accomplissent :
Il commence à chanceler ;
Sous les coups qui retentissent
Ses murs s'en vont s'écrouler.
Mars en feu, qui les domine,

Souffle à grand bruit leur ruine ;
Et les bombes, dans les airs
Allant chercher le tonnerre,
Semblent, tombant sur la terre,
Vouloir s'ouvrir les enfers.

Accourez, Nassau, Bavière,
De ces murs l'unique espoir :
A couvert d'une rivière,
Venez, vous pouvez tout voir.
Considérez ces approches :
Voyez grimper sur ces roches
Ces athlètes belliqueux :
Et dans les eaux, dans la flamme,
Louis, à tout donnant l'âme,
Marcher, courir avec eux.

Contemplez dans la tempête
Qui sort de ces boulevards
La plume[3] qui sur sa tête
Attire tous les regards.
A cet astre[4] redoutable
Toujours un sort favorable
S'attache dans les combats ;
Et toujours avec la gloire
Mars amenant la victoire
Vole, et le suit à grands pas.

Grands défenseurs de l'Espagne,
Montrez-vous, il en est temps.
Courage ! vers la Méhagne[5]
Voilà vos drapeaux flottants.
Jamais ses ondes craintives
N'ont vu sur leurs faibles rives
Tant de guerriers s'amasser.
Courez donc ; qui vous retarde ?
Tout l'univers vous regarde :
N'osez-vous la traverser ?

Loin de fermer le passage
A vos nombreux bataillons,
Luxembourg a du rivage
Reculé ses pavillons.
Quoi ! leur seul aspect vous glace !
Où sont ces chefs pleins d'audace,
Jadis si prompts à marcher,
Qui devaient, de la Tamise
Et de la Drave[6] soumise,
Jusqu'à Paris nous chercher ?

Cependant l'effroi redouble
Sur les remparts de Namur :
Son gouverneur, qui se trouble,
S'enfuit sous son dernier mur.
Déjà jusques à ses portes
Je vois monter nos cohortes
La flamme et le fer en-main ;
Et sur les monceaux de piques,
De corps morts, de rocs, de briques,
S'ouvrir un large chemin.

C'en est fait. Je viens d'entendre
Sur ces rochers éperdus
Battre un signal pour se rendre.
Le feu cesse : ils sont rendus.
Dépouillez votre arrogance,
Fiers ennemis de la France ;
Et, désormais gracieux,
Allez à Liége, à Bruxelles,
Porter les humbles nouvelles
De Namur pris à vos yeux.

Pour moi, que Phébus anime
De ses transports les plus doux,
Rempli de ce génie sublime,
Je vais, plus hardi que vous,
Montrer aux fils du Parnasse,
Des bois fréquentés d'Horace
Ma muse dans son déclin
Sait encor les avenues,
Et des sources inconnues
A l'auteur du Saint-Paulin[7].

[1] Ils s'étaient loués à Laomédon pour rebâtir les murs de Troie.
[2] Le siége se fit au mois de juin, et il tomba durant ce temps de fortes pluies.
[3] Le roi porte toujours à l'armée une plume blanche.
[4] Homère, Iliade, liv. XIX, v. 381, dit que l'aigrette d'Achille étincelait comme un astre. — [5] Rivière près de Namur. — [6] Rivière qui passe à Belgrade.
[7] Poëme héroïque de M. Perrault.

ODE[1]

Sur un bruit qui courut, en 1656, que Cromwell et les Anglais allaient faire la guerre à la France.

Quoi ! ce peuple aveugle en son crime,
Qui, prenant son roi pour victime,
Fit du trône un théâtre affreux,
Pense-t-il que le ciel, complice
D'un si funeste sacrifice,
N'a pour lui ni foudre ni feux ?

Déjà sa flotte à pleines voiles,
Malgré les vents et les étoiles,
Veut maîtriser tout l'univers,
Et croit que l'Europe étonnée
A son audace forcenée
Va céder l'empire des mers.

Arme-toi, France ; prends la foudre :
C'est à toi de réduire en poudre
Ces sanglants ennemis des lois.
Suis la victoire qui t'appelle,
Et va sur ce peuple rebelle
Venger la querelle des rois.

Jadis on vit ces parricides,
Aidés de nos soldats perfides,
Chez nous, au comble de l'orgueil,
Briser tes plus fortes murailles,
Et, par le gain de vingt batailles,
Mettre tous tes peuples en deuil.

Mais bientôt le ciel en colère,
Par la main d'une humble bergère
Renversant tous leurs bataillons,
Borna leurs succès et nos peines :
Et leurs corps pourris dans nos plaines,
N'ont fait qu'engraisser nos sillons.

ÉPIGRAMMES.

I. — A un médecin.

Oui, j'ai dit dans mes vers qu'un célèbre assassin,
Laissant de Galien la science infertile,
D'ignorant médecin devint maçon habile :
Mais de parler de vous je n'eus jamais dessein,
Perrault ; ma muse est trop correcte.
Vous êtes, je l'avoue, ignorant médecin,
Mais non pas habile architecte.

II. — A M. Racine.

Racine, plains ma destinée.
C'est demain la triste journée
Où le prophète Desmarets,
Armé de cette même foudre
Qui mit le Port-Royal en poudre,
Va me percer de mille traits.
C'en est fait, mon heure est venue.
Non que ma muse, soutenue
De tes judicieux avis,
N'ait assez de quoi le confondre :
Mais, cher ami, pour lui répondre,
Hélas ! il faut lire Clovis[2] !

III. — Contre Saint-Sorlin.

Dans le palais, hier Bilain
Voulait gager contre Ménage
Qu'il était faux que Saint-Sorlin
Contre Arnauld eût fait un ouvrage.
Il en a fait, j'en sais le temps,
Dit un des plus fameux libraires.
Attendez… C'est depuis vingt ans.
On en tira cent exemplaires.
C'est beaucoup ! dis-je en m'approchant,
La pièce n'est pas si publique.
Il faut compter, dit le marchand,
Tout est encor dans ma boutique.

IV. — A MM. Pradon et Bonnecorse, qui firent en même temps paraître contre moi chacun un volume d'injures.

Venez, Pradon et Bonnecorse,
Grands écrivains de même force,

[1] Je n'avais que dix-huit ans quand je fis cette ode ; mais je l'ai raccommodée. — [2] Poëme de Desmarets, ennuyeux à la mort.

De vos vers recevoir le prix :
Venez prendre dans mes écrits
La place que vos noms demandent.
Linière et Perrin vous attendent.

V. — Sur une satire très-mauvaise que l'abbé Cotin avait faite, et qu'il faisait courir sous mon nom.

En vain par mille et mille outrages
Mes ennemis, dans leurs ouvrages,
Ont cru me rendre affreux aux yeux de l'univers.
Cotin, pour décrier mon style,
A pris un chemin plus facile :
C'est de m'attribuer ses vers.

VI. — Contre le même.

A quoi bon tant d'efforts, de larmes et de cris,
Cotin, pour faire ôter ton nom de mes ouvrages?
Si tu veux du public éviter les outrages,
Fais effacer ton nom de tes propres écrits.

VII. — Contre un athée.

Alidor, assis [1] dans sa chaise,
Médisant du ciel à son aise,
Peut bien médire aussi de moi.
Je ris de ses discours frivoles :
On sait fort bien que ses paroles
Ne sont pas articles de foi.

VIII. — Vers en style de Chapelain, pour mettre à la fin de son poëme de la Pucelle.

Maudit soit l'auteur dur dont l'âpre et rude verve,
Son cerveau tenaillant, rima malgré Minerve;
Et, de son lourd marteau martelant le bon sens,
A fait de méchants vers douze fois douze cents [2]!

IX.

De six amants contents et non jaloux,
Qui tour à tour servaient madame Claude,
Le moins volage était Jean, son époux :
Un jour pourtant, d'humeur un peu trop chaude,
Serrait de près sa servante aux yeux doux,
Lorsqu'un des six lui dit : Que faites-vous?
Le jeu n'est sûr avec cette ribaude.
Ah! voulez-vous, Jean-Jean, nous gâter tous?

X. — A Climène.

Tout me fait peine,
Et depuis un jour
Je crois, Climène,
Que j'ai de l'amour.
Cette nouvelle
Vous met en courroux.
Tout beau, cruelle;
Ce n'est pas pour vous.

XI. — Épitaphe.

Ci gît, justement regretté,
Un savant homme sans science,
Un gentilhomme sans naissance,
Un très-bon homme sans bonté.

XII. — Imitation de Martial.

Paul, ce grand médecin, l'effroi de son quartier,
Qui causa plus de maux que la peste et la guerre,
Est curé maintenant, et met les gens en terre.
Il n'a point changé de métier.

XIII. — Sur une harangue d'un magistrat, dans laquelle les procureurs étaient fort maltraités.

Lorsque, dans ce sénat à qui tout rend hommage,
Vous haranguez en vieux langage,
Paul, j'aime à vous voir, en fureur,
Gronder maint et maint procureur;
Car leurs chicanes sans pareilles
Méritent bien ce traitement.
Mais que vous ont fait nos oreilles,
Pour les traiter si durement?

XIV. — Sur l'Agésilas de M. Corneille.

J'ai vu l'Agésilas.
Hélas!

[1] Il était tellement goutteux qu'il ne pouvait marcher.
[2] La Pucelle a douze livres, chacun de douze cents vers.

XV. — Sur l'Attila du même auteur.

Après l'Agésilas,
Hélas!
Mais après l'Attila,
Hola.

XVI. — Sur la manière de réciter du poëte Santeuil.

Quand j'aperçois sous ce portique
Ce moine au regard fanatique,
Lisant ses vers audacieux,
Faits pour les habitants des cieux [1],
Ouvrir une bouche effroyable,
S'agiter, se tordre les mains;
Il me semble en lui voir le diable,
Que Dieu force à louer les saints.

XVII. — Sur la Fontaine de Bourbon, où l'auteur était allé prendre les eaux, et où il trouva un poëte médiocre qui lui montra des vers de sa façon.

Il s'adresse à la Fontaine.

Oui, vous pouvez chasser l'humeur apoplectique,
Rendre le mouvement au corps paralytique,
Et guérir tous les maux les plus invétérés.
Mais quand je lis ces vers par votre onde inspirés,
Il me paraît, admirable Fontaine,
Que vous n'eûtes jamais la vertu d'Hippocrène.

XVIII. — L'amateur d'horloges.

Sans cesse autour de six pendules,
De deux montres, de trois cadrans,
Lubin, depuis trente et quatre ans,
Occupe ses soins ridicules.
Mais à ce métier, s'il vous plaît,
A-t-il acquis quelque science?
Sans doute; et c'est l'homme de France
Qui sait le mieux l'heure qu'il est.

XIX. — Sur ce qu'on avait lu à l'Académie des vers contre Homère et contre Virgile.

Clio vint l'autre jour se plaindre au dieu des vers
Qu'en certain lieu de l'univers
On traitait d'auteurs froids, de poëtes stériles,
Les Homères et les Virgiles.
Cela ne saurait être, on s'est moqué de vous,
Reprit Apollon en courroux :
Où peut-on avoir dit une telle infamie?
Est-ce chez les Hurons, chez les Topinambous?
C'est à Paris. C'est donc dans l'hôpital des fous?
Non, c'est au Louvre, en pleine Académie.

XX. — Sur le même sujet.

J'ai traité de Topinambous
Tous ces beaux censeurs, je l'avoue,
Qui, de l'antiquité si follement jaloux,
Aiment tout ce qu'on hait, blâment tout ce qu'on loue :
Et l'Académie, entre nous,
Souffrant chez soi de si grands fous,
Me semble un peu Topinamboue.

XXI. — Sur le même sujet.

Ne blâmes pas Perrault de condamner Homère,
Virgile, Aristote, Platon.
Il a pour lui monsieur son frère,
G... N... Lavau, Caligula, Néron,
Et le gros Charpentier, dit-on.

XXII. — A M. Perrault, sur les livres qu'il a faits contre les anciens.

Pour quelque vain discours sottement avancé
Contre Homère, Platon, Cicéron ou Virgile,
Caligula partout fut traité d'insensé.
Néron de furieux, Adrien d'imbécile.
Vous donc qui, dans la même erreur,
Avec plus d'ignorance et non moins de fureur,
Attaquez ces héros de la Grèce et de Rome,
Perrault, fussiez-vous empereur,
Comment voulez-vous qu'on vous nomme?

XXIII. — Sur le même sujet.

D'où vient que Cicéron, Platon, Virgile, Homère,
Et tous ces grands auteurs que l'univers révère,
Traduits dans vos écrits nous paraissent si sots?
Perrault, c'est qu'en prêtant à ces esprits sublimes

[1] Il a fait des hymnes latines à la louange des saints.

Vos façons de parler, vos bassesses, vos rimes,
Vous les faites tous des Perraults.

XXIV. — Au même.

Ton oncle, dis-tu, l'assassin
M'a guéri d'une maladie :
La preuve qu'il ne fut jamais mon médecin,
C'est que je suis encore en vie.

XXV. — Au même.

Le bruit court que Bacchus, Junon, Jupiter, Mars,
Apollon le dieu des beaux arts,
Les Ris mêmes, les Jeux, les Grâces et leur mère,
Et tous les dieux enfants d'Homère,
Résolus de venger leur père,
Jettent déjà sur vous de dangereux regards.
Perrault, craignez enfin quelque triste aventure.
Comment soutiendrez-vous un choc si violent?
Il est vrai, Visé [1] vous assure
Que vous avez pour vous Mercure;
Mais c'est le Mercure galant.

XXVI. — Parodie burlesque de la première ode [2] de Pindare, à la louange de M. Perrault.

Malgré son fatras obscur,
Souvent Brébeuf étincelle.
Un vers noble, quoique dur,
Peut s'offrir dans la Pucelle.
Mais, ô ma lyre fidèle!
Si du parfait ennuyeux
Tu veux trouver le modèle,
Ne cherche point dans les cieux
D'astre au soleil préférable,
Ni dans la foule innombrable
De tant d'écrivains divers
Chez Coignard rongés des vers,
Un poëte comparable
A l'auteur inimitable [3]
De Peau-d'âne mis en vers.

XXVII. — Sur la réconciliation de l'auteur et de M. Perrault.

Tout le trouble poétique
A Paris s'en va cesser;
Perrault l'anti-pindarique
Et Despréaux l'homérique
Consentent de s'embrasser.
Quelque aigreur qui les anime,
Quand, malgré l'emportement,
Comme eux l'un l'autre on s'estime,
L'accord se fait aisément.
Mon embarras est comment
On pourra finir la guerre
De Pradon et du parterre.

XXVIII. — Aux RR. PP. Jésuites, auteurs du journal de Trévoux.

Mes révérends Pères en Dieu,
Et mes confrères en satire,
Dans vos écrits, en plus d'un lieu,
Je vois qu'à mes dépens vous affectez de rire.
Mais ne craignez-vous point que, pour rire de vous,
Relisant Juvénal, refeuilletant Horace,
Je ne ranime encor ma satirique audace?
Grands Aristarques de Trévoux,
N'allez point de nouveau faire courir aux armes
Un athlète tout prêt à prendre son congé,
Qui, par vos traits malins au combat rengagé,
Peut encore aux rieurs faire verser des larmes.
Apprenez un mot de Regnier,
Notre célèbre devancier:
« Corsaires attaquant corsaires
» Ne font pas, dit-il, leurs affaires. »

XXIX. — Réplique à une épigramme faite au nom des mêmes journalistes.

Non, pour montrer que Dieu veut être aimé de nous,
Je n'ai rien emprunté de Perse ni d'Horace,
Et je n'ai point suivi Juvénal à la trace.
Car, bien qu'en leurs écrits ces auteurs, mieux que vous,
Attaquent les erreurs dont nos âmes sont ivres,
La nécessité d'aimer Dieu

---

[1] Auteur du Mercure galant.
[2] J'avais résolu de parodier l'ode; mais dans ce temps-là nous nous raccommodâmes M. Perrault et moi. Ainsi il n'y eut que ce couplet de fait.
[3] M. Perrault dans ce temps-là avait rimé le conte de Peau d'âne.

Ne s'y trouve jamais prêchée en aucun lieu,
Mes Pères, non plus qu'en vos livres.

XXX. — Sur le livre des Flagellants, composé par mon frère le docteur de Sorbonne.

AUX MÊMES.

Non, le livre des Flagellants
N'a jamais condamné, lisez-le bien, mes Pères,
Ces rigidités salutaires
Que, pour ravir le ciel, saintement violents,
Exercent sur leurs corps tant de chrétiens austères.
Il blâme seulement cet abus odieux
D'étaler et d'offrir aux yeux
Ce que leur doit toujours cacher la bienséance;
Et combat vivement la fausse piété
Qui, sous couleur d'éteindre en nous la volupté,
Par l'austérité même et par la pénitence
Sait allumer le feu de la lubricité.

POÉSIES DIVERSES.

STANCES A M. DE MOLIÈRE

Sur sa comédie de l'École des Femmes, que plusieurs gens frondaient.

En vain mille jaloux esprits,
Molière, osent avec mépris
Censurer ton plus bel ouvrage :
Sa charmante naïveté
S'en va pour jamais, d'âge en âge,
Divertir la postérité.

Que tu ris agréablement!
Que tu badines savamment!
Celui qui sut vaincre Numance [1],
Qui mit Carthage sous sa loi,
Jadis sous le nom de Térence
Sut-il mieux badiner que toi?

Ta muse avec utilité
Dit plaisamment la vérité;
Chacun profite à ton École :
Tout en est beau, tout en est bon;
Et ta plus burlesque parole
Est souvent un docte sermon.

Laisse gronder tes envieux :
Ils ont beau crier en tous lieux
Qu'en vain tu charmes le vulgaire,
Que tes vers n'ont rien de plaisant.
Si tu savais un peu moins plaire,
Tu ne leur déplairais pas tant.

Sonnet sur une de mes parentes qui mourut toute jeune entre les mains d'un charlatan.

Nourri dès le berceau près de la jeune Orante,
Et non moins par le cœur que par le sang lié,
A ses jeux innocents enfant associé,
Je goûtais les douceurs d'une amitié charmante :

Quand un faux Esculape, à cervelle ignorante,
A la fin d'un long mal vainement pallié,
Rompant de ses beaux jours le fil trop délié,
Pour jamais me ravit mon aimable parente.

Oh! qu'un si rude coup me fit verser de pleurs!
Bientôt, la plume en main, saignant mes douleurs,
Je demandai raison d'un acte si perfide.

Oui, j'en fis dès quinze ans ma plainte à l'univers;
Et l'ardeur de venger ce barbare homicide
Fut le premier démon qui m'inspira des vers.

Autre sonnet sur le même sujet.

Parmi les doux transports d'une amitié fidèle,
Je voyais près d'Iris couler mes heureux jours;
Iris que j'aime encore, et que j'aimai toujours,
Brûlait des mêmes feux dont je brûlais pour elle :

Quand, par l'ordre du ciel, une fièvre cruelle
M'enleva cet objet de mes tendres amours;
Et, de tous mes plaisirs interrompant le cours,
Me laissa de regrets une suite éternelle.

Ah! qu'un si rude coup étonna mes esprits!
Que je versai de pleurs! que je poussai de cris!
De combien de douleurs ma douleur fut suivie!

---

[1] Scipion.

Iris, tu fus alors moins à plaindre que moi :
Et, bien qu'un triste sort t'ait fait perdre la vie,
Hélas ? en te perdant j'ai perdu plus que toi.

FABLE D'ÉSOPE.

Le Bûcheron et la Mort.

Le dos chargé de bois, et le corps tout en eau,
Un pauvre bûcheron, dans l'extrême vieillesse,
Marchait en haletant de peine et de détresse.
Enfin, las de souffrir, jetant là son fardeau,
Plutôt que de s'en voir accablé de nouveau,
Il souhaite la Mort, et cent fois il l'appelle.
La Mort vint à la fin : Que veux-tu ? cria-t-elle.
Qui ? moi ! dit-il alors prompt à se corriger :
Que tu m'aides à me charger.

Le Débiteur reconnaissant.

Je l'assistai dans l'indigence ;
Il ne me rendit jamais rien.
Mais, quoiqu'il me dût tout son bien,
Sans peine il souffrait ma présence.
Oh ! la rare reconnaissance !

Énigme.

Du repos des humains implacable ennemie [1],
J'ai rendu mille amants envieux de mon sort.
Je me repais de sang, et je trouve ma vie
Dans les bras de celui qui recherche ma mort.

Sur un portrait de Rossinante, cheval de Don Quichotte.

Tel fut ce roi des bons chevaux,
Rossinante, la fleur des coursiers d'Ibérie,
Qui, trottant jour et nuit et par monts et par vaux,
Galopa, dit l'histoire, une fois en sa vie.

Vers à mettre en chant.

Voici les lieux charmants où mon âme ravie
Passait à contempler Sylvie
Ces tranquilles moments si doucement perdus.
Que je l'aimais alors ! que je la trouvais belle !
Mon cœur, vous soupirez au nom de l'infidèle :
Avez-vous oublié que vous ne l'aimez plus ?

C'est ici que souvent, errant dans les prairies,
Ma main des fleurs les plus chéries
Lui faisait des présents si tendrement reçus.
Que je l'aimais alors ! que je la trouvais belle !
Mon cœur, vous soupirez au nom de l'infidèle :
Avez-vous oublié que vous ne l'aimez plus ?

Sur Homère.

Quand, la dernière fois, dans le sacré vallon,
La troupe des neuf sœurs, par l'ordre d'Apollon,
Lut l'Iliade et l'Odyssée ;
Chacune à les louer se montrant empressée :
Apprenez un secret qu'ignore l'univers,
Leur dit alors le dieu des vers :
Jadis avec Homère, aux rives du Permesse,
Dans ce bois de lauriers où seul il me suivait,
Je les fis toutes deux, plein d'une douce ivresse.
Je chantais, Homère écrivait.

Vers pour mettre sous le buste du roi, fait par M. Girardon l'année que les Allemands prirent Belgrade.

C'est ce roi si fameux dans la paix, dans la guerre,
Qui seul fait à son gré le destin de la terre.
Tout reconnaît ses lois, ou brigue son appui.
De ses nombreux combats le Rhin frémit encore ;
Et l'Europe en cent lieux a vu fuir devant lui
Tous ces héros si fiers que l'on voit aujourd'hui
Faire fuir l'Ottoman au delà du Bosphore.

Vers pour mettre au bas du portrait de mademoiselle de Lamoignon.

Aux sublimes vertus nourrie en sa famille,
Cette admirable et sainte fille
En tous lieux signala son humble piété ;
Jusqu'aux climats où naît et finit la clarté,
Fit ressentir l'effet de ses soins secourables ;
Et, jour et nuit pour Dieu pleine d'activité,
Consuma son repos, ses biens et sa santé
A soulager les maux de tous les misérables.

Vers pour mettre au bas du portrait de M. Racine.

Du théâtre français l'honneur et la merveille,
Il sut ressusciter Sophocle en ses écrits ;

[1] La puce.

Paris. — Typographie Walder, rue Bonaparte, 44.

Et, dans l'art d'enchanter les cœurs et les esprits,
Surpasser Euripide et balancer Corneille.

Épitaphe de la mère de l'auteur.

C'est elle qui parle.

Épouse d'un mari doux, simple, officieux,
Par la même douceur je sus plaire à ses yeux :
Nous ne sûmes jamais ni railler ni médire.
Passant, ne t'enquiers point si de cette bonté
Tous mes enfants ont hérité ;
Lis seulement ces vers, et garde-toi d'écrire.

Sur un frère aîné que j'avais et avec qui j'étais brouillé.

De mon frère, il est vrai, les écrits sont vantés ;
Il a cent belles qualités :
Mais il n'a point d'affection sincère.
En lui je trouve un excellent auteur,
Un poëte agréable, un très-bon orateur :
Mais je n'y trouve point de frère.

SUR MON PORTRAIT.

M. le Verrier, mon illustre ami, ayant fait graver mon portrait par Drevet, célèbre graveur, fit mettre au bas de ce portrait quatre vers où l'on me fait ainsi parler :

Au joug de la raison asservissant la rime,
Et, même en imitant, toujours original,
J'ai su dans mes écrits, docte, enjoué, sublime,
Rassembler en moi Perse, Horace et Juvénal.

A quoi j'ai répondu par ces vers :

Oui, le Verrier, c'est là mon fidèle portrait ;
Et le graveur, en chaque trait,
A su très-finement tracer sur mon visage
De tout faux bel esprit l'ennemi redouté.
Mais, dans les vers pompeux qu'au bas de cet ouvrage
Tu me fais prononcer avec tant de fierté,
D'un ami de la vérité
Qui peut reconnaître l'image ?

Vers pour mettre au bas d'une méchante gravure qu'on a faite de moi.

Du célèbre Boileau tu vois ici l'image.
Quoi ! c'est là, diras-tu, ce critique achevé ?
D'où vient le noir chagrin qu'on lit sur son visage ?
C'est de se voir si mal gravé.

Sur le buste de marbre qu'a fait de moi M. Girardon, premier sculpteur du roi.

Grâce au Phidias de notre âge,
Me voilà sûr de vivre autant que l'univers :
Et, ne connût-on plus ni mon nom ni mes vers,
Dans ce marbre fameux taillé sur mon visage,
De Girardon toujours on vantera l'ouvrage.

GUSTAVE BARBA, LIBRAIRE-ÉDITEUR,

8, Rue Cassette, 8.

CATALOGUE GÉNÉRAL.

LITTÉRATURE, HISTOIRE, VOYAGES.

LES OUVRAGES MARQUÉS D'UN * PEUVENT ÊTRE ESTAMPILLÉS.

LA FONTAINE.

* Fables, illustrées par Bertall, ... 90

FLORIAN.

* Fables, illustrées par Berjall 50

MOLIÈRE.

* Œuvres complètes, illustrées par Janet-Lange, 1 volume, broché 4
Le même, relié 6
* Le même, orné de 10 gravures sar acier, prix, broché 5
Le même, relié 7

CHAQUE PIÈCE SE VEND SÉPARÉMENT, SAVOIR :

Vie de Molière, par E. de la Bédollière.
L'Étourdi, comédie en 5 actes. 20
Le Dépit amoureux, comédie en 5 act. . 20
Don Garcie de Navarre, com. en 5 a.
Les Précieuses ridicules, com. en 1 a. . 20
L'École des maris, comédie en 1 acte. . 20
Sganarelle, comédie en 1 acte. 20
L'École des femmes, com. en 5 actes. . 20
La Critique de l'École des femmes, comédie en 1 acte. 20
La Princesse d'Élide, prologue, comédie-ballet en 5 actes. 20
Les Fâcheux, préface, prologue, comédie-ballet en 3 actes. 20
Don Juan, ou le Festin de Pierre, comédie en 5 actes.
Le Mariage forcé, comédie en 1 acte. . 20
Le Misanthrope, préface, com. en 5 a. . 20
Le Médecin malgré lui, com. en 3 a. . 20
L'Impromptu de Versailles, comédie en 1 acte. 20
Le Tartuffe, préface et placets, comédie en 5 actes. 20
Amphitryon, prologue, dédicace, com. en 3 actes. 20
L'Avare, comédie en 5 actes. 20
Georges Dandin, comédie en 3 actes.
L'Amour médecin, prologue , comédie-ballet en 3 actes. 20
Monsieur de Pourceaugnac, comédie-ballet en 3 actes.
Le Sicilien , com.-ballet en 1 acte. . . 20
Mélicerte, pastorale.
Pastorale comique.
Les Amants magnifiques, comédie-ballet en 5 actes. 20
Le Bourgeois gentilhomme, comédie-ballet en 5 actes. 20
Psyché, prologue, trag.-bal, en 5 act. . 20
Les Fourberies de Scapin, c. en 3 a.
La Comtesse d'Escarbagnas, comédie en 1 acte. 20
Les Femmes savantes, com. en 5 a. . 20
Le Malade imaginaire, com. en 3 ac.
Poésies div. , le Val-de-Grâce, etc. . 20
Collection des chefs-d'œuvre de Molière, 10 grav. en taille-douce dessinées et gravés par A. Riffaut. 1

VOLTAIRE.

* Histoire de Charles XII, illustr. par Foulquier. 70

BOILEAU.

* Œuvres poétiques, illust. par Bertall. . 90

RACINE.

* Œuvres complètes, illustrées par Pauquet, un volume album. 2 50

CHAQUE PIÈCE SE VEND SÉPARÉMENT, SAVOIR :

Vie de Racine, par E. de la Bédollière. . 20
La Thébaïde, tragédie en 5 actes. . . 20
Alexandre, tragédie en 5 actes. . . . 20
Andromaque, tragédie en 5 actes. . . 20
Les Plaideurs, comédie en 3 actes. . . 20
Britannicus, tragédie en 5 actes. . . . 20
Bérénice, tragédie en 5 actes. 20
Bajazet, tragédie en 5 actes. 20
Mithridate, tragédie en 5 actes. . . . 20
Iphigénie, tragédie en 5 actes. 20
Phèdre, tragédie en 5 actes. 20
Esther, tragédie en 3 actes. 20
Athalie, tragédie en 5 actes. 20

CORNEILLE.

* Œuvres complètes, illustrées par Pauquet, 1 volume album. 2 50

CHAQUE PIÈCE SE VEND SÉPARÉMENT, SAVOIR :

Vie de Corneille, par Émile de la Bédollière. 20
Le Cid, tragédie en 5 actes. 20
Horace, tragédie en 5 actes. 20
Cinna, tragédie en 5 actes. 20
Polyeucte, tragédie en 5 actes. 20
Le Menteur, comédie en 5 actes. . . . 20
Pompée, tragédie en 5 actes. 20
Rodogune, tragédie en 5 actes. 20
Héraclius, tragédie en 5 actes. 20
Don Sanche, tragédie en 5 actes. . . . 20
Nicomède, tragédie en 5 actes. 20
Sertorius, tragédie en 5 actes. 20
Racine et Corneille reliés en 1 vol. toile. 7 00

REGNARD.

* Œuvres complètes, illust. par Janet-Lange, 1 vol. album. 1 90

ON VEND SÉPARÉMENT :

Notice sur Regnard, par H. Lucas. .
Le Bal, comédie en 1 acte. 20
Le Joueur, comédie en 5 actes. . . . 20
Le Distrait, comédie en 5 actes. . . . 20
Les Folies amoureuses, com. en 3 a. . 20
Le Mariage de la Folie, divert. 1 a. . 20
Le Retour imprévu, com. en 1 acte. . 20
Les Ménechmes, comédie en 5 actes.
Épître à M***. 20
Le Légataire universel, com. en 5 a.
La Critique du Légataire, c. en 1 a. . 20
Voyages de Regnard.
La Provençale.
Voyage de Laponie.
Voyage de Flandre et de Hollande.
Voyage de Danemark.
Voyage de Suède.
Voyage de Pologne. 90

BOITARD.

* Le Jardin des Plantes, illustré par Grandville. Description de la Ménagerie et du Muséum d'histoire naturelle. — Introduction historique, par H. Janin, 1 vol. broché. 4
* Le même, relié en toile. 6

AUG. CHALLAMEL.

Histoire de France, illustrée par Bellangé, 1 vol. broché. 4
Le même, rel. 6

CET OUVRAGE EST DIVISÉ EN QUATRE PARTIES QUI SE VENDENT SÉPARÉMENT, SAVOIR :

Histoire de Napoléon 1 10
— de la Révolution. . . . 1 10
— de Paris. 1 10
— de France. 1 10

BRILLAT-SAVARIN.

* Physiologie du goût, ill. par Bertall, 1 10

LOUIS GARNERAY.

* Voyages et aventures, ill. par l'aut. 1 50
* Captivité ; Mes Pontons, illustrés par Janet-Lange. 90

LAS CASES.

* Le Mémorial de Ste-Hélène, illustré par Janet-Lange, 1 vol. broché. . . 5
Le même, relié 7

O'MEARA.

* Mémorial de Ste-Hélène (seconde partie du), 1 vol. broché 4
Le même, relié 6

ON VEND SÉPARÉMENT :

* Napoléon en exil, 1 vol. broché . . 2 10
* Batailles de Napoléon, 1 vol. broch. 2 10

HOFFMANN.

* Contes fantastiques, ill. par Bertall. 1 10
— nocturnes, ill. par Foulquier. 1 10
* L'Élixir du Diable, ill. par Foulquier. 1 10
* Contes des frères Sérapion 1 10
* Le volume broché 4
Le même, relié 6
* Contes mystérieux, ill. par Foulquier. 1 10

DANIEL FOË.

* Robinson Crusoé, illust. par Janet-Lange. 1 30

Mme STOVE.

* La Case du père Tom, ill. anglaises. 1 50
Grande édition de luxe, 8 fr.; relié. 10
Édit. de cabinet, in-8°, 3 fr.; relié . 4
Fleur de Mai, illust. par Janet-Lange. 1 50

HILDRETH.

L'Esclave blanc, ill. par Janet-Lange. 1 10

Mme DE MONTOLIEU.

* Le Robinson suisse, illust. par Janet-Lange. 1 90

WALTER SCOTT.

Illustré par Janet-Lange.

* Quentin Durward 1 30
* Rob-Roy 1 10
* Ivanhoé. 1 30
* Le Capitaine Dalgetty 75
PREMIER VOLUME, BROCHÉ. 4
Le même, relié en toile. 6

www.ingramcontent.com/pod-product-compliance
Lightning Source LLC
LaVergne TN
LVHW022123080426
835511LV00007B/1003